高校文化教育模式研究

杨红秀 ◎ 著

吉林出版集团股份有限公司

图书在版编目（CIP）数据

高校文化教育模式研究/杨红秀著. —— 长春：吉林出版集团股份有限公司，2023.9
　ISBN 978-7-5731-4299-3

Ⅰ.①高… Ⅱ.①杨… Ⅲ.①高等学校－文化素质教育－研究－中国　Ⅳ.①G640

中国国家版本馆CIP数据核字（2023）第181939号

高校文化教育模式研究
GAOXIAO WENHUA JIAOYU MOSHI YANJIU

著　　者	杨红秀
责任编辑	王　平
封面设计	林　吉
开　　本	787mm×1092mm　　1/16
字　　数	220千
印　　张	14
版　　次	2023年9月第1版
印　　次	2024年1月第1次印刷
出版发行	吉林出版集团股份有限公司
电　　话	总编办：010-63109269
	发行部：010-63109269
印　　刷	廊坊市广阳区九洲印刷厂

ISBN 978-7-5731-4299-3　　　　　　　　　　定价：78.00元

版权所有　侵权必究

前　言

　　文化是一个民族和国家赖以生存和发展的重要根基，是社会发展的核心动力，在社会发展中具有引领作用。每个民族都有各自独立的文化，文化的力量深深熔铸在民族的生命力、创造力和凝聚力之中。一个国家、一个民族的强盛，总是以文化兴盛为支撑，中华民族伟大复兴需要以中华文化发展繁荣为条件。因此，没有中国特色社会主义文化的大发展、大繁荣，就没有社会主义精神文明的发展和繁荣，也就无法实现社会主义现代化和中华民族伟大复兴。

　　今天，随着互联网信息技术的不断发展，文化传播与交流的范式在改变，文化传承与发展的路径也在改变，而且互联网日益成为舆论生成的策源地、信息传播的集散地、思想交锋的主阵地，正以前所未有的冲击力重塑文化环境并形成了网络文化，成了增强文化自信的"双刃剑"。一方面，网络的便捷、自主、高效给人们的文化生活带来了巨大的多样性、感染力和冲击力；另一方面，网络传播内容的碎片化和多元价值取向冲击着人们对社会主流文化的价值认同。

　　本研究是在借鉴前人研究的基础上，为贯彻落实新时期文化强国和《国家中长期教育改革和发展规划纲要》，结合自身地方应用型本科高校大学建设的实际情况，尝试从高校文化研究入手，对高校文化资源的整合进行初步探讨，供大家参考。由于本人能力和水平有限，文中定有错漏之处，可能还有一些引文未注明出处等，敬请各位专家谅解、批评指正。

目 录

第一章 大学与大学文化 ………………………………………………… 1
- 第一节 大学概论 …………………………………………………… 1
- 第二节 大学文化的内涵与功用 …………………………………… 11
- 第三节 大学文化的构建原则 ……………………………………… 38
- 第四节 大学文化的变迁 …………………………………………… 42

第二章 高校文化建设研究分析 ………………………………………… 53
- 第一节 国内高校文化建设的现状 ………………………………… 53
- 第二节 国内高校文化建设存在的不足 …………………………… 66
- 第三节 高校文化建设存在不足的原因剖析 ……………………… 74
- 第四节 国外高校文化资源建设的经验与启示 …………………… 78

第三章 高校文化育人之路的具体表现 ………………………………… 91
- 第一节 高校文化育人的四维向度分析 …………………………… 91
- 第二节 高校文化育人的实现机理 ………………………………… 98
- 第三节 高校文化育人的基础分析 ………………………………… 101

第四章 高校校园文化建设 ……………………………………………… 114
- 第一节 校园文化的基础认知 ……………………………………… 114
- 第二节 校园文化与人才培养 ……………………………………… 128
- 第三节 学风文化的培养路径 ……………………………………… 138

第五章 高校科学文化建设 ……………………………………………… 143
- 第一节 科学与科学文化 …………………………………………… 143
- 第二节 科学文化建设的总体思路 ………………………………… 146
- 第三节 高校科学文化建设的探索 ………………………………… 158

第六章　高校文化育人发展新理念与路径 …………………………………… 162

第一节　坚持文化育人的基本原则 ………………………………… 162
第二节　完善文化育人方法 ………………………………………… 167
第三节　"云"上文化育人探索 …………………………………… 170
第四节　提升教师队伍整体素质 …………………………………… 174
第五节　构建"四要素"协同育人体系 …………………………… 177

第七章　高校多元文化教育实践：方法论和技术视野 ……………………… 185

第一节　跨文化的教育教学相互作用 ……………………………… 185
第二节　高校文化多元性背景下教育教学支持的方法和技术 …… 201
第三节　控制高校多元文化教育空间中教育冲突的技术 ………… 205
第四节　基于高校文化多元性的教育创新发展 …………………… 208

参考文献 ……………………………………………………………………… 215

第一章 大学与大学文化

一个没有文化的民族，是一个没有灵魂的民族；一个没有文化的国家，是一个没有希望的国家。同样，一个缺乏文化魅力的大学，是一个没有前途的大学；一个缺乏精神支撑的大学，是一个没有生命力的大学。文化是现代大学的核心竞争力之一，也是大学赖以生存、发展和承担社会责任的根本保证。大学文化作为人类文化中的一种高层次文化，不仅服务于社会，而且可以引领社会。因此，聚焦大学文化、研究大学文化，对于建设社会主义先进文化具有十分重要的理论和现实意义。历史表明，大学自从其诞生的那一刻起，就与文化水乳交融、不可分割。大学在传承优秀民族文化、地域文化以及一切人类文明成果的同时，又孕育出了自身独有的大学文化。大学文化的独特性使得大学始终以"高贵的姿态"居于其他社会组织之巅。随着经济社会的发展，如今的大学，随着职能的变迁和拓展，积极融入国家和社会改革发展的洪流，虽抛去了"象牙塔"的高贵，但也进一步提升了大学文化的品格。让我们首先从历史的视野系统解读"什么是大学""什么是大学文化""建设什么样的大学文化"，再对大学文化资源整合做进一步探讨，以便于更好地推进大学文化建设和大学文化资源的整合。

第一节 大学概论

大学与教育是密不可分的。教育是一个广泛而复杂的概念，它既可以表述为一个过程，也可以表述为一个理念。教育不为大学所专有，而大学却为教育所独享。至今为止，世界上没有任何一所冠名为大学的机构能与教育分离，能与知识传授、文明传承、道德教化、学术创新、技术创造等分离。在研究大学始初，我们应当对教育进行相应的分析。

在西方,"教育"一词源于拉丁文"educate",本义为"引出"或"导出",意思就是通过一定的手段,把某种本来潜在于身体和心灵内部的东西引发出来,强调教育是一种顺其自然的活动,旨在把自然人所固有的或潜在的素质,自内而外引发出来,成为现实的发展状态。在我国,"教育"一词最早见于《孟子·尽心上》:"君子有三乐,而王天下不与存焉。父母俱存,兄弟无故,一乐也;仰不愧于天,俯不怍于人,二乐也;得天下英才而教育之,三乐也。"何为教育?《说文解字》曰:"教,上所施,下所效也;育,养子使作善也。""教育"一词的汉字解释:"教"意为"老师全职授业",强调全日制和专职性质。"育"是指对已经存在于世的人进行同化工作,即对人灌输社会主流价值观,使之能顺利进入主流社会,成长为对社会有用的人;对野蛮人,则采取"一帮一",即一个文明人与一个野蛮人结对帮扶的方式促使其放弃落后的思想观念和习俗,转而尊崇和接受先进的文明理念和习俗。

以上分析不难发现,教育是从外化至内化的全过程。这个教育的过程也并非由专门的教育机构来完成。那么大学与教育是什么样的关系?教育的发展、专业化和大学的产生、发展有什么样的联系?如何从教育的视角解读大学?这些都是本章要研究的问题。

一、大学释义

针对大学的释义,古今中外都有不一样的说法。如隋朝、汉代的"国子监"都是古义上的大学,再如《大戴礼·保传》中的"束发而就大学,学大艺焉,履大节焉",在其释义中大学是学大艺、履大节的地方。《大学》对大学的解释为"大学之道,在明明德,在亲民,在止于至善",其释义明确体现了中国古代对"大学"释义的理解和精神方面的追求。

在西方,大学这个概念可以追溯到中世纪。12—13世纪,"university"一词并没有"大学"的含义,而是指"行业团体"的意思,如行会、团体等。14世纪后,"university"才和大学产生联系,并不断被运用于非官方文件中。这时候的"大学"已经不仅仅是指一个学府,已变得更富有内涵。在中世纪,通常用"stadium generale"表示比较正规的大学，其中的"stadium"的含义是以学习为目的的团体的中心；"generale"的含义并非表达已经了解的通常性和普遍性的意思，而是指一种能够跨越出本区的范围到更大区域进行招生的权限。

西方很多学者对"大学"都表达了自己的观点。亨利·纽曼（Heniy Newman）在他的著作《大学的理念》中多次强调：大学必须具有"知识上自由的流"。蒙罗（Munro）在《国际社会科学百科全书》中认为，学术自由之存在，不是为了大学教师的利益，而是为了它服务的社会的福祉，最终则是为了人类的福祉。怀特海提出，大学的存在就是为结合老成与少壮以从事创造性之学习，而谋求知识与生命热情的融合。培克把大学描绘为纯粹学术之圣杯的堡垒，把教师誉为侍奉圣职的骑士。雨果认为，建一所大学，等于毁掉十所监狱。欧洲大学校长联合会主席罗曼齐教授则从大学的重任和自由的角度阐述对大学的看法，他的观点是：大学不同于社会其他任何机构，大学是独立的；大学传承文化创造文化；大学追求和捍卫真理；大学誓死保卫它的学术自由；大学是社会的思想库和文化中心；大学有它自然的生长规律；大学有它自己的精神。

德国的洪堡大学、法国的巴黎大学、意大利的波伦那大学等大学，一般来说是现代意义上起源于中古时期欧洲大陆的大学。

自大学出现以来，它就在文化传承、社会进步的角度上有着不同于其他社会组织的作用。尤其是那些经历数百年仍然自立的大学，因对人类的辉煌贡献和其独特的风格而不断地闪烁光芒。因此，只有大学的精神能经世而独立，历久而弥新。

对于大学的定义，可以分为狭义的大学和广义的大学两种类型。狭义上是指具有较强科研能力、较高的专业水平、较高的教学水平以及相应的教学规模，并能培养本科和本科学历以上学生的教育机构，狭义上的大学需要设立三个或三个以上国家规定的学科门类，并且这些学科必须为主要学科，主要包括高水平、多学科、综合性的全日制大学，也或者是综合性、研究型、国际化的全日制大学，在中国这样的学府有清华大学、北京大学、中国人民大学等。广义上大学是高等院校的总称，主要包括公立大学和民办大学，以及独立设置的学院、高等专科学校、高等职业技术学院、高等成人大学等不同性质、不同类型的高等院校。

无论大学在狭义上的定义还是在广义上的定义，都具有共有的大学特性和共性，这都是维系大学生存与发展的基本要素。

（一）大学以人才培养为根本

世界上具有现代意义的大学发展至今已有500多年的历史了，其中虽然因这样或那样的原因发生过诸多的变革，但其作为人才培养基地的角色和功用始终没有变。时至今日，大学已经成为一个国家建设发展中不可或缺的重要组成部分，已经成为国家人才储备和国家综合实力竞争的重要依托。目前，大学的人才培养基本任务已经充分彰显。

（1）培养学生坚定的国家信念和时代责任感。不可否认，任何国家的大学教育都是为本国的意识形态和国家利益服务的。就我国而言，主要是培养青年大学生的"四信"，即对马克思主义主流意识形态的信仰、对建设中国特色社会主义的信念、对改革开放和现代化建设的信心、对党和政府坚强领导的信任。

（2）传习知识，帮助受教育者建立合理的知识结构。知识传授是一个广义词，个体传授、家庭传授、社群传授、自我习成都在其列，但作为最具有系统性、前沿性、理论性的知识传习还是在学校尤其是大学。受教育者在大学里不仅可以学习知识，还可以运用学习的知识和实践经验创造新知识，并把新知识、新思想、新文化应用于生产、生活，推动国家和社会的发展。

（3）宣扬良性价值观，稳固受教育者的价值追求。按照马克思主义通俗的定义，"价值观"是指一个人对周围客观事物的理解的重要性提出总的看法和评价。大学就是要在教育过程中融入对受教育者良性价值观的塑造，如"友善""博学""务实""奋进"等。

（二）大学以科技创新为动力

科技创新是大学的活力所现和动力所在。所谓科技创新理应包含两个层面的内容：

（1）科学技术的革新。科技是一套系统的知识和方法，可变革或控制人类各项活动，提高人类活动的效能、效率和生活质量。

（2）科技素养的提升。任何事物的发展都具有两面性，科技创新也不例外。大学在大力强化科技创新的同时，不可避免地强化了人们实用及功利的观念，大学人在享受科技创新带来的便捷和福利的同时，也面临着科技道德和科技伦理的困惑，如高科技犯罪在大学层出不穷等。这要求大学应把提升大学人的科技素养纳入科技综合创新之列，即如何在科技创新与遵守科技伦理之间找到一种应有的平衡。

（三）大学以服务社会为宗旨

服务社会并不是大学的附属性功能，而是大学的必然属性。1862年，美国颁布实施了《莫里尔法案》（也称《赠地法案》）以及农工学院的兴起，为高等教育走向社会、打破古典高等教育的"经院"式模式和功能局限创造了条件，高等教育的职能得到了极大丰富，服务社会被提升为大学的第三大功能。克拉克·克尔在《大学之用》一书中就深刻地指出："大学作为行会或学院联合体的时代已经结束，成为不同社会群体的联合机构，应对社会的多样诉求是大学的重要功能。""服务社会—推进社会发展—得到社会或国家力量支持—推动大学发展……"这一不断循环往复的良性运行模式逐渐成为大学发展的基本模式。

近代以来，自新式大学在中国诞生之日起，"挽狂澜于既倒，救生灵于水火"成了大学融入国家振兴和民族解放的基本理念。五四运动和"一二·九"运动等反帝、反封、反官僚资本主义斗争无不彰显大学的国家责任和社会担当。新中国成立以来，尤其是改革开放40多年来，大学始终把服务社会作为立学之宗旨，秉承社会文明、服务社会发展，批判社会邪恶、弘扬社会正气，为推进中国特色社会主义事业发展贡献了巨大力量。

（四）大学以文明传承为己任

知识传承的过程本身就是文明传承的过程。大学作为知识的聚集地、创新地、发展地，理所应当承担一切人类文明成果的传承与创新。清华大学建校100周年时胡锦涛总书记参加出席，在大会上提出，高校必须全面提高学生教育质量，全面提高素质教育，注重素质教育，必须大力推进文化建设全面提高教育质量，推进、鼓励文化创新。党中央赋予了大学新的责任和使命，对大学文化传承创新精神高度重视。

现今，大学文化已经成为人们获取专业知识的知识工厂、思想库，大学文化已经成为文化传承过程中的重要组成部分，必不可少。大学文化更是文化传承过程中文化创新的重要基础，这些文化的形成不断推动着社会进步，促进科技不断发展，大学文化对国家发展和社会进步的影响越来越突出。一个大学的文化传承、创新教育直接决定着大学的竞争力和创造力。文化传承包括很多方面，如创新、传承、交流等，它们之间相互统一，共同促进文化发展。大学不仅仅要继承传统文化，更要发扬传统文化所赋予的精神来推动文化的创新、时代的进步，以及先进文化的传播；不仅要解决思想理论问题，更要讨论回答重大现实问题，进而为国家和民族的发展提供强大的精神动力。

二、西方大学（文化）的历程

（一）西方大学的发展

文艺复兴时期，欧洲大学得到了迅速发展。文艺复兴以后，在社会生活中大学发挥着主要作用，学者自发组织形成的大学逐渐减少，国家和教会组织创建的大学快速增加。在西方很多城市，在原来教会大学、法律大学、医科大学基础上逐渐成立了很多大学。但德国大学起步较晚，直到14世纪中叶才建立自己的大学。随着文艺复兴运动的发展，德国在15—16世纪出现了第二批大学，如1457年成立的弗莱堡大学、1477年成立的杜宾根大学。在15世纪时，苏格兰的大学在数量上超过了英格兰，先后成立了3所大学。一批原巴黎大学毕业生于1410年开始在圣安德鲁斯大学任教，1412年圣安德鲁斯大学获得罗马教皇的批准，苏格兰第一所大学宣告成立。格拉斯哥滕布尔主教于1451年在市政府的支持下成立了第二所大学，阿伯丁威廉·埃尔芬斯通主教于1494年成立了第三所大学。15世纪的英国共有5所大学，包括牛津大学和剑桥大学。上面的几所大学当时都以巴黎大学为榜样，如最初的海德堡大学文件规定："将完全按照巴黎大学的大学法规和管理方法对海德堡大学进行组建、领导和管理。"

（二）西方文化的演化

20世纪70年代初，美国的特罗教授率先以美国高等教育发展进程中的量的扩张和质的飞跃为标准，把西方高等教育发展分为三个阶段：国家高等教育所接纳学生数与适龄青年的比例在15%以下时属于精英高等教育阶段；比例为15%~50%的属于大众高等教育阶段；比例为50%以上属于普及高等教育阶段。在西方社会经历了文艺复兴和第一次、第二次工业革命等历程后，西方社会终于突破中世纪以来的思想束缚，完成了历史性的社会巨变。研究发现，以德国和美国为首的精英大学正是推动社会变革的领头羊，带领世界大学整体性地完成了里程碑式的跃进。

以德国洪堡大学为首，引发了第一次大学革命，这次革命的贡献在于摆脱了中世纪以来宗教以及政府对大学的思想控制和管理控制，实现了大学第一次真正意义上的自主办学。中世纪以来，欧洲大学基本上由宗教控制，其教育目标带有宗教的性质，在法学教学和证书授予中教皇保持着绝对的垄断权，所有新建的大学都必须由教皇谕旨颁准。因此，当时教皇不仅期待大学为教会提供神学家和法学家，同时要求大学作为一种机构，在基督教的日常生活中发挥作用。同时，宗教又与政府存在着千丝万缕的联系，甚至完全不可分割，教会的利益就是政府的利益，教会的行为自然也成了政府的行为，教会与政府一起控制了大学的思想和行为。著名学者威廉·冯·洪堡创建了柏林大学，即洪堡大学。他主张大学独立、学术自由平等原则，大学应以完全的知识、纯粹的学术为目的，不断兴起科学研究的风气，从而使大学的功能从人才培养扩展到以教育、科学研究为中心，教学与科研共同发展、全面推行人文主义教育的宗旨。尊重自由的学术研究，成为洪堡大学的精神宗旨，洪堡"为科学而生活"也成为新大学的理想。随着德国综合国力的提升和文化辐射的拓展，以洪堡大学为首的德国大学的发展理念迅速在全球得到了响应。中国的北京大学、清华大学等早期的发展也深受其影响。

在英国，大学也悄然发生着变化，但这些变化来源于当地的创新，而不是遵循外国模式。英国1800年存在的7所大学比大陆国家大学享有更多的自由，它们仍然保持从中世纪大学继承来的大学组织结构，它们仍然以寄宿学院、为贵族服务以及导师校内指导为基础，以颁发学术学位为主要功能。牛津大学、剑桥大学、圣三一大学、都柏林大学仍然占据着大学的统治地位，为了打破这种传统格局，世俗当局在一些大的城镇建立了更为开放和灵活的新式大学。1832—1905年，13所地方大学获得皇家特许状，这些大学从世俗政府那里几乎得到所有的自主，由富人个人或群体及当地市政府赞助，引进了医学、工艺以及商业等大学课程。直到19世纪末，牛津、剑桥大学在某种程度上才承认借鉴德国大学模式，开始重视在教学中的科学研究，走向现代大学。19世纪末，以洪堡大学和柏林大学为代表的德国大学模式才开始影响到美国、日本以及其他国家。同时，传统英国大学和现代英国大学也综合塑造着加拿大、印度、澳大利亚以及西非等国家和地区的新生学院和大学。

无论如何，从现在大学发展的状况来看，牛津大学、洪堡大学、圣三一大学、剑桥大学、都柏林大学，还有随后兴起的威斯康星大学、哈佛大学等无疑引领着一场世所罕见的大学革命。自此，服务社会、教研合一、注重人文精神和科学精神等现代大学理念渐渐成为大学发展的精神动力和不竭源泉，其历史地位和价值贡献是不容忽视的。

三、中国大学的发展变迁

（一）中国古代教育的发展

随着生产力的提高、社会经济的发展和文化艺术的进步，周朝的大学教育建立了一套组织完备的学制系统，并且在夏、商两代的基础上更为发达。《古今图书集成》

载:"周承四代之制,立四学于京师,辟雍居中(成均),东胶在左(东序),瞽宗在右(右学),虞庠在国之西郊,其在侯国之都者曰頖宫,自乡遂而下,则庠序并设。"由此可见,西周的大学大致分国学和乡学两级。国学包括京师四学和頖宫,乡学指"庠""序"。

到了汉朝,汉武帝接受了大儒公孙弘、董仲舒等人的提议,成立了我国最早的最高学府——太学。太学设五经博士,有弟子50人。东汉时期,太学得到了极大的发展,汉顺帝时有240房、1850室,学生30000余人。这时的学生,学习自主、言论自由、思想开放,太学生甚至可以参与政治,公开抨击朝政。

魏晋时期后,设立国子学,专门招收贵族子弟入学,同时与太学一起设立。唐沿隋制时期,在京师设立国子监,长官称国子监祭酒,管理太学教育,总辖国子学、太学、四门学及律学、书学、算学等,"国子学(国子监)"这一名称以后一直沿用到明清。宋代除太学以外,还有律、算、书、画、医诸学。明清教育制度相近,中央有国子监,学生称贡生、监生。明代国子监分南北两监,在监读书的还有少数民族和来自日本、朝鲜等国学生。清代正式形成五贡:拔贡、优贡、副贡、恩贡、岁贡,他们都是地方上贡举到京师读书的。1905年,清政府设学部,国子监废除。中国古代学制在完成几千年的历史使命后,到这时候基本上终结了,但其基本学理、积蓄的文化、养成的传统和丰富的知识等,都成为后来的现代型大学不尽的动力和源泉。

(二)近代以来中国大学的形成与发展

按照华中科技大学欧阳康教授的说法,中国近代以来大学的形成与发展大致可分为五个阶段:第一阶段是19世纪末中国的大学如清华大学、燕京大学等,这些大学主要是学习借鉴西方大学模式而建立起来的,但由于当时中国社会和文化都同时具有浓厚的殖民、封建色彩,战争干扰着办学,从而使得中国当时的大学很难走出一条具有中国特色的发展道路。第二阶段发生在1949年以后,尤其是1952年院系调整以后,当时中国大学正处在曲折发展时期。中国大学不断向苏联国家的大学学习,强调大学直接教育的应用性,并且要求走分科化、专业化的道路,将大多原有综合性大学拆解了，分离出其他的学科，留下理科和文科，学科专业的分离导致知识体系的分割。第三阶段发生在"文化大革命"时期，大学教育发展缓慢，传承知识和发展文化的精神被大学教育忽视。第四阶段发生于1977年恢复高考以后，中国的大学逐渐形成了一个新的比较完备的教学体系，中国大学教育也迎来了"破冰之旅"，在改革开放中大学精神不断传承。第五阶段是1998年以来，中国大学获得了前所未有的发展，这个时期开始了高校扩招和部分高校的合并重组，一些主要大学学科以及交叉学科之间得以融合，真正开始综合教育能力的培养，培养综合素质的人才也从此不断展开。"五阶段"说基本上勾勒出了近代以来中国大学产生、成长、发展的历史过程，是较为中肯的划分方法。

我国近代大学诞生于清末，以京师大学堂创办为标志。以日本帝国大学为基础的京师大学堂，在组织机构和学科构架上都呈现出西方色彩。京师大学堂开办仅一年多，辛亥革命随即爆发，把中国推进到一个崭新的历史时期。中华民国临时政府于1912年1月在南京宣告成立，大总统由孙中山临时就任，首任教育总长为蔡元培。京师大学堂于1912年5月改名为北京大学，北京大学第一任校长由严复出任。从德国留学回国的蔡元培于1917年1月就任北京大学校长。从此北京大学的历史翻开了灿烂的篇章。蔡元培刚开始上任就以德国的综合大学理念与理想为范式，对北京大学的组织管理、学科等体制进行了改革。从大学是研究高深科研学问的理念出发，将"学"与"术"分立，他提倡的主张是"纯粹的科学"，把办成世界著名的文理科为主的综合性大学作为北京大学的发展目标，力争将北京大学建成学术能力最强的文化中心。因此，北京大学的学科设置重点调整与变革离不开蔡元培的指导。

北京大学蓬勃发展的时候，南京师范大学也开始了向综合大学方向跨进。1919年9月，留美教育学博士郭秉文正式担任南京师范大学校长。国内教育界通过"五四运动"的洗礼，在办学理念和办学制度上有了新的变化，其中，最重要的一点是当时中国社会变革的巨大影响与推进离不开文理科的影响。郭秉文在1920年12月竭力坚持成立"国立东南大学"，在国务会议上全体通过。茅以升称："本大学学制，以农、工、商与文、理、教育并重，寓意深远，此种组合为国内所仅见，亦即本大学精神所在也。"它不仅是东南地区的一所最高学府，在全国也是一所独一无二的新型综合大学。当时，有人评价："北京大学以文史哲著称，东南大学以科学名世。然东南大学文史哲教授实不亚于北京大学。"由此可见，综合大学观具有更大的开放性，同时具有兼容性、具有美国的色彩。蔡元培在北京大学渗透着一北一南的德国"洪堡传统"，此时中国近代大学才真正开始了"大陆模式"与"美国模式"相互融合、全面借鉴的发展趋势。北洋政府教育部于1924年2月重新制定并颁布《国立大学条例》，通过法律形式基本承认和同意了蔡元培、郭秉文的改革制度。《国立大学条例》的颁布，标志着中国近代大学从仿日至仿美德根本性的转换过程的完成。

从1898年京师大学堂创办到1948年的50年间，中国大学先后经历了清朝腐败、北洋军阀混战、抗日战争、解放战争等时期，并很大程度受到时势和政策深度冲击，为大学的创办带来了很大挑战，但总而言之，这些动荡并没有影响一批大学的内在发展逻辑，以北京大学、清华大学、南开大学、南京大学、浙江大学、复旦大学、中山大学等为代表，这些大学仍锲而不舍地以实现综合大学的办学理念为目标，从而保证了我国现代大学发展的正确方向。

第二节　大学文化的内涵与功用

一、文化

文化是一个非常复杂和多意的概念，使用非常广泛。不同的学者，如哲学家、社会学家、人类学家、历史学家和语言学家都一直在努力，试图从各自学科的角度来界定文化的内涵，但至今都无法取得一致的意见。国外有学者认为，"企图或者声称给文化概念确定范围是徒劳的"。20世纪50年代，曾有学者对1871年至1951年的80年间不同学者对文化的定义进行梳理，竟然发现关于文化的定义有164种之多，这些定义各有自己的角度和层面，众说纷纭。在我国，也有学者对文化的定义进行专门研究，发现文化的释义有300多种。不同的历史阶段、不同的国家、不同的学者由于时代不同、国别不同、学科不同，对文化的定义也不尽相同，所以至今仍广泛存在着适用于各学科的文化概念。戴军在《中国大学文化建设中的传承与超越》一文中对文化的内涵阐释得非常清晰。

古典人类学家从文化进化论的立场出发，着眼于文化的整体性和精神性特征来界定文化，如被公认为奠定"文化"定义的第一人——英国人类学家爱华德·泰勒，他在《原始文化》一书中将文化解释为人类在其发展过程中，广为人们所接受的精神性创造物的整体。也有人将文化理解为人类在其存在和发展的过程中的一切物质的和精神的创造物，如美国学者C.恩伯和M.恩伯和我国著名学者梁漱溟。梁漱溟在《东西文化及其哲学》中把文化概括为精神生活、社会生活和物质生活三个方面。一些哲学人类学家把文化视为人的第二本性，认为由于人先天自然本能方面的缺憾，需要用后天的学习和创造补充这个空缺或不足，这种补偿人先天不足的活动而形成的内容构成了人类的文化。如德国哲学人类学家兰德曼、美国学者菲利普·巴格比。许多文化哲学研究者则把文化理解为人的生存方式。美国的本尼迪克特认为每一个体的行为包含于文化整体中。梁漱溟也指出，"文化并非别的，乃是人类生活的样法""生活上抽象的样法是文化"。

目前，容易被大家接受的文化概念，就是文化是人类所创造的物质财富与精神财富的总和。1998年，联合国教科文组织公布《世界文化报告》，对文化做了广义和狭义的界定。从广义上讲，"文化是一种生活方式和生存方式。这包含人们所持的价值观，对他人（民族和性别）的容忍，外在的以及与之相对的内在的取向和偏好，等等"。无论学者们对文化的定义如何分歧，就文化本身而言，它是一种客观存在，是一个群体或社会所共同拥有的价值观和行为模式，也包括这些价值观和行为模式在物质上的具体化。主要体现出几个方面的特征：

第一，文化为人类所特有。文化是人类所特有的现象，这也是人区别于动物的重要标志。正如当代著名哲学人类学家兰德曼所言，人是文化的产物，是文化的创造者，但也为文化所创造。

第二，文化具有非自然遗传的特征。文化不是与生俱来的，而是后天习得的，是人在后天社会环境下经由学习和创造而得来的。美国学者C·恩伯和M·恩伯在《文化的变异》中指出："大多数人类学家认为，文化包含了后天获得的，作为一个特定社会或民族所特有的一切行为观念和态度。"

第三，文化表现为被一定社会群体所共有。文化属于"社会遗传"，作为一定群体特征的人造实物、制度以及生活与思想的形式而存在。个体的偶尔的行为，或者只被某个人所运用而不为群体认可的行为方式不构成文化模式。因此，文化是"类的存在物"，是历史积淀下来的为群体所共同遵循或认可的共同的行为模式。

第四，文化具有渐变性和内在的创造性。一方面，文化具有相对稳定性和保守性特点。作为一个社会的知识价值积累，文化的形成不是一蹴而就的，而是经历了漫长的历史积淀过程。文化的变迁也是在"渐变"中完成的，很少看到文化的突变。因此，人们谈到文化时往往与传统联系在一起。另一方面，由于文化是人类超越自然本性而确立的后天的"第二天性"，因而文化本身又包含了人凭借理性规范进行自主活动和自由创造的可能性。正是由于人类本身的自由创造性才创造出文化这一概念的定义。人类的多样性、人类自由创造的丰富性赋予文化以多样性。文化随时空的不同而不同，但人在创造文化的同时，也创造了自己、丰富了自己。

第五，文化具有多样性。不同国家、不同民族、不同组织、不同个体的文化不同。尊重文化多样性，是发展民族文化的内在要求，是繁荣世界文化的必然要求，在文化交流中，应该遵循各国文化一律平等的原则。

二、大学文化

（一）大学文化概念的不同论述

大学文化的概念最早沿用了校园文化概念，即20世纪80年代上海交通大学学生所提出的校园文化概念。在1999年的一次关于大学文化的学术研讨会上，集中对大学文化的概念进行了讨论。虽然这次讨论没有形成一个统一的大学文化概念，但形成了一些共识，对大学文化的构成要素有了一致的认识：大学文化至少应包括物质文化、精神文化、制度文化三个要素，而且普遍同意精神文化是大学文化的灵魂，它包含价值体系、教育观念、人文氛围。大学文化研究的奠基人和开创者、著名的高等教育学家王冀生也在一定程度上认可以上观点，他在著作《现代大学文化学》中也把大学文化概括为三个基本方面，分别是精神文化、物质文化和制度文化。

清华大学校长顾秉林教授认为，从广义上讲，大学文化包括大学精神、大学环境、大学制度等整个大学教育的方方面面；从狭义上讲，大学文化主要是指大学精神，强调大学师生的科学素养和人文精神，表现为一种共同的行为准则。

南京师范大学王长乐博士认为，如果按照国际标准，我国多数大学并不是真正意义上的大学，因此他认为我国的大学文化其实是高教文化。赵存生在《大学文化研究与建设》一文中对大学文化的定义是：大学文化是以大学的校园为物质载体、大学传统为精神载体，历届师生一代代传承和不断地创造所积累起来的精神成果和物质成果的总和，物质成果是载体，精神成果是灵魂。

江西师大胜依凡教授与王冀生教授持相同的观点，他将大学文化概括为三个方面：精神文化、制度文化、环境文化，"大学文化可泛指在大学内部发生的一切活动形式"。他对大学文化定义更加宽泛，认为"大学文化就是大学校园里的一切活动和活动方式"。大学文化的内容既包括表现在大学人身上的价值取向、理想追求、信仰、学术品格和思维方式，也包括整个校园里的规章制度、日常生活方式和行为规范、校园物质环境、人际关系、组织管理架构等。价值取向、理想追求、信仰、学术品格、思维方式属于精神文化，组织管理架构和规章制度属于制度文化，校园物质环境和教育教学生活设施属于环境文化。

山东大学的井海明则在前面研究的基础上把大学文化分成了物质文化和行为文化，他认为精神文化也是由行为文化来表现的，所以他的概括是：大学文化是由精神文化、物质文化、制度文化、行为文化构成的，而且这是四个不同的层次。他认为物质文化是基础，物质文化是学校里的一切有形物体：——教育教学设施、校园里的一草一木，还有教学科研生活所用的各类建筑；制度文化是桥梁，是大学文化得以传播、扩散、深化的支柱，包括各项师生工作和学习的模式、个人或群体的行为规范、约定俗成的非正式的制度，还有各种传统形成的约束条款等；精神文化是最高层次的大学文化，它一旦形成，就引领大学文化的其他三个方面，它最稳定、最持久，它包括学校全体成员的思维方式和共同的思想意识、道德情感、价值观念等；行为文化是大学文化得以表现出来的外显因素，它包括师生员工的学习工作态度，和由此而形成的学风和校风。

还有学者认为大学文化是大学全体师生员工在大学的发展历程中主动地选择、批判、重构、创新而形成的各项规章管理制度、行为道德规范、工作学习作风等群体的意识与由此形成的大学特有的学校形象，其真正的所在是思想道德观念、价值观和组织精神。将大学文化的结构按不同的角度来划分，如果按层次划分就比前面所述的三个层次还加了一个综合文化，综合文化就是前三个层次所不能包含的文化内容；如果按所包含的内容和外延的大小来划分就可以分为狭义与广义的范围，其中狭义文化主要是指人文文化，广义文化不仅仅是涵盖了狭义的文化，还包含了狭义文化与科技之间的结合；如果将大学文化按照文化的主体来划分，则由教风、学风、校风三方面构成，学风是学生对待学习的态度风貌，教风体现的是教师师德，校风则包括了学校一些日常工作的表现。

四川大学的谢和平教授从大学文化与社会文化的区别和联系的角度来看待大学文化。他认为，大学文化是由历代大学师生在大学发展的过程中、在培养人才和科学研究的过程中对大学的传统和知识的整合、批判、创新所形成的特殊的文化形式，它和其他文化有区别，处于社会文化之中又不同于社会文化的一个自成体系的文化。

（二）大学文化概念的界定

大学文化是一种追求真理的文化，大学文化是一种严谨、求实的文化，它是人类社会优秀文化积累的缩影，追求真理的态度是一所大学最基础、赖以生存的标准，是发展的首要前提和血脉，更是大学间相互区别的主要标志。《大戴礼·保传》中讲："束发而就大学，学大艺焉，履大节焉。"认为大学应当是学大艺、履大节的地方。《大学》中讲"大学之道，在明明德，在亲民，在止于至善"，说明大学是个明德、亲民、引人向善的地方。德国古典哲学家康德认为，文化是指帮助人们越来越远地摆脱动物界，在生活上更具有规律等的内在的规定性。由此，我们可以认为使大学中的"人"

越来越成为真正意义上的人就是所谓的大学文化。大学中的主要成员包括教职员工、学生和管理者。在大学里办学的主体是教师，教师的科研能力直接影响一所大学的声誉。学生在大学里是受教育的对象，大学主要是为了培养学生成人、成才、成功而创办的。大学里教师与学生之间的相互作用，形成了尊敬师长、爱护学生、教学和谐、民主平等的学术氛围。从主观上讲，大学文化实质就是大学育人的问题，大学文化是大学人本质力量外化、对象化的结晶。

目前国内学者普遍认同的大学文化概念，可基本上从三个层次来进行概括。首先，从狭义和广义来区别。狭义的大学文化相当于大学理念、大学精神；广义的大学文化是大学为追求自身的社会价值和办学目标，在长期的教育、教学、科研、管理和校园生活等各领域，通过大学师生长期工作、学习和生活而形成的思想观念和行为方式，是广大师生在长期的实践中创造的价值观念和行为规范系统以及由此产生的实践活动方式，具体体现在办学理念、校园文化、规章制度、教风学风、学校资源环境等之中。大学文化是一所学校综合实力的反映，大学文化的核心竞争力主要表现在文化的凝聚力和创造力上，创新精神是现代大学精神文化的集中体现，也是推动大学发展的内在动力。

三、大学文化的含义

大学文化是大学发展延续的必然产物，这是由大学的性质、使命和基本功用所决定的。大学发展的直接目标是实现其教化民众的工具理性目标，而最终的目的是实现其服务民生的价值理性目标。要发挥大学服务民生的价值理性目标。引领时代精神的作用，需要提升大学的发展理念，而理念的形成在于大学文化。

在人类学家看来，文化是一种生活方式、一种精神状态。泰勒认为，文化或者文明，就其广泛的意义而言，主要包括知识、信仰、艺术、道德、法律等一切人类所能习得的行为和习惯的一个综合性的整体，文化是人类编织的意义之网，既包括物质、技术等的边缘文化，也包括思想、精神等的中心文化。文化按照可不可见还可分为可见文化与不可见文化两个部分。其中，不可见文化主要指伦理文化（社群文化)、精神文化(表达文化)等。可见,研究大学文化,必须明确几个前提:文化是一个综合体;文化具有习得和传承的属性;文化具有层次性和差异性的特征。大学作为一个实体的教育机构,人是主要的实践主体、实践对象和服务对象,因而其文化的精髓应为大学建立之初所秉承的时代精神以及对传统文化精粹的认知。也就是说,大学文化资源整合建设的重点应在精神文化或表达文化上,这是大学文化的核心。当然,大学文化作为一个综合性的复合整体,精神文化的建设同样离不开技术文化与社会文化协同共进,即大学需要大师也需要大楼,二者应该做到相辅相成。

(一)大学建设发展的文化模态离不开大学文化

大学是从人类智慧产生的,是人类智慧的结晶,大学是很多文化知识不断汇集并不断向外传播的知识场所。在这个不断发展的信息时代,科学技术发展非常迅速,这就决定了大学的人才培养方面,在科学研究过程中,在服务社会和文化传承过程中显著提高。大学在社会发展过程中,不断成为发展的核心,越来越受到人们的关注。王冀生在《现代大学文化学的基本框架》中认为:"只有深刻地认识现代大学,才能更深刻地认识高等教育。只有现代大学充满生机和活力,高等教育面临的问题才能得到比较好的解决,现代社会才能更好地向前发展。"作为文化单位是现代大学的本质。大学与文化是相生相承的依存关系。历史证明,没有良好文化作为支撑的大学,不仅不能称其为大学,而且其终有被淘汰的一天。

大学是一所研究高深难度学问的教学场合,大学的教学方式与文化之间存在着密切的联系。大学不断地积累和创造深厚的文化基础,大学生继承和发扬传统文化精神。大学无论是在生活中还是工作中更是全体师生在办学任务中共同培育形成的能够被人们所接受并认可的学府,具有一定的大学规范。大学文化寄托在大学的生存与发展中,但其又能独立于大学而存在,并且在其发展的过程中常游离于大学之外,成为社会文化思想的重要来源,成为社会运动的重要精神支撑和理论指导。

（二）大学文化是以推进大学发展为基本目标的文化模态

文化与发展之间是互为依存的关系，大学文化的存在价值推进了大学发展。

（1）大学文化的形成与发展，与人类文化的历史积淀和整体外部环境的影响是分不开的，大学文化促进了大学的主体积淀和人文创造。但必须指明的是大学文化主要是以杰出校长、知名教授、优秀学生和管理精英为核心的大学人的主体积淀和人文创造，正是这些大学人在长期的教育教学实践中积淀形成了良好的大学文化底蕴。以笔者所在的宿州学院为例，这是一所地方应用型普通本科高校。学校在2004年升本以来，以"孟二冬精神"为指引，发扬艰苦奋斗、团结拼搏的优良传统，积极探索适合自身实际的发展道路。我院校根据高等教育发展新形势，坚定应用型办学定位，以服务区域经济社会发展为根本任务，以"十大工程"和"四创工程"为抓手，以改革创新为动力，推动各项事业健康持续快速发展，实现了从专科教育到本科教育、从单一的师范教育到多科性应用性教育的转型，呈现出良好的发展态势。学校被评为安徽省首批示范应用型本科高校、国家级大学生创新创业训练计划实施高校、安徽省普通高校首批大学生创新创业示范高校、安徽省地方应用型高水平大学立项建设单位，顺利通过教育部本科教学工作合格评估。

（2）大学文化促进了大学卓越管理特色的形成。哈瑞·刘易斯在其著作《失去灵魂的卓越》一书中指出："哈佛要求所有的终身制申请者都必须经由国际搜索，通过包括外请专家的专门委员会，所以相比起其他同等大学而言，其校内教师能够获得终身制的人数实在太少了。芝加哥大学向50%~60%的文理科教师授以终身制。而在哈佛大学，这个数字有段时间曾经不到500。相反，哈佛大学典型的做法是把年轻教师请走，再把处于学术生涯较晚阶段的人请来。"为什么哈佛大学的做法会与众不同？为什么即便它的做法看似有点离经叛道，却使哈佛大学赢得了全球最好大学的声誉？我们想这就是哈佛大学特色管理文化使然。相比之下，当前，我国大学的管理基本趋同，敢于尝鲜者如凤毛麟角。以南方科技大学为例，南方科技大学自创始就倡导要立志与世界接轨，全新于当前中国大学管理运行模式。2011年5月24日，深圳市政府出台了《南方科技大学暂行管理办法》，在总则中规定了南科大全面贯彻国家的教育方针：以培养创新型人才为核心，通过知识创新和技术创新，为地方和国家发展服务，探索建立具有中国特色的现代大学制度，建设成为国际知名的高水平研究型大学。《南方科技大学管理暂行办法》强调："坚持追求卓越、学术自由、学者自律的大学精神，遵循理事会治理、教授治学、学术自治的原则，培育和发挥大学应有的活力和创造力，实行党委领导下的校长负责制，并按照本办法和南科大章程对大学实施管理。"如果从文字上理解，好像南方科技大学并没有什么异于中国其他大学的地方。南科大这几年围绕着招聘教师、招收学生等问题在国内引起了不少的争议。究其原因，薄弱的大学文化根基或许是一个因素。

（3）大学文化促进大学学科建设的整体均衡分布。1854年，纽曼在都柏林大学建立时，主张"博雅知识"，认为一切有用的知识（或者应用学科）是"一堆糟粕"。虽然纽曼的主张有点偏激，但至少有一点是正确的，那就是大学不应放弃基础学科的研究。今天，纽曼的担心得到了部分应验，少数高校随意毁弃了固有的大学文化和优秀传统，而导致基础学科的地位岌岌可危。我们认为，在大学发展建设中，应立足长远规划，根据大学的自身特色，在强调应用型学科、专业建设的同时，也要兼顾传统学科，促进各学科的整体、均衡发展。

（三）大学文化不是以利益追求，而是以精神追求作为崇高价值标准的文化

不以利益追求而是以精神追求作为崇高价值标准，是大学文化的重要特征。这个特征客观上造就了大学这一社会组织独有的纯洁性和清高性。1995年，我国就提出了学校文化建设要重视的三个问题：一要提高大学生的文化素质，二要提高大学教师的文化素养，三要提升大学的文化品位。笔者认为这三点至今在各个高校都是适用的。教育部副部长林蕙青在2016年中国高等教育学会学术年会暨高等教育国际论坛上透露，教育部将于2016年年底、2017年年初颁布实施全部92个本科专业类的教学质量标准，作为本科人才培养质量的国家标准和基本要求。谢维和在首都师范大学举办的"大学文化论坛"上指出，衡量一所大学不应仅仅看一些可以被量化的数据，而应该看它树立起了什么样的价值观与大学精神。一所大学的精神是不会因为时代的变化或者一时的困难和挫折而发生变化的，是对学生的根本性支撑，也

是大学的竞争力之所在，可以说是它最重要的办学资源之一。从这个意义上讲，大学文化是大学发展的风向标，引领着大学的发展方向。

（四）大学文化是区别于社会其他文化形态，拥有自我特色的文化

大学文化是拥有自我特色的文化，即大学文化与社会流行文化、时尚文化等都保持一定的距离。社会上流行什么文化在大学里不一定要流行，也就是说大学文化不能赶时髦。

纵观现代大学发展史，文化特色始终是大学办学最主要的目标之一，是大学产生发展的基因密码，也是一个大学演化进步的精神旗帜。从这个意义上讲，特色文化是大学个性和质量的体现，文化特色是大学的竞争力和生命线。因此，每所大学都要根据自己的办学传统、资源条件等形成自己的文化特色，这不仅对于高等教育的合理布局、科学发展具有重要意义，而且是建设特色型大学以及高水平大学的重要途径之一。

大学文化特色来源于大学特色。所谓文化特色，是指大学在一定办学思想指导下和长期办学实践中逐步形成和培养起来的比较固定的被社会广泛认可的特性，具有学科特色突出、行业贡献特殊、服务指向明确、人才培养专业的文化创新特点。一所大学文化特色的形成是一个长期的、渐进的历史过程，同时又是一种特有的文化嬗变现象。

大学的文化特色体现在多方面、多层次。从内容上看，可以体现在办学层次、办学定位、办学思想、办学模式、办学主体、办学环境、育人模式等多个方面。从办学层次上看，大学文化特色核心是指导学校和全体师生员工的一种教育理念，是学校的发展战略、制度安排与顶层设计等在全校师生员工理念上的反映。因此，随着我国高等教育不断深化综合改革，大学将自己的办学特色当作一种大学文化来建设，参照企业的文化建设战略，将其内化为学校和全体师生员工的自觉行动和行为规范。

作为一种文化现象，大学文化一旦形成，对学校的生存与发展会产生积极、深远的影响。具体表现在以下几个方面：第一，稳定性。大学文化的形成是大学继承历史积淀的优良办学传统与创新发展的现实选择的有机统一,体现着大学未来一直坚持发展的价值取向和办学追求,在学校长期发展的过程中能稳定、持续、高效地发挥作用。第二优质性。大学文化是一种"人有我优"的教育资源,表现为办学的前略性、科学性和创新性等多方面,对保障、提高教育教学质量起到重要的推动作用,这是大学文化价值的内在显现。第三,独特性。独特性是大学"人无我有、人有我特、人特我新"的文化特色的外在表现,具有鲜明的个性、独特的品质和行为模式。第四,指导性。大学文化作为一种优质资源,对优化人才培养具有应用、推广价值以及示范作用和放大效应。第五,认同性。认同性是大学文化的评判标准之一,大学文化需要广大师生员工的共同认可,更需要社会的广泛认同,沈玉梅博士认为,"文化认同是大学文化构建的根基和灵魂"。

四、大学文化的构成

大学文化是文化大范畴内的子概念,所以要研究大学文化的构成必须要从文化的构成上来理解。社会学家一般认为,文化由信仰、价值观、规范和法令、符号、技术和语言六种基本要素构成。复旦大学朱维铮教授认为,文化既是精神的物化,也是物化的精神。林建荣在《博弈与整合:社会学视野中的大学文化构建》一文中指出,大学文化是一种主要由大学人(包括大学领导、教师、学生和管理人员等)参与其间的针对大学这一特定群体而言的特殊文化,是该所大学特有的、区别于其他大学的,由该所大学的全体师生员工所实现和体现着的,并为社会公众所普遍认同的价值标准、行为规范及其物化形态的总和。

从社会学理论来考量,大学文化归属于社会文化。同其他社会文化形态一样,大学文化的层面研究主要有四个。第一,二元论:物质文化、精神文化。现代大学,除必要的硬件设施和办学条件之外,还要致力于建设和创造先进的大学文化,力求在众多高校中彰显自己的特色。第二,三元论:精神文化、物质文化和制度文化。张岱年、程宜山文化动态系统认为,大学文化包括精神文化、物质文化和制度文化三个层次,三者形成了一个以精神文化为核心、制度文化居中、物质文化处外的同心圆，相互关联、相互补充、相互推进。第三，四元论：物质文化、精神文化、制度文化和行为文化，或者精神文化、制度文化、行为文化、环境文化。第四，五元论：价值理念、大学精神、大学形象、发展目标、规章制度、大学环境。其核心在于全面体现高校及其特殊群体的群体意识和文明气质，主要体现在这五个方面之中。第五，多元论。孙雷认为，大学文化可以从不同的角度来分析，如系统的角度、区域的角度等。

我们认为，作为一般普通高校，大学文化的构成是离不开精神层面文化、器物层面文化、行为层面文化三个方面的。这三种层面彼此相连、不可分割、相互作用、相互影响，共同构成了大学文化的基本生态系统。

（一）精神层面文化

大学的精神文化是大学的灵魂，是大学文化建设的核心内容，是一所大学本质、个性、精神面貌的集中反映，也是大学区别于其他社会组织的根本所在。一般来讲，大学的精神文化包括大学精神、大学理念、大学历史传统三个方面。其中，大学精神是核心，居于首要位置，并具体体现于师生的人格以及校风、班风、教风、学风上。

德国哲学家雅斯贝尔斯指出："大学是个公开追求真理的场所，所有的研究机构都要为真理服务，在大学里追求真理是人们精神的根本要求。"纽曼指出，在大学里，"一大群学识渊博的人埋头于各自的学科，又互相竞争，通过熟悉的沟通渠道，为了达到理智上的和谐被召集起来，共同调整各自钻研的学科的要求和相互之间的关系。他们学会了互相尊重，互相切磋，互相帮助。这样就营造了一种纯洁明净的思想氛围"。自柏林大学建立开始，学术进入大学殿堂，科研在大学生活中占据着越来越重要的地位，崇高的学术声望已成为知名大学的"通行证"。戴军在《中国大学文化的传承与超越》一文中指出，大学精神是大学文化的核心，是积淀于学校全体成员身上，并外化出来充盈于整个大学的精神，是一所大学的核心追求在师生身上的具体体现。它虽然看不见、摸不着，但能够反映出一所大学文化的个性与特色，塑造着大学人的人生观、价值观、道德情操、审美情趣和高尚人格等，决定着大学的办学理念和价值追求。大学精神可以通过各种文化仪式来引导群体成员的行为、心理，使其在潜移默化中接受共同的思想引导、情感熏陶、意志磨炼和人格塑造，产生一种巨大的向心力和凝聚力；也可以对学校师生员工思想和行为起到约束作用，使他们自觉地正视道德冲突、解决道德困惑、明辨是非界限。大学精神文化通过大学的物质环境、规章制度等来实现对大学人思想和行为的引导，发挥自身的导向功能。大学精神必须通过人才能发挥作用，大学精神直接作用于它的影响对象，通过潜移默化的过程内化为大学人的思想观念、价值追求、思维方式、自觉的行为准则以及道德情感，大学人就会按照大学精神所承载的办学理念、办学方向去奋斗和执着地追求。大学精神文化一经形成，就会对大学人产生持久的影响力，塑造师生人格、夯实精神底蕴、确立人生态度，大学人自觉或不自觉地被烙上这种精神品格的印记。现代大学制度下大学精神文化主要包含大学传统、校风校训、科学精神和人文精神等方面。

大学以育人为己任，培养具有创新意识、创新思维、创新能力和创新人格的创新型人才，这是现代大学的根本目标之一。党和政府提出建设创新型国家的构想，指出创新型国家必须要有一批高水平的创新型大学作为依托和支撑。

科学精神是一种自由精神。大学应当是独立的，应当以独立法人的身份承担社会责任、履行社会义务、完成自身的使命。大学是进行精神生产和精神传播的场所，大学的自由精神既体现为大学自身的自由、脱离行政化管理的束缚，也体现为教师从事研究和教学以及学生学习的自由。每一所大学的教育核心，都应该放在学术探讨的自由性上，学术内容上务实求真，学术范围上要自由发展，一如加州理工学院的校训"真理使人自由"，而这一概念也得到了广泛肯定。耶鲁大学校长曾经说过："只有自由探索、自由表达，才能真正发掘人类潜能。"2006年，温家宝总理在与文艺家交流中多次引用《共产党宣言》中有关自由的语句，指出只有自由才是发展的关键。

科学精神是一种包容精神。大学之大，不仅在于其规模之大和人数、学科之多，更在于大学对不同知识、不同思想、不同价值观及其持有者的海纳百川。正所谓，"大学者，囊括大典，网罗众家之学府也"。蔡元培基于对大学的理解和北大的现实提出了"兼容并包"思想，正是在这种思想的指引下，北大吸引了中国的各路学术精英。

而那种"师生间问难质疑，坐而论道的学风"，那种民主自由的风气从一开始形成，便成为北大异于其他大学、吸引后来一代又一代学子的独特传统。由此，我们可以将包容精神概括为是对各种学说观点、学科内容及各种各类各派学者、专家和各种思想的兼容并包。包容是现代大学重视人才个性与繁荣学术研究的客观要求，"兼容并蓄，海纳百川"是大学包容精神的集中体现。

所谓人文精神，是对人类生存的意义和价值的普遍关怀，是一种以人为对象和中心的思想，它主要包括人的信念、理想、人格和道德等。大学是知识分子的聚集地，是先进文化的重要发源地和辐射源。2007年5月14日，温家宝总理在对同济大学师生做即席演讲时说："一个民族有一些关注天空的人，他们才有希望；一个民族只是关心脚下的事情，那是没有未来的。我们的民族是大有希望的民族！同学们要经常地仰望天空，学会做人，学会思考，学会知识和技能，做一个关心世界和国家命运的人。"在现代民族国家体系内，任何一所大学都必然是对民族和国家命运有所担当、对特定的文化传统和历史传承有所承诺的精神殿堂，而不只是一般知识和技能的超级工厂和传授所。先进的思想观念、科学技术、价值体系等，往往首先在大学校园中产生和发展，从而使得大学文化在一定程度上成为整个社会文化的先导。从大学文化育人功能的角度出发，培养大学人的人文精神显得尤为重要。

人文精神表现为对人的尊严和价值的维护和关注，它指导着大学人树立正确的世界观、人生观、价值观，善于交往、沟通与合作，以健康、积极的人格和心态适应社会的变化与挑战。人文精神是大学精神的精髓之一，它反映了大学对于人类自身以及社会发展的高度关注和反思。人类先进文化的重要部分就是人文精神，它不仅反映了人们在自我发展过程中的社会价值和价值取向，更体现出了人们对理想、信念、道德、情感等精神力量的不断追求，同时让人们在发展进取的过程中不断反思自己、提升自己，是人类对"人之所以为人"思考的产物，更是实现人的生命价值的重要因素。

大学理念是大学精神的组成部分，又区别于大学精神，它主要体现在大学的功能与定位、教育教学、人才培养、师资建设、学科建设、科学研究、社会服务诸多方面的内在规律及相互关系等相关大学建设发展具体问题的基本观念和基本态度。

大学历史传统是大学在长期的办学实践过程中积累的优秀文化精粹，包括传承下来的校名、校训、校徽、校歌等有形文化，以及校风、教风、学风等无形文化。办学传统是一所大学办学理念和优良校风的长期积淀，是在其存在和发展过程中历代大学学术成果和人格魅力的凝结，它经过全体师生的不断延续、传承和丰富发展，逐渐成为一种影响和凝聚广大师生的巨大的精神财富，激励全体师生员工为实现学校的总体目标而奋斗。办学传统作为大学精神文化的外显性的重要组成部分，体现了历届大学师生的价值观和精神追求。大学传统以一种无形的感染力对生活在其中的每个成员产生重要影响，支配着每个大学人的行为，对大学的可持续发展起着重要作用。

大学传统对大学的发展有引领作用。最直接的体现就是大学所培养出来的学生，由于受到所在大学的传统熏陶和影响，在多少年之后，仍然会在思想和行为上或多或少地保存着这所大学的传统。各地大学的校史展览馆能够集中展示一所大学的办学传统和精神，是院校发展战略与历史文化发展传承的结合。例如，东北大学每年都会组织大一新生和大四毕业生参观学校的校史展，学生们从校史馆中了解到了学校的过去，一幅幅生动的照片记录了学校从建校起走过的光辉历程，显示了学校积蓄的不竭的前进动力、严谨的治学精神以及浓厚的历史文化底蕴。

优良的办学传统，使在校生们引以为荣，从内心产生一种自豪感，为维护和传承这种传统而约束自己的不良思想和行为。同时，所有具有优良传统的大学，都能够吸引人才、凝聚人才、留住人才。优良的传统，会与那些优秀的人才产生共鸣、相互吸引，把优秀的人才凝聚在这些大学中，并以内在的精神和风格留住人才。大学传统对凝聚学校力量具有重要作用。大学传统需要在比较长的办学实践中才能逐渐形成，而一旦形成它就具有较强的稳定性，具有无形的、不可低估的凝聚力和感召力。

生活于同一所学校的人们，在学校共同的理想追求、价值观念和行为准则的作用下，会在彼此之间产生一定的认同感，并对学校产生一种强烈的归属感、责任感和荣誉感，从而把师生员工紧密地联结在一起。实践证明，大学传统的这种凝聚力比任何规章制度的约束都有效，也是任何物质激励都无法做到的。

校风校训是学术氛围和人文氛围的结合，是大学精神的外在表现。大学精神的培育既不是简单的知识传授，也不是刻板的理论分析，而是需要人的体悟、发现与践行，需要精神与观念的传导。培育大学精神就必须首先培育追求高深学问和真、善、美的精神氛围，这就需要师生员工共同努力，养成良好教风、学风、工作作风。

校训是一个学校的象征，是学校悠久历史和传统文化的浓缩，也是一所学校的向心力所在。校训是学校的精神支柱和行为导向，是一所学校对其文化传统、大学精神的总结。一所大学的校训，最集中地反映了大学人的办学理念和价值取向，表达的是大学管理者对求学者的热切希望。久而久之，它融入一代又一代大学人的血脉和灵魂，形成一种大学精神。如暨南大学将"暨南精神"的主要内涵确定为"忠信笃敬、知行合一、自强不息、和而不同"，其中"忠信笃敬"就来源于学校的校训，"忠信笃敬"是暨南精神的高度概括和重要载体，其融爱国、爱校、务实、坚忍、诚信、尊重、包容、继承、创新等于一体，展示了中华精神的基本内核、文化传播的基本要求和国际交往的基本原则，具有很强的独特性。其已被暨南人熟记于心，成为师生共同的道德价值观和精神追求。哈尔滨工程大学以毛泽东主席为该校前身——哈军工的校报的题词"工学"二字为关键词，确立了"大工至善、大学至真"的校训，既涵盖了哈工程一以贯之的办学理念，又反映了哈工程的特色与个性，反映了该校师生员工追求卓越、蓬勃向上的精神风貌。"工"可引申为改造世界的一切活动，"学"可引申为认识世界的一切活动。无论是"善"还是"真"，从释义上讲都要求达到最高境界，即做学生，要成为最好的学生；做老师，要成为最好的老师；做管理，要达到最佳的管理；办大学，要办成一流的大学。

"大工至善、大学至真"不仅言简意赅，而且寓意深刻、富有哲理，生动体现了学校追求真理、追求卓越的精神。

大学历史传统是一种客观存在，一般很难发生改变，是大学的形体；大学理念是大学办学治校的基本观念和现实做法，必须随着大学发展和社会发展而不断变化，以适应两者的发展需求，大学理念是大学的血脉。与大学理念相比，大学精神更关注文化价值和大学理想的追求，展现了大学自身的气质、品格与神韵，大学精神是大学的精气神。

(二)器物层面文化

大学器物文化是大学精神文化建设成果的物质体现，是大学文化的物质基础，大学物质文化是大学文化的外在标志，是一种外显型文化。它主要指学校的校容、校貌、自然景观、建筑风格、教学科研设备、基础设施等有形事物。大学器物文化体现在校园建设、师资队伍建设、学科专业建设、教学科研设备建设、教师住房建设等方面。大学器物文化是大学精神文化和制度文化的物质载体，是大学历代师生长期建设的物质成果，既是大学文化的空间物质形式和外在表现，又是大学精神文化存在的物质载体，是现代大学综合实力的一个重要标志。良好的、富有个性的大学校园环境，不仅起到了美化和装饰校容的作用，还为师生员工开展丰富多彩和寓教于乐的教学活动提供了条件，使师生员工教有其所、学有其所、乐有其所，在求知、求美和求乐的过程中受到潜移默化的启迪和教育。大学器物文化潜移默化地影响着学生的思想观念，陶冶学生的情操，促进其良好行为习惯的养成。

清华大学原校长梅贻琦讲："所谓大学者，非谓有大楼之谓也，有大师之谓也。"梅贻琦于1931年开始担任清华大学校长，任职后多次阐述"所谓大学者，非谓有大楼之谓也，有大师之谓也""师资为大学第一要素"等办学至理。他认为，大学"应有两种目的，一是研究学术，二是造就人才"。北京大学原校长许智宏也有过类似的表述："大学之'大'，不仅在于'大师''大楼'，更在于有一批'大'学生。我们不能设想一所大学没有宽敞明亮的大楼，也不能设想一所大学没有学富五车的大师，但更不能设想一所大学没有一批朝气蓬勃、奋发向上的'大'学生，只有这些年轻的面孔，才是一所大学的精魂之所在……大学，因大楼而大，因大师而大，更因'大'学生而大，理固宜然。"由此不难看出，关于大学、关于大学文化的研究与论争，不外乎"道器之争"。所谓道器之争即何为主、何为辅之争。在我们看来，大学精神层面文化固然重要，也理应重要，但如果没有器物层面文化的支撑，也是不可能的。器物文化尽管是大学文化的表层，却也是一个学校师生员工价值观和精神风貌的具体体现，集中体现着大学的文化内涵，是一个学校校园形象和精神风貌的物质依托。器物文化是大学的有形文化，主要包括：构成大学学术基础的学科、专业、课程和教学体系；从事教学、管理、服务的教师队伍；大学主体构成者学生群体；教室、图书馆、实验室、校园网络、宿舍、办公场所等基础设施；优美的校园环境和文化标识等。

每个学校所处的地理不同，自然环境也有所不同，故大学校园设计布局和景观风貌都各有特色，集中体现出大学的精神文化和行为文化。孔子曰，"仁者乐山，智者乐水"，古人常以山水喻人之品德。我国许多大学或坐落于依山傍水、自然景观秀丽宜人之处，或在校园内构建优雅生动的园林山水体系，其原因就在于优美的环境易使人沉醉其中，得到精神上的满足与愉悦，促进人们去追求真理、陶冶品格。在优秀的文化景观中，大学的文化传统更能够深入高校师生的心灵，代代相传。如武汉大学择址时就考虑到自然景观，借助于宽广的水面和起伏的山丘来塑造校园景观。位于校中心区的洛珈山，海拔 20 米至 118 米，在其北面还有狮子山、火石山、侧船山等十几个山头，临湖的湖岸线长上百公里，校园占地多亩，依山傍水的自然环境为校园提供了有利条件。无论是花草树木，还是天然山水，最初只是呈现其自然之美，只有注入了人文的气息，使自然与人文相结合，才能体现出这种景观的独特魅力，从而形成一种深沉的文化，去滋养人的精神。

校园内的雕塑对构筑大学文化特色有着特殊作用。校园雕塑一般位于学校主要建筑（图书馆、教学楼等）前面的空地或学校的广场、花园间。雕塑一般是用其艺术形象蕴含深刻的大学精神和办学理念，或者是用于纪念学校的对学校发展产生重大影响的某一历史事件和某一历史人物。我国很多高校都十分注重保护和建设校园雕塑等人文景观，将其作为表达所属学校的审美思想、德育意愿和民族感情的重要物质载体。代表中国主体文化思想的孔子立像，反映中国古代科技发展成就的罗盘石针，象征清华精神的"自强不息，厚德载物"校训石雕等景观，散布于清华园的各处，犹如一本史书，记载着历史，默默地讲述着学校的成长过程，让人领悟学校的历史与学校传统精神的真谛。

校园建筑本身既是校园环境的组织部分，也是进行教学、研究、文化等活动的设施和场所，是精神文化的重要载体。大学校园群体建筑中的主体建筑如教学楼、图书馆、科研楼、学生宿舍等，往往形体雄伟，起着统领的作用。东北大学的建筑学馆、机电学馆、冶金学馆、采矿学馆和信息学馆是校园的主体建筑。五大学馆都是由东北大学师生设计建造而成,其在平面布局、建筑体量、风格色彩、建筑细部处理、楼前广场等方面都是精心设计的,对校园群体建筑文化起着统领的作用。师生们置身于这样的建筑中常常产生一种勤奋工作和主动学习的自觉性。这是蕴含在这些建筑中的精神、理念所起到的教导、熏陶的微妙作用。中国人民大学的百家园是该校建设的一座具有深刻文化内涵和古典传统特色的园林建筑,园内劲松苍柏之中,建有半圆形长廊,名"百家廊",每天都有很多学生在此学习。百家园和百家廊给人以古朴典雅之感,名称的来源取诸子百家争鸣之意。

任何一种文化的建设和发展都离不开一定的传播载体,没有有形的文化载体,就不可能将优良的文化进行有效承载和传递,而文献资料恰好是文化得以延续、发展的最直接的载体。在大学长期的建设发展中所形成的大学文化正是通过报刊、书籍、影音资料等文献形式传给历届师生的。文献作为人类精神产品,本身就是文化的表现形式之一。从某种意义上说,文化的积淀和传播主要是借助文字及其载体构成的文献的传播活动来实现的。文献的传播则延续了文化的生命力。对当今的大学校园而言,大量文化信息的涌出,无不需要利用文献作为渠道来传播。文献在大学中,始终履行着文化传播的职能,在对象化的传播实践过程中,促使大学文化更有内涵、更有时代深度,不断实现大学文化对大学师生心智与思维的良性塑造作用。

(三)行为层面文化

行为层面文化反映着大学人的组织行为特点,彰显了大学自身、大学与社会、大学与政府诸要素之间的关系,是促进大学物质文化和精神文化协调发展,并保证其高效有序行动的保障。行为层面文化主要包括大学制度文化、大学学术文化、大学组织文化、大学行为文化等。

一般来讲,大学行为层面文化主要受两个方面的制约。外部要素的制约,主要指国家政策、社会发展需要对大学行为的规范、引导和制约。例如,2010年国家出台《2010—2020年国家教育中长期发展规划纲要》,对大学未来10年的办学、建设、发展等提出了明确要求,在一定程度上引导了大学行为;再如,席卷全球的国际金融危机对包括中国在内的就业市场产生了重大影响，客观上要求大学要厘清发展思路、转变办学行为、调整学科专业、转换人才培养模式等。内部要素的制约，主要指大学确立的运行体制、组织结构和管理制度等，是维系大学内部运行、大学与外部关系的法律、法规和相关的条例、规定、管理制度等，是维系学校正常秩序必不可少的保障机制，是文化建设的保障系统。

"不以规矩，不成方圆"，作为大学文化研究的一个重要组成部分，大学制度文化是大学教育得以顺利进行的基本规范和保障，是在人才培养、科学研究、社会服务和文化传承的长期办学实践过程中，经由大学全体师生的意志选择逐渐形成的具有规范性和组织性的一种独特的文化概念。它既包括对大学制度的设计、执行、监督等内在的价值取向、理性原则等观念体系，更离不开其重要的、不可或缺的实体层——大学制度。大学制度文化具有导向效应，对不符合学校健康发展的价值取向、道德准则和行为方式具有自我调节和免疫作用，使学校的广大师生激发出潜能、激情，朝着理想境界不断努力奋斗。

制度文化建设实际上包括制度建设和组织机构建设两方面。组织机构建设是确保制度建设落到实处，并使其真正起到规范校园人言行作用的关键环节。制度文化建设要建立在全校师生员工共同的办学理念上；要共同制定和完善学校规章制度，让每个人、每件事有章可循、有法可依；要共同维护、共同遵守，把学校的规章制度内化为师生员工自觉的行为规范和习惯。虽然，当前中国的重点大学、普通大学、特殊类别大学（如军队院校、警察院校、司法院校）、民办大学、高职高专等种类繁多的大学，都有其特有的运行体制、组织结构和管理制度，但相比较而言，差异还比较大。因为有运行体制、组织结构和管理制度的差异，那么受此制约的大学师生的群体行为也会有差异。建立在科学的教学管理模式基础上的先进的教学运行机制是培养高质量人才必不可少的条件。如牛津大学的导师制就有其独特的教学特点，导师和学生共同制订教学计划，每周都进行面对面的单独交流，讨论论文的写作、论文的论点，提高学生学习的主动性和积极性。导师制还重视德才并进，导师不仅对学生的学业发展负有责任，还对学生的生活、个人品行问题、心理问题负有责任。

任何管理都是受一定的思想观念、精神向往、理想追求所支配的，每一项管理活动都有其活动的目的、目标、宗旨和原则。正如"有什么样的组织管理制度，就有什么样的大学文化"，大学的组织管理制度对大学文化的形成与发展具有重大的影响。大学管理者是组织管理制度的重要塑造者和倡导者，所以一所大学的文化有很大一部分受到管理者思想理念的影响。大学组织管理的对象是大学师生，管理的最终目的也是为了师生，这就决定了要实现大学组织管理制度就要突出人文关怀。

制度文化将大学的物质文化和精神文化有机地连接，形成一个整体。大学制度文化是精神文化在制度上的集中体现，保障了大学文化的顺利建设。大学制度文化具有导向效应，对不符合学校健康发展的价值取向、道德准则和行为方式具有自我调节和免疫作用，激发出广大师生的潜能、激情，使他们朝着理想境界不断地努力奋斗。大学制度文化具有整合效应，通过制度的稳定性与连续性，在重新调整利益分配的过程中，通过新制度的建立和不断完善，使各种利益矛盾得以协调和解决，以求得到新的平衡。大学制度文化具有凝聚效应，在制度文化的形成过程中，逐渐承认差异扩大认同，在包容多样中形成共识，充分调动一切积极因素，充分激发一切创造活力，使一切有利于大学及社会发展的创造愿望得到尊重，塑造大学活的灵魂，增强大学的创造力和凝聚力。

随着高校全面深化教育综合改革的不断推进，现代大学文化的构建日益受到"象牙塔"外的政治、经济、文化、社会诸多因素的刺激与影响，成为社会文化的一个重要组成部分。同时，大学文化作为大学存在与发展的文化支持系统，又自成体系，通过人才培养、科学研究、服务社会、文化传承与创新等强烈地作用于社会。林建鸿在《论现代大学文化的构建》一文中指出，研究大学文化资源，必须多维度、多视角地了解和认识现代大学文化的存在状态，综合研究其系统整体和各组成要素的相互联系，并将其放在更大的社会系统之中加以考察，才能从整体上探索和把握大学文化资源的整合。

五、大学文化的功能

推动社会主义文化大发展大繁荣、努力建设社会主义文化强国的重大战略任务。

建设社会主义文化强国，需要全社会的共同努力。作为文化传承与创新的重要载体和思想文化创新的重要源泉，高校在推动文化建设中肩负着重要使命，承担着重要的引领功能。田联进博士认为，"大学文化的功能是大学文化运行机制带来的结果，大学文化运行机制是其功能的载体"。

（一）综合教育功能

培养有理想、有道德、有文化、有纪律的社会主义建设者和接班人，让大学生受到良好的教育是高校的基本任务，也是大学文化的基本功能，作为高校在教育人、培养人、造就人方面最高的物质成果和精神成果，大学文化必须为学生的学习成长提供优质的文化环境。苏联教育家苏霍姆林斯基指出："教育艺术在于，不仅要使人的关系、成人的榜样和语言以及集体里精心保持的种种传统能教育人，而且也要使器物物质和精神财富能起到教育作用。依我们看，用环境、用学生创造周围的情景，用丰富的集体精神生活的一切东西进行教育，这是教育过程中最微妙的领域之一。"刘佛年亦认为："大学文化建设是教育改革的重要环节，学校应有一个优化的文化环境，以利于学生健康成长。"这说明，大学文化有明确的教育目的性，无论是课内文化，还是课余文化。大学文化的教育功能，主要体现在：

1. 隐性显性并驾

大学文化的教育功能，包括隐性和显性两种。一般认为，隐性教育是通过无计划、间接、内隐的各项活动使受教育者不知不觉地受到潜移默化影响的教育过程。大学生在日常学习和生活中，可以通过校园的特色建筑、校园道路、各种文化设施、校园的小品绿化美化等物化的形态和校园的文化传统、教风学风、人际关系、集体舆论、学习风气、心理气氛等观念的形态，潜移默化地陶冶自身的情操、意识和行为，将学校的文化认同意识积淀于其深层心理结构之中，产生深刻而久远的影响。如皖北地方应用型本科高校宿州学院，建有孟二冬纪念馆，用孟二冬的名字命名的二冬大道和在二冬大道树立的孟二冬铜像，起到了潜移默化的作用，让学生铭记他"为学、为文、为师、为人"的崇高风范，学习他"淡泊名利，潜心育人；坐冷板凳，做真学问"的崇高精神，从中汲取源源不断的精神力量，进一步推动了该校的发展。显性教育是相对于隐性而言的，它是通过有意识的、直接的、外显的教育活动使受教育者自觉受到有形的道德教育。在高校，显性教育可以直接体现在教学环节中，安排在人才培养方案和教学计划中，有目的、有计划、有组织地影响、规范受教育者的思想意识和行为模式。大学文化在发挥教育功能时，隐性和显性教育功能是可以互补的。

2. 主体客体共融

大学文化在发挥教育功能时，教育的主体和客体经常呈现出一种主客体共融的形态，往往分不出教育的主体和客体。校园中生活的每一个人，既是文化所影响的对象，又是文化建设的主人，大学生既是受教育者，又是教育者。诚如高占祥所说："开展大学文化的过程，实际上就是学生自我表现、自我教育、自我管理、自我提高、不断社会化的过程。"在大学里，任何一个大学文化活动的开展都需要大学生的主动参与，同时通过活动本身也为大学生自身的自我教育、自我管理等提供了一个很好的学习、锻炼机会。通过自觉组织、自觉参与各种社团和大学文化活动，大学生提升了自身的综合素质，也影响着其他学生，这种相互教育的功能是大学文化中热点问题形成的主要动力之一。

3. 多种知识渗透

文化的内涵和外延非常宽泛。大学文化渗透了政治、艺术、管理等多种学科和其他文化知识，体现在精神、物质、制度、行为、环境等文化之中。大学生通过文化活动，不仅能扩充自己的知识面，学到许多书本上学不到的知识，而且能提升自己的创造能力，发挥大学文化多种知识渗透的优势，引导对本专业的兴趣和爱好，很好地促进对课堂文化知识的学习。如组织、参加各种文艺演出、演讲比赛，既可以让大学生提高自己的语言表达和艺术创造能力，又能提高自身的组织管理能力、舞台设计能力和驾驭会场的能力。

（二）思想政治教育功能

1. 提高大学生思想道德修养

"德者，本也。"蔡元培说过："若无德，则虽体魄智力发达，适足助其为恶。"2014年5月，习近平总书记与北京大学师生座谈时指出，一个人只有明大德、守公德、严私德，其才方能用得其所。修德，既要立意高远，又要立足平实。踏踏实实修好公德、私德，学会劳动、学会勤俭、学会感恩、学会助人、学会谦让、学会宽容、学会自省、学会自律。他强调，修德，要加强道德修养，注重道德实践。道德之于个人、之于社会，都具有基础性意义，做人做事第一位的是崇德修身。这就是我们的用人标准为什么是德才兼备、以德为先，因为德是首要、是方向。要立志报效祖国、服务人民，这是大德，养大德者方可成大业。同时，还得从做好小事、管好小节开始起步，"见善则迁，有过则改"。丰富多彩、形式多样、充满正能量的大学文化，可以潜移默化地提高大学生的思想道德情操和培养良好的行为习惯。如具有审美意义和价值寓意的文化设施、文化氛围、集体文化活动等大学文化资源，只要用心挖掘，进行系统整合，就一定能引起大学生的心灵共鸣，增强学生自尊、自爱、自立、自强的精神，使得大学生在思想道德水准上得到升华，日积月累，成为一个思想道德高尚的人。如高格调的文艺活动，通过真善美的艺术形象能唤起学生心中的爱国热情。这些高质量的大学文化活动，能使学生将爱国情感转化为振兴民族的使命感和责任感，使大学生逐渐养成坚定的信念、科学的世界观和良好的道德品质。

2. 塑造大学生过硬的政治品质

政治品质包括政治立场、政治品德和政治水平。大学生是国家的未来和希望，是社会主义现代化建设事业的接班人。从这个意义上讲，大学生能否具备坚定的政治立场，能否树立牢固的正确的政治方向，能否沿着党的路线、方针、政策前进，对于能否实现中华民族伟大复兴的中国梦是非常重要的。当然，大学生过硬的政治品质不是一朝一夕形成的，必须在长期的政治思想教育中、在良好的外部环境影响下，潜移默化地逐步形成，而这可以通过优秀的大学文化来实现。近年来，一些高校陆续成立"邓小平理论研究会""中国梦研究兴趣小组""爱心社""萤火虫"等社团组织，紧密结合当今实际，开展形式灵活多样的文化社团活动，倾注了学生对祖国未来前途的关注和对自身意义与价值的探求，一定程度上满足了学生在政治上、思想上和人生追求上的要求和愿望，促进大学生科学的世界观、人生观、价值观的形成。

（三）能力培养功能

专业能力和通用能力培养是高校对大学生培养的基本要求。当今"知识爆炸"的社会，科技进步日新月异，社会对人才的要求越来越高，能力的培养与提高受到各高校普遍重视。大学文化的能力培养功能就是培养大学生自我决策能力、社会适应能力、社会创新能力、社会交往能力、团队协作能力等，帮助学生学会与社会相适应的各种知识、技能和生活方式，使之在各个方面得到协调发展，并与社会环境之间达成一种动态的平衡与协调。

1. 帮助大学生掌握知识技能

理论与实践相结合"是马克思主义教育思想的一条原则，是毛泽东教育思想的重要组成部分，是我国教育方针的重要内容"。"现代化生产的发展，不仅要求劳动者具有较高的科学管理能力，而能力的培养，又离不开实践。"丰富多彩的大学文化活动，是大学生今后参加社会工作和生活的预演舞台。大学生通过参加各种文化社团活动和实践，逐步学会了时间管理、自我管理、职业生涯管理等，不断增强自主、自强意识，提高了独立生活能力、组织管理能力和社会活动能力。

2. 帮助大学生掌握良好的行为规范

掌握良好的行为规范，可以帮助大学生尽快适应工作岗位，缩短社会适应期的先期准备。要掌握某个社会角色的行为规范，除了第一课堂学习以外，还可以通过第二课堂——文化社团的实践活动来逐步实现。大学生参加各种大学文化活动，如"模拟面试""大学生创业比赛""模拟招聘""模拟法庭"等，通过担当不同的角色，逐步积累不同的经验，提前预演如何接触社会、适应社会，并逐步认同社会行为规范和价值观念，对他们今后担当起完全的、正式的社会角色，是很有帮助的。

3. 帮助大学生处理个性发展与社会责任的关系

要"坚持立德树人，加强社会主义核心价值体系教育，完善中华优秀传统文化教育，形成爱学习、爱劳动、爱祖国的有效形式和长效机制，增强学生社会责任、创新精神、实践能力"。提高认识，深刻理解加强大学生社会责任教育的重要意义；立足实际，科学制订社会责任教育培养计划；精心组织，多种形式积极推进大学生社会责任教育培养；统筹协调，建立大学生社会责任教育培养的有效机制；加强领导，为大学生社会责任教育培养提供有力保障。把高校大学生社会责任教育培养工作实施情况纳入高校人才培养评估指标体系，定期开展高校大学生社会责任教育培养方案编制和实施工作专项考核。各高校原则上应在大一新生中启动大学生社会责任教育培养工作，开始社会责任学分认定。研究生教育、成人高等教育参照本意见执行。对安徽的高校大学生进行社会责任教育零死角全覆盖。

培养大学生的创新精神和创新能力需要鼓励他们的个性发展。高校的目标应当是培养有独立行为和独立思考的个人，同时注重社会责任教育。大学文化帮助大学生把个性的发展与所处的社会历史使命联系起来，把时代要求内化为自我意识，使大学生更加理解将来所要从事的工作或领域的社会意义，不断增强社会责任感，在心理和行为上与所生活的社会达成适应性平衡。一方面，要把个性发展与社会责任联系起来，无视个人的社会不可能繁荣，无视社会的个人不可能生存；另一方面，两者的关系以个性发展为基础，但必须引导其健康发展。

（四）身心陶冶功能

"现代社会的快变节奏与日新月异的科学技术，在给人们带来勃勃生机的同时，也给人的生理与心理，个体与群体带来过重负荷。"大学生早已不是所谓的天之骄子，高校也不再是美好的乐园，这样或那样的心理问题在一些大学生身上出现。大学文化的身心陶冶功能，可以在保持大学生身心健康、提高大学生身体心理素质等方面发挥作用。

1. 帮助大学生形成优良的个性品质

大学生参与意识强烈，好奇、好动，文化需求广泛，表现出不同层次的文化消费要求。丰富多彩的大学文化生活，丰富了大学生的精神生活，使其在紧张的学习之余，能体验到激励情绪，感到心情愉快，精力旺盛，情绪高涨，可以减少大学生心理和情绪上的自我干扰和相互摩擦，减少内耗，协调人际关系。因此，大学文化的状况直接影响到学生良好心理过程与心理状态的形成。多年来，一些高校不断加强大学文化建设，契合大学生的心理状态，融入渗透世界观、价值观、审美情趣等观念教育,开展丰富多彩的科技、娱乐、艺术等文化活动,满足大学生放松、调整、尊重等的心理需求,补充和完善课堂教学的不足,把"三点一线"的生活轨迹变成了充实而有意义的黄金时段,逐步形成了大学生优良的个性品质和积极的心理状态。

2. 帮助大学生树立健康的审美情趣

肖谦在《校园文化德育功能的影响因素与对策探究》一文中指出:

"艺术和审美可以消除高度紧张和疲劳,使大脑各部位的兴奋和抑制有序交替出现,从而达到机能的平衡健康发展;艺术和审美可以宣泄情感,疏导情绪,排解压抑,使心理得到平衡。同时,审美带来的愉悦使人心情舒畅,肌肉放松,心律舒缓,机能协调,消除各种有害健康因素的困扰,促进有益于健康的生物化学物质的分泌,从而增强体质、体能,提高健康水平。"大学文化中,艺术活动引人注目,如安徽省教育厅主办的"徽风皖韵"等系列高雅艺术进校园活动,邀请安徽省话剧院到各高校巡回表演话剧《徽商传奇》,反响很大。同时,各高校也发挥学生社团的作用,积极组织各种演讲、辩论、文艺小品、声乐、器乐演出等。这些文化艺术活动都起到了审美中介的作用,为学生感受美、创造美提供了有利的条件,激发了大学生的审美情趣,培养了大学生正确的审美观、审美理想和感受美、表现美、创造美的能力。同时,一些大学对校园内文化资源进行了系统整合,既保证了学校教学科研活动的正常开展,又通过校园特色建筑的外形、色彩、质感和风格迥异的建筑小品等,通过花草树木的形态、层次、色香以及与环境气氛相协调的园林艺术、小桥流水,体现了人们的价值标准和审美意向,给大学校园以青春的活力和美的享受,并间接地给人以"润物细无声"的审美能力培养和情趣的熏陶。

3. 具有潜在的激励与约束作用

一般认为,学风即学校风气。好的学风是学校的宝贵财富。教育部颁布的《普通高等学校本科教学工作随机性水平评价方案》评估指标体系中,学风作为重要的一级指标,包含教师风范、学习风气、学术文化氛围三个二级指标,其中学习风气为最重要指标。周远清指出:"学风是一种治学精神,一种氛围,一种育人的环境,一种无形的力量。在大学文化建设中逐渐形成的具有学校特色的精神环境和文化氛围,包括校风和学风,内化在学校肌体内,对校园人而言是一种非强制性的规范教育。许多大学之所以成为名牌大学，不仅在于这些学校有良好的设施和一流的师资，还在于它们有着良好的学风，这是培养高质量人才的前提和基础。"由此可见，学风既是学校的一种学习氛围，又是大学生的一种群体行为，不但能使学生受到潜移默化的熏陶和感染，还能内化为一种向上的精神动力。在一个学风优良的大学环境里，大学生的思想品德、价值观念、行为方式、意志情感等都会发生变化，并反过来对自己的成长成才和职业生涯发展产生深远的影响。"近朱者赤，近墨者黑"，大学文化这一功能突出地体现在学生个体与群体的相互关系上。校园环境也以特有的象征符号向人们潜在地或公开地灌输着某种思想、规范和价值标准。一个舒适、优美、幽雅、整洁的学习、工作和生活环境，会使生活于其中的每一个人因自然而然地受到环境美的无形约束，而收敛其乱扔纸屑、随地吐痰等与环境不适的不良行为，养成良好的行为习惯。生机勃勃、奋发向上的学风可以使原本思想道德素质较差、得过且过的学生有所收敛乃至改正。从这个意义上讲，大学文化建设具有潜在的激励与约束作用。

第三节 大学文化的构建原则

人类与文化的关系，单纯而又复杂。文化是人类创造的，人类又生活在一定的社会文化环境中，无时无刻不接受一定文化的教化和熏陶。人类用社会、文化赋予他们的能力观察社会、观察生活，不断地汲取其感观所及的大千世界所提供的各种信息，丰富自己的内涵，推动社会的发展和文化进步，实现真、善、美的和谐统一。大学文化作为社会文化的一个重要组成部分，其构建的原则社会文化既有相通的地方，又有自身的特征。

一、继承性原则

文化传承与创新是大学的重要功能。大学文化之所以能引领社会文化，最根本的原因是大学教育中永恒不变的核心文化——大学是培养人的。大学教育使用人类所积累的具有永恒价值的文化成果，启迪人的智慧，培植人的德行，促进、保护和增强社会的价值观念，不断对社会发展潮流进行理性分析，并运用自己的批判和前瞻功能引导社会向前发展。这些永恒的价值是大学永葆魅力的支撑点。中国的现代大学，一方面深深植根于几千年来优秀的中国传统文化沃土之中，另一方面也参照西方大学、吸收世界各民族优秀文化的丰富营养，遵循了大学发展的基本规律。从这个意义上，大学文化的构建一个基本原则就是继承性。先贤们所提出的大学理念的精髓，都应当经过我们深入的理论思考，并在与现代环境的结合与融合中熔铸进我国现代大学文化之中，并内化于大学的有机体中，成为指导大学理性发展的免疫力和神经元。其中有的可以重点吸收，有的可以经过改造加以创造性地发展，有的则可以按照克拉克·科尔在《大学的功用》里所说，越采取混合式越好。只有这样，大学才可能既有深厚底蕴，又博采众长，从而尽显大学文化的活力。

我国的大学，需要吸收与借鉴西方优秀的大学文化，强调个性发展，培养学生的创新能力、科研能力等。经过文艺复兴、宗教改革、启蒙运动等阶段的欧洲，逐渐明晰并在以后的各国大学中传播并确定下来"学术自由、大学自治、教授治校、教学与科研相统一"等经典大学文化精华，这是我们大学应当重点加以借鉴和继承的。这些精髓，反映了大学学术发展与管理的基本规律，符合世界大学发展的内在逻辑，也是大学合理存在的理论基础。如今，这些经典大学文化的内涵也随着大学地位和作用的变化发生着变化，与时俱进，发展成为构建现代大学文化的重要基石，不断指导着大学前进的航向。因此，坚持继承是大学理想的追求，只有继承才能不断去创新，人类正是在文化的传承与创新中才得以不断进步和发展的。

二、适应性原则

教育家胡森认为："大学作为一个机构，必须是以其所处的历史、文化、经济环境来运作。"任何一所大学，无论其如何独特，按照自身发展的逻辑不断变化，同时也存在于一个社会形态之中，随着环境的变化而不断改造着自己，随社会的变迁而不断变更，与政治、经济和文化的发展相适应。正是在这种不断的进化与改造中，大学不断丰富自己的内涵，孕育着自身的文化。

西方的大学，很多都是启蒙运动的重要产物，它们在注重科学研究中把人力、物力用于为社会和国家的发展服务上，赢得了社会的尊重，获得了合法地位。作为保存、传递、发展和创造知识的机构，随着社会的发展，大学还将不断开放，不断扩充其职能，不断适应和接受社会的各种合理需求。随着我国高等教育综合改革的不断深入，被动的适应、盲从甚至依附乃至随波逐流，都是对现代大学自主性和创新性的削弱。因此，大学文化建设既要遵循高等教育自身的发展逻辑和基本规律，坚守一些合理的内核，同时更要主动地适应社会的飞速发展，满足服务区域、地方、国家和社会的需要。

三、创新性原则

邓小平指出，创新是人类文明的源泉，是一个民族的灵魂，是国家兴旺发达的不竭动力，是引领社会发展的第一动力。知识经济时代，一个国家的创新能力，包括知识和技术的创新能力，是决定其在国际竞争中兴亡成败的关键所在。十八大以来，习近平总书记对创新发展提出了一系列重要思想和论断，把创新发展提高到事关国家和民族前途命运的高度，摆到了国家发展全局的核心位置。

柳卉在《大学文化的创新与发展》一文中强调，创新和教育密切相关，创新的根在教育，创新的关键是人才。面对时代的要求和科教兴国的需要，大学作为知识创新与应用的重要基地，必须培养大批具有创新意识和创新能力的高素质人才，必须在教育创新中充当排头兵。李克强总理在首届中国"互联网+"大学生创新创业大赛总决赛的批示中指出："大学生是实施创新驱动发展战略和推进大众创业、万众创新的生力军，既要认真扎实学习、掌握更多知识，也要投身创新创业、提高实践能力。"习近平总书记在致2013年全球创业周中国站活动组委会的贺信中指出，青年是国家和民族的希望，创新是社会进步的灵魂，创业是推动经济社会发展、改善民生的重要途径。青年学生富有想象力和创造力，是创新创业的有生力量。希望广大青年学生把自己的人生追求同国家发展进步、人民伟大实践紧密结合起来，刻苦学习，脚踏实地，锐意进取，在创新创业中展示才华、服务社会。教育创新的首要任务是教育观念、教育思想的创新。根据李克强总理和习近平总书记的重要讲话精神，我们认为，大学文化的创新，应该是一个在新的时代、新的背景、新的形势和新的历史条件下，以新的方式方法、新的视野来研究大学发展进程中出现的新情况、新问题，探索大学教育新观念、新体制、新模式的系统工程。大学文化创新必须面向实践，探索解决大学改革与发展中的各种现实问题，为大学发展提供新的文化支撑。

大学本身就是一个充满创新精神的组织，大学的崇高不仅仅在于它为社会各行各业培养众多的创新型人才，还在于它所肩负的创新科学文化并造福于人类文明的重要使命。对于大学文化建设而言，所有的大学必须发扬这种创新精神，不断结合新的实践有所创造、有所创新，使大学文化永葆青春。

四、主体性原则

一般认为，主体性原则是指在教学过程中，要正确认识教师和学生的主体地位，使教师和学生两方面的主动性、积极性和创造性都得以充分发挥，让教学过程处于师生协同活动、相互促进的状态，促进学生全面发展。大学文化建设的主体是学校所有的师生员工。大学文化建设的主体性原则是指充分依靠广大学生和教职员工，最大限度地发挥他们的主观能动性和创造力，使大学文化充满活力并不断发展和创新。苑英科、李荣在《大学文化建设的主体设计与实践体系》一文中指出，大学文化建设应强化主体设计，以提高教育质量为根本，以创建文化特色为核心，以构建实践体系为重点，以项目建设催生标志性成果为手段，充分发挥文化建设在大学发展中的引领功能。坚持主体参与的原则就要立足大学自身，依靠全校师生特别是大学生，调动大学文化建设主体的积极性，同时要注意发挥教师在大学文化建设中的引导作用，强化教职员工的主人翁意识，激发大学生的参与热情，充分发挥他们的主体作用，把大学文化建设不断引向深入。

五、系统性原则

关于系统,中国古代教育家论述颇多。《学记》指出,"杂施而不孙,则坏乱而不修"。朱熹强调,"读书之法,循序而渐进,熟读而精思","未得乎前,则不敢求乎后;未通乎此,则不敢志乎彼"。一般认为,所谓系统性原则,就是要求把决策对象视为一个系统,以系统整体目标的优化为准绳,协调系统中各分系统的相互关系,使系统达到完整和平衡,在大学文化建设特别是大学文化资源整合的过程中,运用系统论的原理和方法,可以把大学文化的各种资源本身作为一个复杂的多个要素结合而成的整体系统,深入研究大学文化的结构层次,统筹兼顾,不顾此失彼。

第四节　大学文化的变迁

从世界上第一批大学诞生到今天,大学这个特殊的组织越来越受到人们的注目,大学在承担人才培养、科学研究、服务社会和文化传承与创新的过程中,日益彰显着其独特的文化魅力。文化性、学术性、创新性是现代大学的本质属性,文化的传承与创新是大学的基本功能之一。

加强大学文化资源整合,是大学文化建设的重要组成部分,是高等教育在拓展办学规模的基础上向全面提高办学质量转变的有效途径,是实施文化育人战略、为国家培养更多高素质创新型人才的重要举措,是大学发展的内在逻辑和必然要求,更是扎实推进文化强省、文化强国的重要体现。大学文化不是一成不变的,是随着社会的进步而不断发展、变迁的。大学文化变迁的影响因素众多,需要从经济社会发展、政治发展、文化发展、历史发展、大学发展等多角度予以分析和考察。

一、文化变迁的历史考量

（一）文化变迁的历史发展阶段

文化变迁指人类文化所发生的一切变化，包括文化生活、文化内容、文化制度和文化观念的变化等。何传启在《现代化问题研究和中国的现代化之路》一文中指出，文化变迁研究可以追溯到19世纪或更早，迄今大致可以分为三个阶段：第一阶段是19世纪的文化进化研究，文化进化论是主流观点；第二阶段是20世纪早期，反进化论成为主流观点；第三阶段是20世纪40年代至今，文化变迁的综合研究是主流，包括文化进化、文化变迁和文化现代化研究等。在文化变迁理论中，文化进化论无疑是一种影响深远的理论，而且经历了挫折和争议。文化进化论大致可以分为古典进化论和新进化论。古典进化论认为，人类社会经历了大致相同的发展阶段，从原始文化到文明时代，每一个阶段都是不可逾越的。新进化论修正了古典进化论的"单线进化"观念，提出了一般进化、特殊进化、多线进化、文化发展能量理论和文化生态学等新观点。

（二）大学文化变迁选择的三维难题

1.大学文化主体选择的难题

大学文化主题性选择的难题主要包括传统与现代的断裂、全球化浪潮的冲击、社会亚文化的熏染等，其原因也比较复杂。大学在选择文化主体时，在面对如此众多文化的影响下，既疲于应对又多显茫然，既不能全部从传统文化中汲取营养，又不愿完全迎合于现代文化。在全球化浪潮中，一些大学引入大量的外教和使用西方原版教材，使大学毫无防备地敞开了对外的大门，西方各种不良思想、价值观念、伦理道德、文化生活方式自由进入，导致知识的商品化、育人的功利化、粗鄙的学术观等严重影响了大学文化的先进性和公益性。社会亚文化的熏染使大学丧失了核心精神，大学文化陷入了迷乱的泥沼。市场经济衍生出来的不良的商业文化、高俗文化、西方自由主义思想等不断侵蚀着大学，使大学文化丧失了应有的崇高性和纯洁性。

2. 大学文化结构组建的难题

社会文化的内涵和外延十分丰富。作为社会文化的有机组成部分，大学文化亦如此，包含了不同的文化形态，这些文化形态一方面丰富大学文化的内涵，另一方面给大学文化资源的整合带来了结构选择的难题，不论是从功能主义还是建构主义的角度出发。当前，大学文化十分重视物质文化建设和制度文化建设，对大学文化的其他层面的研究也正在推进。我们在调研时也发现，极个别大学的管理层片面强调物质层次的现代化，注重大学的楼宇、道路建设，大学的楼越来越高、装修越来越豪华，设备设施越来越先进，但大学的精神越来越淡薄、越来越空虚，甚至连国旗都没有，忽视了传统文化和大学历史文化的传承。一些大学不顾现状，盲目扩招，人员的激增带来思想的多元化，给大学文化整体建设带来了困难。这既有主观因素又有客观原因，交织并行。

3. 大学文化同质化的难题

大学的同质化在一定程度上普遍存在。马寒在《多元视野下的大学文化建设探析》一文中指出，就目前我国大学文化整体发展实际状况来看，相当一部分大学的文化建设出现了同质化的难题，主要表现为大学未能正视自身发展特点、历史渊源和发展趋势，而出现文化建设趋同化，千篇一律，个性不鲜明，特色不突显。大学文化作为一种文化现象，当然具有所有社会文化现象的共性，这是毫无疑问的。大学以育人为核心，体现社会要求的共同遵循的教育管理规律，这种教育管理的无差异性直接导致了大学文化的无差异性。在"整齐划一"的办学理念和发展、考核模式的支配下，千校一面的现象日益严重。这已经引起国家教育主管部门的高度重视，如何让大学百花齐放、特色鲜明，充分发挥大学文化的独特文化魅力，是大学文化资源整合的重点，也是难点。

二、大学文化变迁的影响因素

（一）政治因素的影响

大学与政治的关系，密切而统一。宋博在《文化软实力视角下大学与政治关系研究》一文中从政治的三个基本层面——政党、政府、政策展开论述，分析了政治与大学基于文化层面互动的可能性和必要性。大学与政治的终极目的都在于提升我国文化软实力，打造人类精神家园，因此在文化层面上两者是殊途同归的，文化是大学与政治互动的纽带和桥梁。他同时提出了大学与政府互动的文化路径。青年强则国强，青年智则国智，大学生的好坏决定着一个国家的命运，而国家政治未来的好坏常常就掌握在即将成为领导人的大学生身上。从某种意义上说，大学生是国家政治的血液。

从维新变法到洋务运动再到辛亥革命，"救亡图存"一直是中国近代大学文化的主旋律。"为天地立心、为生民立命、为往圣继绝学、为万世开太平""为中华之崛起而读书"是当时大学生的共同信念。新中国成立后至今，虽然面临的历史环境与先辈不同，但实现中华民族的伟大复兴一直未变，艰苦奋斗的精神、为国家和民族的献身精神亦未变。从救亡图存到实现中国梦，中国的近现代大学文化中对政治和社会现实的关注、对国家前途和民族命运的思考，体现出大学对民族命运的责任与担当。

我国是社会主义国家，核心指导思想是马克思主义。作为社会主义属性的大学，在大学文化建设中要体现社会主义属性的主流意识形态。随着中外大学人员交流活动的增加，西方的价值观念、意识形态在教育领域的渗透在不断得到加强。同时，由于传播通信手段的日益便捷化、即时化，各种包含有大量西方意识形态的非主流文化在校园里时有传播，造成了一定程度上的思想混乱、判断失误，为社会主义大学文化资源整合建设制造了障碍。

（二）经济因素的影响

自从现代意义上的大学产生以来，大学建设就与经济社会发展息息相关，从来没有分开过。经济社会发展既塑造了包括大学文化在内的各种社会文化形态，又要求拥有各自主体性的文化形态的发展要与之相适应。大学文化与经济发展的关系是相辅相成的，一方面表现为经济的发展对大学文化的发展起着决定性的作用，另一方面大学文化的发展又促进了经济的发展。

1. 经济社会的变革决定了大学文化的建设方向

服务经济社会发展是现代大学的四大基本功能之一，任何脱离经济社会发展而独立运行的经院派大学都不是现代意义上的大学。反观中外大学的发展历史，我们可以清楚地看到，现代大学无不是以经济社会发展方式的转变来推动大学文化资源整合建设的转变的。

2. 经济社会发展方式转变影响了大学文化资源整合建设

经济发展是大学文化发展的物质基础；经济体制变革决定了大学文化体制的变革；经济发展水平决定了大学文化的发展速度和规模；经济发展方式的转变影响了大学文化的建设方向。这四个方面是大学文化资源整合建设的外部因素，也是大学文化资源整合建设必须面对的外部考验。

就我国而言，由传统农业社会向现代工业社会转型，生产方式由独立的个体劳动或单位劳动转向了社会化劳动和集群劳动，这种劳动方式的转变客观上要求从事生产的劳动者要有社会化劳动和集群劳动的新思想。大学作为培养新型劳动者的最重要的阵地，必须随着这种经济社会发展方式的转变而转变。改革开放以来，尤其是"全面实行社会主义市场经济"重大战略决策以来，大学主动适应国家、社会的发展需要和发展方向，在专业设置、学科建设、人才培养模式、科学研究等各方面都较以前发生了重大转变。工科专业发展迅猛，应用型专业发展突出，涉外专业增多。在这种形势下，大学文化也依据大学建设方向的变化而不断转变，工程技能性比赛增多（例如，挑战杯、机器人大赛、设计大赛等）、以科技为主题的文化教育活动丰富起来、出国深造人员剧增，等等。

3. 科学技术的发展影响了大学文化资源整合建设

大学的核心功能是人才培养。通过教学和科学研究，使前沿的科学技术尽可能多地被大学生尽快掌握，缩短科技转化为生产力所需的时间，使效率得到明显提高。科研人员的创新创造，直接服务于国民经济建设，成为国家科学创新体系的重要力量。

（1）科学技术对教育内容的影响加深。马修水在《影响现代大学制度的外部因素分析及改革建议》一文中强调，科学技术成果本身就是教学的内容，科技的发展必然影响到大学教学内容的变革。尤其是当今科学技术加速发展，学科间的交叉融合，促进了高等学校一些新学科的诞生，如信息安全等。此外，科学技术的发展迫使大学的教学内容不断更新，课程体系不断优化。

（2）科学技术对教育手段的影响突出。科技的发展使高校的教学手段、教学方式发生了革命性的变化。科技实践、社会实践、工程技术实践、生产实习等众多的教学方式已成为现代大学常见的教学手段。此外，多媒体技术在课堂教学中的应用、网络技术的应用，为大学丰富教学内容、提高教育教学质量带来了便捷，这都在一定程度上影响了现代大学文化资源整合建设的主题与方向。

（三）文化因素的影响

文化是一个民族的灵魂，是民族凝聚力和自信心的重要源泉。文化的核心是文化的价值观，它决定着人们的价值取向和行为取向。目前，社会主义核心价值观是当代中华文化的核心。只有具有这样的价值观自信，才会有中国特色社会主义的道路自信、理论自信和制度自信。文化同教育密切相关，文化是教育的内容，教育是传递文化的一种工具。正是借助于教育，文化才得以延续和发展。文化对大学的影响是广泛的、复杂的和多方面的。这种影响表现在：

1. 文化影响着大学文化的建设内容

文化的发展虽然也遵从于一条主线，但不是一成不变的，不同时期、不同地域、不同条件下的文化形态与文化内容都有较大的差异。以中国为例，虽然我们的文化主线是中国传统文化，但在不同时期其影响作用是不同的，如清末民初，中国现代意义大学产生初始，由于旧学制、旧内容的存在，大学里的课程开设以旧学为主，西方新式教育还没有普及；新中国成立初期，大学基本上是原封不动地采用苏联的大学办学模式和办学理念，专业设置、课程选用、学制学法、教学方式等几乎是照抄照搬；改革开放以后，我国大学才慢慢走上了适应中国社会经济发展和中国特色社会主义文化发展需求的新道路，同时，其在不同地域的影响也是不同的，例如，北方的大学与南方的大学、东部沿海开放城市的大学与中西部的大学在文化传承上也存在很大差异。当然，对比国内外大学，中西大学这种因文化差异而产生的大学文化资源整合建设差异更为明显。

2. 文化传统影响大学文化特色的形成

古印度和古代中国同为四大文明古国，历史上拥有着无比灿烂的文化，但两国的文化传统是不同的，甚至是异质的。两种文化内化到大学文化资源整合建设上更显现出巨大的差异，当然这也是两个国家大学文化特色所在。除了与我们异质文化的印度的大学建设与我们不同外，与我们几乎是同质文化（主要指儒家文化）的日本、韩国、新加坡等国家的大学与中国大学之间的巨大差异性也是客观存在的。这些客观存在的同质异化或异质的社会文化在一定程度上决定了各自大学的文化特色和文化内涵。

3. 文化的流动性对大学文化资源整合建设的影响

文化既不是固定不变的，也不是固定不动的，它具有较强的流动性。大学作为一种社会存在必然要承担文化传承的社会功能，但这种传承并不单单指传承自己的本土文化，它还应承担传承人类一切文明成果和优秀文明的职责。就当前形势而言，由于网络技术的发展，通信、交通的便捷，地球已经变得越来越小，社会群体的交流已经达到了即时的地步。

三、大学文化变迁的类型分析

文化变迁是指由于族群社会内部的发展或由于不同族群之间的接触而引起的一个族群文化的改变。大学文化的变迁是指大学文化所发生的新的变化和趋势。大学文化变迁可以分为无意识的变迁和有意识的变迁，其中有意识的变迁又包括主动变迁、指导性变迁和强制变迁三种类型。

（一）大学文化变迁的原因

影响大学文化变迁的原因非常复杂，归纳起来可以分为内部原因和外部原因。内部原因主要是指大学文化内在的发展需求，也就是大学建设发展需要一种更新形态的文化或者替代或者拓展原有文化形态。外部原因是指由于政治变革、经济社会发展、主体文化演化、地理位置等外在因素的变化导致大学文化的变迁。

1. 大学文化具有优选性

大学文化并非一成不变的，它与生俱来就具有优选性。当一种新的优越的文化思想、文化理念、文化形态等出现时，或多或少地都会被大学所捕捉，并用于自身文化形态的改造之中。这是由大学的自身特性所决定的，是不以人的意志为转移的。这方面的例子有很多，以安徽省地方应用型高水平大学立项建设单位宿州学院为例。2009年，宿州学院在"赛珍珠研究所""孟二冬纪念馆""地方经济文化研究中心"这些科研平台的基础上，成立了"大学文化研究中心"并进行校级培育。2011年4月"大学文化研究中心"被安徽省教育厅批准为安徽省普通高等学校人文社会科学重点研究基地。基地三大研究方向分别是大学精神文化研究、大学文化开放性研究、大学生文化素质教育和社会主义核心价值观教育研究。2013年基地对研究方向进行了调整，调整后的研究方向为大学文化基础理论研究、大学文化培育与创新研究、大学文化服务地方经济社会发展研究。宿州学院大学文化研究中心的成立有力地推动了该校大学文化建设。由此可见，当一种新型或更高级别的文化出现时，大学出于自身发展的需求，也会要求变更固有文化形态。

2. 大学文化具有流动性

文化本身具有传承性和流动性，尤其是优质文化更是如此。国内外大学的发展历程，其实是文化流动融合的过程。当一种优质大学文化出现时，它不可避免地会被其他大学所引用或复制。这方面的例子很多，例如，北京理工大学2003年起首次尝试对毕业生进行德育答辩。答辩工作共分为三个阶段：第一阶段为宣传动员及学生个人总结阶段；第二阶段为学生交流答辩及成绩评定阶段，各学院以班级为单位组织开展德育答辩，成立专门的答辩委员会，由学院领导出任答辩委员会主席，除应届毕业生外，还邀请本学院其他年级学生代表参加；第三阶段为论文评审和总结表彰阶段，学生工作处组织有关领导和专家评选出获奖论文并对获奖者予以表彰。虽然德育答辩的重要性等同于毕业答辩，但形式上却相对灵活多样。在德育答辩的过程中，虽然每一名学生都必须认真撰写德育答辩论文，但各个学院可以结合本院实际，通过学生交流互评、领导老师点评、班级座谈等灵活多样的方式参加德育答辩。目前，全程化的德育答辩是该校人才培养的品牌，国内近百所高校都向该校学习开展此项工作。

3.大学文化具有连续性

怀特认为，技术进步导致社会变迁，社会变迁导致意识形态的变迁，生态条件的变化也可能会引起文化变迁。那么，大学文化作为社会大文化系统的一部分，同样也具有发展的连续性。当大学生态系统发生变化时，必然会反映在大学文化上，引起一系列的文化迁移。例如，当前全国各地都在建设大学城，把同一地域的各种不同性质的大学集合在一起。在这种集合中，原有大学文化生态被破坏了，绝大多数的大学都丧失了自己的文化传承，出现了一校两面（老校区是一种文化模式，新校区是另外一种文化模式）、一校多面等情况。

（二）大学文化变迁的动力

研究社会文化变迁，要研究社会内部的变化即纵向的变化，这是政治、经济、文化、地理、人文等各种合力形成的动力系统的纵向运动所促成的。不同文化系统的互相碰撞和互相连接，对外来文化特质的选择和适应，通过整合和分化，形成文化横向运动的动力。由于各种促使文化合力的情况不同、环境不同、各自所能起到的影响力不同，因此所引起的文化变迁和文化接触的结果也各不相同。

大学文化变迁的动力与社会文化发展一样，具有两个层次的内容：大学内部的需求、大学外部的合力。内部需求是动力的根源，外部合力是动力的保障。当两者相结合、相作用、相配合时，大学文化变迁也就成了必然。关于大学文化变迁动力的具体阐述，我们在下篇介绍大学文化的内部影响诸因素和外部影响诸因素时会有详尽的说明，这里不再赘述。

（三）大学文化变迁的类型

按照大学文化发展的规律，我们大致可以把大学文化变迁分为三种类型：自觉型文化变迁、指导型文化变迁和强制型文化变迁。

1. 自觉型文化变迁

自觉型文化变迁是指在无意识的状态下文化所产生的一种缓慢的自发的变更。这个过程中是一种带有长期性、自发性、偶然性、巧合性等多种形态的文化变更过程。在校际交流不是太广泛的近现代大学，由于相对比较封闭，外部因素的影响相对较小，这一过程就显得尤为明显。美国人类学家赫斯科维茨在其著作《文化变迁的过程》中指出："一个社会永远不会这样狭小，这样孤单；虽然它的技术设备可能非常简陋，它所给予的生活方式也是如此的保守，但是，随着一代又一代的轮转，随着新的观念、新的结合、新的基础深入社会成员的头脑，变化永远不会停止。任何一种活动的文化都不是固定不变的。"大学文化变迁就是潜移默化的过程。大学人在建设大学时，有时并不是在特别明确的目标指引下，或者有较好的科学的规划的情况下进行建设的，多数情况是试探性的、探索性的，但正是在这种试探性的、探索性的建设中推动了大学文化的进程。

2. 指导型文化变迁

指导型文化变迁是指大学人在政府、政策等引导下，有意识地进行文化变更的过程。这种大学文化变迁是一种目的性很强、有序规划进行的文化变迁。当前，我国大学公办、民办、中外合作办学等任何一种办学都由政府主管，这与西方大学的管理模式和组织行为模式存在很大的差异。政府根据社会、经济、政治发展的需要，对大学发布指导性的建设意见，如课程建设、学科建设、人才培养动向、人才队伍建设、党建和思想政治工作等，这些指导性意见一般都会被大学所采纳并具体应用到大学建设中去，无形中引导了大学文化的发展方向和建设内容。

3. 强制型文化变迁

强制型文化变迁是指大学受外部环境所迫而进行的一种被动的、非自愿的文化变更。一般来讲，这种文化变迁具有强制性、非自觉性、快速性和整体性等。新中国成立后，我国大学大致经历了大规模式的强制性变迁：如1952年在苏联专家的指导下实施的院系调整，把各个系别都重新按照条块划分组合；最近，很多地方高校进行整合，把几所学校并为一所大学，或者学校升格后办学定位发生重大变化，原来学校积淀多年的、固有的大学文化随之消散。

第二章 高校文化建设研究分析

改革开放以来，高校文化建设取得了一定的成就，积累了宝贵的经验。科学总结成就，冷静面对困境，特别是辩证地借鉴国外大学的有益探索，将有助于促进我国高校文化资源建设的发展，增强实效，促进大学生素质的提升。

第一节 国内高校文化建设的现状

大学本身就是具有批判、选择、创造和传承文化职能的社会组织，通过文化的手段创设教育环境来影响教育效果和达成教育目的的。没有一定文化底蕴的大学，不是真正意义上的大学；缺乏卓越文化的大学，永远不可能成为卓越的大学。增强大学优秀文化的合理建构，是引领大学前进的、促其不断发展的重要途径。高校文化建设与大学发展应紧密结合。大学健康的发展离不开高校文化的建设，高校文化建设也不是孤立地进行，它始终和大学发展相伴相随，离开了大学发展孤立地进行高校文化建设也是不切实际的，那样做是把高校文化建设虚化、空泛化，也是不可能做好的。任何一所追求卓越的大学，必须高度重视并切实加强优秀高校文化的孕育和建设。

影响高校文化形成的因素主要有：一是大学的文化底蕴尤其是大学对文化的继承与弘扬，是高校文化可持续发展的动力；二是学校办学思想的明确性与先进程度，它是高校文化的方向与灵魂；三是学校环境与学校特征的相宜性和学校管理的引导作用，它是高校文化规范发展的保证；四是教师的示范作用，它是各种模仿学习发生的生动榜样；五是大学人体验的积极性及其程度，它是高校文化形成的关键。我们建设优秀的高校文化，除了注意上述五个方面的因素之外，还应当遵循高校文化的科学发展规律，在吸收国外高校文化中精华部分的基础上加强文化创新，构建与时代发展相适应的新的优秀高校文化。唯有如此，才能构建起符合大学需求的新的高校文化，实现大学的理性变革与和谐发展。

一、大学传统文化中的优秀精华

建设优秀的高校文化，必须在中西文化交融、碰撞的基础上，充分吸收西方大学传统文化的精髓，并理性继承我国历代大学传统文化的精华，为我国高校文化的形成与发展奠定坚实的传统基础。

（一）西方大学传统文化的精髓

我国虽然有自己悠久的高等教育发展历史，但现代大学的起源是在借鉴了西方模式的基础上建立的。经典的传统高校文化孕育于欧洲中世纪，经过宗教改革、文艺复兴、启蒙运动等阶段的发展逐渐明晰，在西方各国大学中流传下来，并日益成为各国大学的发展方向。整体上，西方高校文化传统主要有大学自治、学术自由、注重研究、教授治校、教学与科研相统一以及大学管理理念等，集中反映了大学内部管理规律与学术发展，是大学存在并绵延的文化基因，也符合大学发展的内在逻辑。其体现了人类对大学理想追求的理性认识、哲学观点以及大学教育观念的精髓，成为理解与认识大学的宝贵财富，至今仍然展现着历久弥新的蓬勃生机。诚如德国的赫尔曼·勒尔斯所言："大学独立自治、学术自由、教学与科研相结合以及支持它们的通才教育，这一切都是经典的大学观念发展的组成部分。为了有可能用理念论的哲学观点制定内部纪律和培养学术界的精英，必须将上述几个组成部分结合为一体。"

自中世纪以来，大学即向教会、皇室以及一切世俗的权势争自由，时至今日这仍然是世界各国大学矢志不渝的理想追求。这是因为"知识之传授可创新，是学校责无旁贷的重任。大学更须以研究高深学术为要务，如此文化之发展与茁壮，人类社会之幸福与繁荣，方可望达成，高深学问之研究，必以学术自由为前提"。从根本上讲，一所不确立学术自由原则、师生不掌握学术权力的大学，本质上是与现代大学背离的。在西方大学发展史上，学术自由是大学历经多年奋争而夺得的一种保证师生自愿参加学习、教学和研究活动的权力，是大学教育的人文精神寄托。它是西方大学管理的一条不变的"金科玉律"。对此，布鲁贝克曾经指出："大概没有任何打击比压制学术自由更直接指向高等教育的要害了。我们必须不惜一切代价防止这种威胁。学术自由是学术界的要塞，永远不能放弃。"

大学自治。大学自治是几百年来一直被西方大学奉为圭臬的高校文化传统理念，是大学自诞生之日起在与教会、皇权以及世俗社会保持平衡关系中竭力保持的一条准则。西方大学坚持的"大学自治"，其本质是大学依照法律独立处理办学事务，免受政府的直接干预，能够维护大学探究真理、创造和传播知识，公正客观地批判与引导社会前进的神圣使命。西方一位大学校长明确指出，大学"应当竭力保持自身的自主性，这是大学实现它的下述独特的功能所绝对必需的：进行'纯'学术研究，实施社会批评，发展智力与文化，服务作为人的这一社会存在等。大学是唯一能够解决所有这些问题的社会组织"。

大学自治的传统证明，知识就是它自身的目的，不是达到目的的方法。一个大学如果变成国家、教会任何局部利益的工具，将不会对大学的本质保持忠诚。大学的任务是提供一个最有益于思维、创造和实验的环境，是一个达成大学的四项基本自由、在学术的基础上决定"教什么""谁来教""如何教"及"谁来学"的环境。剑桥大学视"思想和表达的自由"为自己的核心价值。大学不能遗世独立，但却应该有它的独立自主；大学不能置于人群之外，但却不能随外界政治风向或社会风尚而盲转、乱转。大学应该是"时代之表征"，它应该反映一个时代之精神，但大学也应该是风向的定针，有所坚守，有所执着，以烛照社会之方向。尽管大学都面临着经济、政治的需要，并且受到来自市场的诱惑和政治的压力，大学必须是能够自觉抵御外来干扰的堡垒，否则就不是真正意义的大学。如果大学不克服工业化和商业化所带来的实用主义，不能充分维护自主的权力，"大学所崇尚的人文主义的理想和精神会丧失殆尽，大学会降格为一种庸俗教育的场所"。一所不能坚持大学自治和学术自由的大学，很难避免媚上、媚钱、媚俗，因此也就很难坚持学府应有的独立的品质。一所大学若想在它围墙以外获得权力，所付出的代价就是自由的丧失，大学必须具有自己的风范——教授治校。教授治校，即教授集体全权管理大学教学与学术事务，是西方大学一个古老的文化传统，它是源自欧洲中世纪成立的巴黎大学的一种传统理念。此后，教授治校作为大学制度在德国的柏林大学得以确立并深刻影响后世的大学，如美国的著名大学就拥有一个共同的发展特点，即"教授治校，给教授会以较大的决策和管理权"。正如阿特巴赫指出的那样："大学由资深教授所控制，由这些资深教授选举自己职衔范围内的人担任某一任期的高级管理职务，管理并没有被看作一种职业，校长或主管学校事务的副校长一旦卸任就重新任教。"

教学与科研相统一。在西方，明确提出"教学与科研相统一"思想的是德国的洪堡。他认为："教授不是给予之人，学生亦非接受之人，两者都是研究者及创造者。教授不是为学生而在这里，学生也非为了教授而在这里，两者都是为了学术而在大学。"他在创办柏林大学的过程中提出了这一著名的大学理念，其包含两个相辅相成的方面，即"通过研究进行教学"和"教学和研究相统一"。这一理念引导大学科研活动的蓬勃开展，进一步推动了大学的科研成果不断涌现，使德国一度成为世界科学研究的中心。这一高校文化传统在近代以来推动了大学的不断发展与进步，对大学教育的发展产生深远的影响。

（二）我国大学传统文化的精华

尽管我国近现代大学取法和移植于西方，我国古代大学教育也源远流长，"中国是具有几千年文明的国家，有丰富的教育史料，有悠久的大学教育传统……中国大学教育发展史，是一幅自从有了文字以来中华民族创造和传递精神文明的历史画卷"。

作为文明古国，我国古代"有发达的大学教育。古代大学教育和近代高等教育之间，存在着不可分割的历史联系"。早在西周时就形成了"学在官府"或"学术官守"，实行"政教合一"的大学教育制度。春秋战国时期的"稷下学宫"等则是交流学术与抨击时弊、各学派自由论争、提倡革新的场所。在孔子时代已形成了系统的教育思想，在以后的历史发展中，对于我国高校文化传统的形成起到了重要的作用。如孔子提出的"天下归仁""因材施教""学为君子""言传身教""有教无类""诲人不倦""修己安人"等思想；孟子提出的"存心养性""明伦善政""舍生取义"等思想。先秦时期《大学》提出的"大学之道，在明明德，在亲民，在止于至善"。和"格物、致知、诚意、正心、修身、齐家、治国、平天下"等大学理念，与亚里士多德倡导的"自由教育"思想、柏拉图倡导的"哲人治国"理念共同开了人类办学规律历史和探索大学本质的先河，是人类文化宝库中的珍品，至今仍然闪烁着智慧的光芒，是我们今天应当珍视和继承的宝贵精神财富。宋代朱熹振兴并规范了书院，历经千余年的传承与创新，形成了有别于传统中国其他社会群体的价值取向、思维方式和行为规范的独特的书院文化，"知行并重""学术自由""穷理尽性""学术创新"等是其理念的精华所在。

革命先行者孙中山在创办中山大学时不仅亲笔题写"审问，博学，明辨，慎思，笃行"作为校训，不断告诫学生"立志做大事，不要做大官"，既冲破了"学而优则仕"的禁区，又继承了我国传统文化，孙中山在创办中山大学时倡导的传统文化与革命精神结合的新大学理念，是我国大学理念创新的光辉榜样。

而近现代以蔡元培、梅贻琦为代表的一批大学教育家更是在继承中国传统文化宝贵遗产的基础上，吸收了西方大学教育思想的合理内核，提出了新的大学教育思想与办学理念，推动了我国现代意义上的大学的产生与发展。

现今，许多高校文化建设立足于学校实际，充分发扬本校的历史文化传统，将本校历经多年形成的各种精神传统视为学校办学的宝贵财富，是学校凝练办学精神的基础和来源。历史证明，每一所名校都是在坚守本校文化传统方面做得比较好的，比如，"自强不息、止于至善"是厦门大学的精神，是其高校文化的核心，厦门高校文化最突出的精神是爱国、奉献、重德、自强、清廉、创新六个方面。"自强不息、厚德载物"校训是清华精神的集中表述，清华精神具有四个特质，即"明耻图强"的爱国奉献精神、"严谨务实"的科学求真精神、"海纳百川"的包容汇通精神、"人文日新"的进取求新精神。中山大学的文化传统是勤于实干的"做大事"精神与关切社会的入世情怀、自由之思想与独立之精神、温润的人格学养、岭南地域文化等，中山大学的文化气质是平和包容的学术文化和合作高效的行政文化。湖南高校文化核心是"传道济民"，从书院到学堂，再到湖南大学，"传道"和"济民"始终是其办学理念的出发点和归宿，"传道"是让学生"闻道"，"道"既是体现最高目的的价值体系又是体现绝对必然的根本规律,"济民"是指人应该积极入世,并且以敢作敢为的姿态立于世界,要有敢为天下先的创造精神。上海交大的精神品格是求真务实的科学精神、爱国荣校的爱国精神、与时俱进的拼搏精神和敢为人先的创新精神,百年交大高校文化的核心价值是"思源之传统、致远之胸怀、恒德之追求、唯实之践行"。

二、适应时代发展的高校文化创新

进入新世纪,大学发展面临的内外部条件发生了深刻变化,对此大学必须做出自己的思考与应答。高校文化作为影响大学发展的内在力量,必须在继承传统的基础上力求创新,创造出符合时代要求的新的高校文化,才能更好地满足大学新的发展需求。

(一)大学使命的新扩展

大学使命,是高校文化的具体体现和外在形式,是依据"高校文化"所进行的"教育实践"。大学的根本使命在于推动社会的发展和促进人的发展。大学精神、大学理念和大学使命是指导大学实践的,应落实到办学过程中去,并在实践中不断升华。适应新的时代要求,扩充大学新的使命可以从以下三个方面着手。

(1)大学与企业合作。随着时代的发展,人类社会正逐渐步入知识经济时代。这将是一个以知识为基础、以高新科技为核心、以创新为动力的社会。知识经济时代的国家间竞争最根本的是教育的竞争。大学作为发展、传承、创新和物化知识的殿堂,作为尖端科研探索、基础理论研究中心,是新技术、高层次创造性人才的摇篮与孵化新产业的知识型产业基地,是知识经济时代的基础和动力。大学在新的时代越来越走向社会的中心,成为服务社会的核心组织。大学与企业进一步合作,更为紧密地结合企业的需求进行人才培养、科学研究,能够更好地实现大学与社会的结合,推动大学更好地服务社会。知识经济时代的大学,通过与企业的合作进行高新技术开发,为社会上的企业提供技术咨询服务与人才培养,发挥其人力资源和科学技术研发的优势。美国学者卡斯特斯将大学称为知识经济时代的动力源。他认为在新的世界经济发展进程中，以芯片、半导体、光盘、计算机作为物质载体的知识、信息将成为整个经济运行的"电流"，而大学则是产生这一"电流"的"发动机"。目前，世界各国大学都在通过促进与高新技术企业的密切合作，以高质量的人才培养与科研成果推动社会和自身的变革与发展。

（2）国际化。国际化办学理念就是通过国际交流的手段和途径，使教学、科研等方面走国际化的道路，借鉴国际先进经验，在办学中树立国际交流的观念，不断提高自身办学水平。随着我国加入WTO和经济全球化的到来，大学教育国际化的趋势越来越明显。许多国家的大学几乎无一例外地以面向世界为前提，对国际社会开放，并开展广泛的人才、学术、文化和教育的交流与合作来进一步促进大学教育的未来适应能力和竞争能力的提高。我们必须高度重视国际化办学问题，努力借鉴先进国家国际化办学的成功经验，探索符合我国实际的管理体制和运作模式。国际合作办学是发展中国家大学尽快缩短与发达国家高水平大学距离的有效途径（如马来西亚400所私立高等学校中，2/3左右采取与国外对口学校合作办学的形式，以提高教育质量与名声，争取学位得到认可），是近年来大学探索国际化办学的有效途径。国际合作办学有各种不同的形式，通过国际合作办学，能拓宽国际化办学的视野，带来比较先进的办学理念和管理方法，带动学科建设的发展，促进课程的改革和教学水平的提高，推动科研项目的合作与交流，培养与国际接轨的人才。

（3）批判与引领社会——大学的第四职能。联合国教科文组织在《21世纪的高等教育：展望和行动世界宣言》中指出："大学应该加强自己的批判和前瞻功能，为社会提供预测、报警的预防信息。"其明确地把批判与前瞻的功能作为21世纪大学的责任和使命。因此，可以说，在人才培养、科学研究、服务社会之外，大学还应当发挥批判与引领社会的新的职能。大学不仅应当在服务社会时保持自己应有的基本的理性与学术价值，还应当充分发挥高校文化具有的独特的探究真理和着眼未来的批判精神，自觉地以其创造的新知识、新思想和新文化为社会发展提供正确的价值导向，引领社会前进。

大学创造的文化已经不局限于大学内，而是坚持批判与引领社会的前进。高校文化既深藏于"大学"之中，又作用于大学之外。柏林大学为德国创造了灿烂的文化，费希特、费尔巴哈、卡尔·马克思这些曾经推动了历史进步的伟大思想家，都在这所大学任教或读书。现代大学成了民族精神的摇篮、思想观念变革的主阵地，在发展先进文化中，发挥着主力军的作用。大学总是立足于本国，面向世界和未来。大学创造的科技成果、思想理论和其他文化成果对整个社会文化的发展的确有先导性作用。中国的五四运动和新文化运动，也是先由北京大学等大学发起的。我国早期的马克思主义者陈独秀、李大钊都是北大教授。他们创立了先进文化的领导核心中国共产党，奠定了新民主主义革命胜利和社会主义革命胜利的基础，也奠定了新民主主义文化和社会主义文化的基础。在美国，也有"先有哈佛后有美利坚"的说法。

所谓批评，是指按照某种尺度对事物或现象进行事实上或价值上的判断和评论，即对事物或现象的是非、善恶与美丑进行断定。大学的社会批判功能是"受过高等教育的人，即拥有高深知识、具有高尚人格的人，对人类社会必须承担批判功能，主要任务是从社会良知出发，并运用高深知识，评论各种社会问题，反思实践过程（包括教育过程）中各种无可非议的信念、不证自明的真理，以及实践者常识性的理解，从而揭示出可能阻碍实践进程、而一般人尚未考虑过的一些前提性条件，最终提出实践发展应取的方向"。所谓引领社会，是指大学教育要通过发挥其经济、政治、文化批判的功能，从更高的层次上积极引导、参与和规范社会的变革与发展。大学理应担负起"引领社会"的重任，以创新的文化、科学促进人类的文明发展，成为牵引社会和时代前进的"火车头"。

社会的发展永远不会是完美的，社会的发展离不开引领与批判。很多西方学者认为批评是大学区别于其他组织的本质因素，是大学本质的充分体现。大学总是用更高的真理来批评现行的真理。

大学之具有批判精神，和大学是研究高深学问的场所有关。大学作为探索研究、追求知识的场所，追求的是事物的真正本质，追求的是真理的本来面目。追求的过程本身就是不断超越和自我否定的过程。在这个过程中，常识性的东西不断被批判和否定，不断被超越。科学研究的态度是不断验证、不断质疑，在否定之否定的过程中逐步接近真理。从这个角度讲，大学的批评精神可以说是由大学的功能决定的，只要大学的这个功能没有改变,大学的批评精神就不会发生变化。大学的批评精神和大学的知识分子群体有关。在现代大学,教师被要求既要能教学,更要进行科学研究,很多研究型大学甚至对后者的要求超过前者,教师被要求必须在本学科的前沿进行探索,然后才能用研究的成果来进行教学,因此大学中的知识分子最有社会批判的能力和权利。香港大学郎咸平教授对于中国上市公司的无情批判、揭露造成了极大的轰动。通过郎咸平的分析,上市公司对普通股民不公平的巧取豪夺暴露无遗,成为大学批评的很好例子,一批有名的上市公司,包括海尔这样的大公司都在他的批判之列。

在西方,自中世纪大学起,批评就是大学的本质特征,到了近代和现代,这种批判功能依然表现得淋漓尽致。大学的社会批判可以说由来已久。纽曼的《大学的理想》对于大学理想的偏失进行了彻底批判;弗莱克斯纳反对大学为名利而见风使舵;赫钦斯认为,"在本质上大学是一种独立、严肃的思想及批判中心"。中国的大学同样如此,鲁迅在总结北大精神时说:第一,北大是常为新的,改进的运动的先锋,要使中国向着好的,往上的道路走。虽然中了很多暗箭,背了许多谣言,教授和学生也都逐年地有些改换了,而那向上的精神还是始终一贯,不见得松懈;第二,北大是常与黑暗势力抗战的,即使只有自己。北大的战斗精神、批评精神,是中国大学批判精神的典范。

(二)大学科技成果的跨国转移

建立国际技术转移平台,通过国内企业和跨国公司及海外企业联系的渠道,推进国外先进技术向国内的转移,为国外先进技术在国内的消化、引进提供多种形式的服务,是大学在新时代实现自身职能的重要形式。

大学有广泛的合作渠道和国际交流,在促进国外技术向国内转移方面发挥着重要的桥梁作用。譬如,清华大学成立了"国际技术转移中心",与法国和美国有关机构联合建立了"中法环境能源中心"和"中美能源技术中心",并与俄罗斯、白俄罗斯、乌克兰等国的有关机构签订了技术转移代理协议,依托学校的人才、技术、设备条件等综合优势,共同开展国外先进技术向国内企业转移的工作,为国内企业转移国外先进技术并实现本土化生产提供全方位的服务。该校还与国外企业和研发机构合作建立研发中心，推进跨国公司和国外企业的先进技术向中国转移。该中心已被国家经贸委和教育部确认为"国家技术转移中心"。

一般来说，大学科研成果有三种表现形式：一是对科学研究和大学教学有益的论文和专著；二是对大学人才培养有益的新理论、新知识和新技能；三是可以转让、推广和开发的商业化的科技研究成果。

《国际高等教育大百科全书》指出："国际高等教育的三大组成部分是课程的国际内容，教师和学生从事与教育、科研有关的国际流动以及机译系统从事跨国界的技术援助和教育合作计划。"我国台湾学者金耀基先生也曾指出："中古大学最值得一提的是它的世界精神、超国界的性格。"可见，大学的最初发展便带有超越国界的性格特征。进入新世纪，世界政治多极化、经济全球化、文化多元化和信息网络化趋势迅猛发展，使大学教育的跨国交流与合作呈现加速发展的态势。大学必须增强全球意识，站在世界学科发展前沿，积极开展原创性的研究和理论、科技、制度创新，推进高新科技成果的跨国转移，为知识的国际传播、应用与创新做出积极贡献。现代大学"超国界"性格的基础不在于共同的语言或宗教，而在于科学的思想与公认的知识。从根本上讲，现代大学的跨国交流，特别是科研成果的跨国转移，已被纳入各国经济、科技、文化、教育和社会发展的轨道，是一种以吸纳和借鉴别国经验，特别是科研模式、制度、成果等来加快大学自身教育现代化进程的理性选择。

从目前的状况及未来发展的趋势看，大学科技成果的跨国转移以及科研多边合作主要呈现如下态势：各国大学之间互相开放，出资邀请国外大学同行参与集体或个人重大科技项目的研究；开展多边校际学术交流；按照学科或专业领域建立信息网络，跨国设计与组织相关科研课题的共同探索，选择优势学科重点扶持，面向世界，提高科研的国际知名度；实施国际科技、教育资源的互补与共享；从本国实际出发，加强研究人员与研究机构与国际同类跨国研究机构与科技企业的联系与合作；国家间大学对等合作，自愿共建科技研究中心等。

（三）追求一流大学的竞争精神

英国著名学者阿什比曾经说过："任何类型的大学都是遗传与环境的产物。"不同的环境、不同的时代、不同的民族与文化背景，形成了风格迥异的大学。综观世界著名的学府，它们的确是各具特色、多姿多彩的。越是世界著名的一流大学，特色就越突出和鲜明，如学科水平很高、学术大师云集、学术声誉很高、科研成果卓著、学生素质一流、杰出校长掌舵等。但最鲜明的特征是一流大学一般都具有独立、完整的大学精神，有着较为悠久的发展历史和深厚的文化底蕴，在长时间的办学实践中形成了鲜明的办学特色和明确的办学理念，凸显出民主、自由、创新、进取的文化品格。

要成为世界一流大学，就必须在世界范围内跟最好的大学竞争。研究世界一流大学的形成，不难发现其发展史就是一部竞争史，永不言败，开拓进取，永远直面竞争，是其保持世界一流地位的不竭动力和成功的一个重要因素。许多一流大学的成立本身就是竞争的结果，如耶鲁大学与哈佛大学、京都大学与东京大学、剑桥大学与牛津大学、北京大学与清华大学。一流大学之间为了研究基金、教师、学生、公众注意力等展开激烈的比拼，为了应聘到优秀教师，甚至会不惜代价挖对方优秀的人才。世界一流大学为了保持学术的高水平，在学校内也实行公平竞争，体现在晋升上和学术上的公平竞争，大学的所有人每时每刻都处于紧张热烈的竞争状态，稍有懈怠就可能被辞退。一流大学用这种竞争保持其蓬勃的朝气、学习和工作上的高效率，永远立于不败之地。

在新的时代，我国的大学必须树立勇于竞争、争创一流的精神气质。世界上优秀的大学都是在自身确立的远大理想与不懈的竞争精神的基础上成长为一流的世界性大学的。譬如，麻省理工学院（MIT）首任院长罗杰斯就提出："以开创未来的精神，创办一所超过全国所有大学的学院。"这种勇争一流的精神气质成为麻省理工学院师生不懈奋斗的精神财富，经过历届师生100多年的奋斗，麻省理工，终于成为美国高等工程教育的旗帜、世界一流大学中的佼佼者。我国的大学承担着时代与民族赋予的重任，理应树立这样的理想与竞争精神。

（四）探索构建现代大学制度

大学管理，仅有健全面又可操作的制度还远远不够，因其自身的特殊性——社会中的育人场所和学术机构，还必须有一种深蕴于大学人中间和大学内部的文化精神。我们的大学治理一定要不断从制度维度走向文化维度。就目前来讲，为了适应时代的发展，我国的大学关键是要构建好现代大学制度。

亨廷顿认为，"制度不过是稳定的、受到尊重的和不断重复的行为模式"。制度"是一种规范性文化"，大学制度实际上是大学的"制度性文化"，它是大学在长期的发展和实践中形成的道德、观念、风俗、习惯等文化心理的调适制度，又是确定大学生存与发展的行为规范或规则，也是大学在发展和办学过程中一系列权利和义务或责任的综合。大学制度也是分层次的，由微观层次的大学具体制度、宏观层次的大学根本制度、中观层次的大学一般制度构成。它一方面为大学的生存和发展提供自由活动的空间和范围，另一方面又约束着大学的行动。大学制度作为一个制度体系，在不同层次有不同体现，是正式约束、非正式约束和实施机构三者的有机统一。

我国的大学，尤其是一些办学历史悠久的名牌大学，在长期的办学历史过程中形成了一整套良好的有着自身文化特质的制度，但总体来说，正如赖明谷在《大学治理：从制度维度到文化维度》一文中所言的，中国大学制度是缺少大学特质的显制度，是表面泛行政化的。钟秉林在其课题《大学管理架构与运行机制》中分析："新中国成立以后，我国高等教育管理体制主要学习和照搬苏联模式，大学近乎政府的附属机构，对大学的管理以行政权力为主，大学办学自主权十分有限，大学内部管理基本是上令下行的行政管理方式，学术权力一直没有发挥应有的作用。"改革开放以后，这一情况有了明显改观，逐渐改变了几十年来中国大学办学无法可依、单纯依靠政策指导的状况，1998年，《中华人民共和国高等教育法》颁布和实施，以法律的形式对高校办学自主权做了明确的规定。尽管如此，由于种种原因，大学内部仍然存在着行政权力与学术权力关系的失衡现象，"由于缺乏相关法律制度及其实施细则的保障，学术权力的合法性和可操作性在实践中难以体现"。

因此，加强现代大学制度文化建设，必须形成规范科学的大学制度。随着高等教育改革的深化发展，现代大学制度的创新和改造成为无法回避的问题，受到大学和政府的高度关注。没有良好的合乎大学办学规律和发展的制度，大学即便一时拥有雄厚的人财物资源，也难以肩负起大学应有的使命，也不能成为高质量的大学。世界大学竞争的核心是制度的竞争，大学制度的建设和完善对大学的发展而言，其实比仅仅强调占有充分的人财物资源更为重要，加强大学的制度建设和管理就显得尤其重要。制度虽具有强制性，但其一旦经校园主体认同并内心接受，就会形成为师生自觉遵从和维护的无须强制便能发生教育影响的精神要求。如博克所说，制度文化"有一种似非而是之处，它通过约束人的行为而使人获得解放"。

大学经久不息的发展只有通过强有力的制度才能得到保证，世界著名大学无不如此。哈佛大学就是教学制度文化造就的世界名校，历任校长从未停止过对教学制度的改革。哈佛大学以培养世界一流人才而著称，其人才培养制度亦即教学制度的创新和改造自昆西1829年出任校长以来就不曾中断过。牛津、剑桥大学亦然，这也是学院制度和导师制度的成功结晶。当我们赞叹大学是恒久而伟大的组织（如牛津及剑桥大学、博洛尼亚大学）经久不衰时，同样也要看到最早一批中世纪的大学（如意大利萨莱诺大学等）消亡的事实。其消失的主要原因正如英国历史学家科班所说："它没有发展一个保护性的和有凝聚力的组织制度以维持它智力活动的发展。"中世纪大学的兴衰史表明：要使大学的智力活动持续下去，那么在其取得学术成就后，必须迅速做出制度上的反应。

大学作为既有民主理性、学术理性又有效率理性的社会组织，必须建立规范结构的制度保障。现代大学制度建设主要涉及两大内容：一是规范大学组织及其个体的行为，提高大学管理运行的效率；二是通过制度建构确定大学行政权力与学术权力的关系，以充分体现大学学术组织的范本属性，实现大学组织内部的民主管理。从上述大学的问题看，加强制度管理和制度建设已是急务，因为有不少大学已经成为缺少管理或问题成堆的组织。大学制度是大学存在与发展的根基，这是中世纪大学模式确立以来各国大学发展历史经验反复证明的事实。因此，构建符合大学本质的现代大学制度，是大学顺应时代的现实选择，是新时期大学改革与发展的方向和时代发展的必然要求。

在新的世纪,面对学科发展、网络冲击、知识经济、市场影响以及大众化、全球化的社会需求和资源缺乏等压力,创新构建现代大学制度、守望回归大学真谛成为现代大学实现可持续发展的活力之本和动力之源。

第二节　国内高校文化建设存在的不足

我国高校文化资源建设虽然初步取得了一定的成效,但仍然存在着一些不足,主要体现在以下几个方面。

一、高校文化价值取向有偏失的风险

高校文化资源价值取向所反映的是校园人在社会生活中形成的价值观念,它是反映高校文化资源的核心内容。尽管经过十多年的规范引导,我国高校文化资源的价值取向主要体现为积极的一面,但客观现实中存在的一些价值取向的偏失不可小觑。

(一)轻校园精神文化建设,重校园物质文化建设

高校文化资源建设不仅包括物质形态的显性文化,也包括精神形态的隐性文化,高校文化资源建设是这两个方面的统一。在对校园美化、绿化的问题上,许多大学出巨资、下大力气搞建筑、扩道路、购设备、集图书、竖雕塑、植花草,只重视这些显性的物质文化资源建设,忽略了隐性文化资源的建设。校园精神表面看是不实在的、虚幻的、空洞的,评价的标准也远不如校园物质文化那样直接、明确,因此许多高校在精神文化上不愿投入。在一些人看来,校园物质文化资源才是实,既可以对外树立起学校的良好形象、品牌,也可以对内让学生得到潜移默化的熏陶和教育,又可为师生员工创造一个生活、学习、工作的优美环境。在高校文化资源建

设中，趋向物质主义、功利主义的行为，不仅影响其他方面的正常建设，导致其发展结构的不合理，还影响到高校文化资源的整体协调，这样的高校文化是不完整的。

（二）庸俗文化有存在的空间

高校文化目前普遍地存在着"启迪性内容少、娱乐性内容多"的不正常现象，其档次依然较低，"课桌文化""厕所文化""走廊文化"等一些"低俗文化"形式，堂而皇之地存在于大学校园中，对大学先进性的文化构成极大的威胁。走入部分高校，就能够发现课桌上到处是字迹斑斑，厕所和过道的墙壁上也是刀痕累累，尤其是广泛存在的"课桌文化"其内容更是"雅俗共赏""丰富多彩""无奇不有"。学生上课不够专注，在课桌上乱写乱画，也反映出学生人生观和价值观走向误区，上课时空虚与寂寞，宣泄消极情绪，在校园中产生不良影响。这是高校文化资源建设者急需解决的问题。同时，随着科技的进步，信息网络被广泛应用。在学生宿舍，在学校附近的网吧，所呈现的景象与我们的愿望背道而驰，部分大学生在闲聊、玩着网络游戏、网恋、看影碟，利用网络进行学习的较少。上课时，一些大学生也没有聚精会神地听老师讲课、认真记笔记，而是低着头玩手机。创造性、学术性和娱乐性的统一，是高校文化资源的一个重要特点，也是高校文化资源区别于其他类型文化的一个突出标志。高校切不可迷恋于一时的世俗文化，而要坚持把学术性、创造性和娱乐性合理统一起来。学术性的精英文化应该占主导地位，世俗的大众文化绝不能喧宾夺主，这应该是大学坚持的底线。

（三）轻传统文化，重现代文化

中国传统的文化资源博大精深、源远流长。大学生通过对中国传统文化资源的学习，能达到升华精神境界、陶冶情操、活跃思维和提高创新能力的效果，进而勇于探索、乐于奉献；能加深民族自信心、自豪感、责任感和对中华优秀文化的了解和热爱，从而提高自身综合素质。历史不能被分割，文化不能被割断，批判地继承中国传统文化资源，才能建设我们今天丰富多彩、与时俱进的高校文化资源。当代的大学生，许多人都以现代青年自居，用挑剔的眼光对待传统文化资源，认为传统文化资源这也不行，那也不行，总的来说，是否定的多，肯定的少，认为"传统"只不过是"过去的东西"——过去的人、过去的事、过去的思想、过去的精神、过去的心理、过去的意识……"过去的东西"就是陈旧的东西，陈旧的东西就应该抛弃，而不知道"传统"的真正落脚点恰恰是在"未来"而不是在"过去"。认识上的偏失，使他们在现实与理论的巨大落差之间常感迷惘和失落。这是我们高校在文化建设过程中务必要重视的。

二、高校文化建设还相对封闭

（一）校园与社会之间存在一些隔阂

一些人认为，大学是"象牙塔"，学生只要学习成绩好就行了，有意无意之中将社会与校园完全隔离分开，甚至形成对立，忽视了社会文化资源与高校文化资源之间的互动作用，这是不科学的。在高校文化资源建设中，许多高校仅把目光发展局限于校园这个"小圈子"里。大多数大学的文化活动由学生自己开展和组织，由于他们思想较单纯、生活阅历较少，常常为了保持高校文化的"纯洁性"而害怕外来的"污染"，这种裹足不前的思想必然导致文化封闭，使对外联合联值的活动非常少。在学生社团活动中，虽然社团设置了"外联部"，但作用甚微，由于担心安全等因素，那种深入工厂、公司、农村等的活动不多见。校园师生冲出校园的决心和勇气逐步弱化，使得校园和社会之间无形中加了一道厚厚的墙。由此形成的高校文化的自我封闭，必然影响高校文化辐射功能的正常发挥和对社会文化营养的汲取。

（二）校际文化交流不够充分

作为一种先进的文化形式，高校文化具有开放性，开展国内交流和国际交流是其重要组成部分。改革开放以来，我国的高校文化的国际交流十分迅速，但由于人生观、价值观的不同和意识形态方面的差异，很多高校对这种文化的交流还是持保守的态度。一些高校由于经费问题，对开展国际交流心有余而力不足。目前虽然网络技术十分发达，但绝大多数学生借鉴的学习内容都拘泥于校园网络途径，校际交流发展还是不充分的。

三、高校文化建设自身也存在一些问题

（一）学生对高校文化的漠视

笔者在调查的整个过程中有许多发现。一是调查结果中，对于高校文化资源的诸项内容所发挥的德育功能，教师的认可程度普遍高于学生的认可程度。有的学生甚至不去主动接受高校文化资源的教育。更有甚者，有位学生在调查表的下面给我留下一句话："我不相信什么德育，高校文化是虚无缥缈的，我只相信拥有金钱和女友就是成功的男人！"二是对待调查的态度，教师比学生认真。有不少老师在电话中，字斟句酌地与我分析交流调查问卷，分析、研究高校文化资源德育功能的现状及其存在问题的原因。而参与调查的大学生中，有的竟草草交卷，有一种"事不关己，高高挂起"的态度，好像除了考研与找工作之外，他们什么也不关心。由此得到两点启示：一是要充分发挥高校文化德育功能，健全大学生人格，促进其思想政治素质不断提高；二是高校文化资源建设必须加强，更要深入人心。

（二）高校文化建设的投入不足

随着我国高校扩招，学校的餐饮、住宿等后勤设施严重匮乏，高校文化资源建设更是跟不上，高校文化资源建设资金严重缺乏。党中央和教育主管部门及时积极推行高校后勤社会化改革，一定程度上缓解了供求之间的矛盾，但高校文化资源建设问题仍然无法从根本上得到解决。在武汉高校地区，高校文化协会曾对10所高校的文化活动经费、文化设施进行了一次调查。在这10所高校中，学校拨给学生的文化活动经费平均每年不足1万元的就有3所，没有学生俱乐部或学生活动中心的就

有 5 所。武汉地区是我国高校相对集中的地区，高校层次很高，其高校文化经费状况和活动场所尚且如此，其他地方高校就更可想而知。20 世纪 90 年代以来，高教经费有一定程度增长，但被招生规模的持续扩展、物价的持续上涨所抵消，人均经费仍只相当于 20 世纪 80 年代初的水平。由于高校教师精力和时间投入有限，部分高校教师都是在程式化地完成教学任务之后，便为了自己的论文写作、科研任务或是其他生活琐事而奔忙，难得去与学生交流思想、倾听学生意见。连接触了解学生的机会都寥寥无几，更谈不上指导学生的高校文化活动。在高校事实上，大学生是很需要和优秀的教师进行交流与沟通的。

（三）高校文化资源运行中的主次关系颠倒

高校文化资源需要按照自身的特点来运作，它具有层次、主次之分，而高校文化一个严重误区是颠倒了高校文化资源运作中的主次关系。在高校文化资源的运行中往往容易忽略教师这个群体，对其主导作用未能予以足够重视，颠倒了高校文化资源运作中主导与主体的关系。高校文化资源的形成和推动主要靠教师和学生，教师是高校文化的主导，他们不仅通过高校文化资源丰富自己的业余文化生活，更重要的是帮助学生培养良好的科学文化素质和思想道德素质，树立正确的人生观、世界观和审美观，使他们在道德、思想、感情、心理上健康成长，使高校文化资源正常运行。没有教师的主导，高校文化资源开展的方向性与参与性就会有不同程度上的迷失，并失去了一元性与多元性的统一，变成了只有多元性而失去统一性或导向性的失控的、盲目的高校文化，会造成高校文化的越轨或失范。高校文化另一个严重误区是颠倒了高校文化运行中形式与内容的主次关系。高校文化资源的开展既要注重内容，更要注重形式，两者是缺一不可、相互契合的。在两者的关系相比之下，高校文化资源的内容显得更为重要。近些年在处理高校文化资源形式和内容的关系问题上，往往存在重形式轻内容的现象，形式与内容的关系主次颠倒，忽视了高校文化资源的基本内核即符合社会主义精神文明建设的要求。例如，有的只关注传播媒体的先进性、重参与的广泛性、形式的新颖性、场地的高档性、言词的鼓动性，内容实质却平淡无奇，甚至有哗众取宠之嫌。这种在形式与内容关系上主次颠倒的高校文化资源，不仅造成负面影响，还丧失了其应有的教育功能，表面上来看丰富多彩，实则贫乏空洞。长此以往，令人担忧。

四、高校文化趋同化与边缘化倾向明显，特色不够鲜明

（一）人文精神教育呈边缘化倾向

人文精神与科学精神都是高校文化资源建设必不可少的组成部分。从微观层面上看，经过20世纪50年代初我国大学院系的大幅调整，形成了大批单科性院校，专业培养的口径也更细化。从宏观上看，理论界对于人文精神与科学精神关系的关注源于人文与科技的现实对立与冲突。这都影响了学生综合素质的提高，导致了理工科院校学生人文精神教育呈"边缘化"倾向和人文素质弱化的问题。

（二）高校文化资源建设呈趋同化倾向

从当前高校文化资源整体发展趋势来看，相当一部分学校在推进制度文化、实体文化建设，尤其是促进观念文化的核心即学校精神的形成中，尚未注重体现各学校历史渊源、自身的特点和发展趋势。高校文化建设趋于一般化、趋同化，个性不明显，千篇一律，从一个侧面反映出学校人才培养模式、办学理念的雷同。在"整齐划一"的模式和理念下，"千校一面"的现象越来越明显。突出学校特色是高校文化建设的需要，鲜明的特色应当是高校文化魅力所在，究其原因是由文化的属性决定的。高校文化作为一种社会现象，当然具有所有文化现象的共性。学校是社会的育人之地，要体现社会要求的共同遵循的教育管理规律，各级各类学校的文化建设都具共性。建设有特色的高校文化资源意味着更加贴近于学校的结构、历史背景和培养目标，同时促进了具有鲜明特色的"大学精神"的形成。在建设有特色的高校文化资源时，应重点做好以下工作：一是重视学校的优良传统；二是共性和个性相结合，既要把握共同规律和时代特征，又要突出各校特色；三是根据学校对学生的学科设置和培养目标确定高校文化建设的方向。

人文教育的主要目的是引导学生如何认识自我、如何做人做事，其中包含了如何处理人与自然、人与人、人与社会的关系。我国的高等教育长期比较片面强调大学生的专业素质教育，偏向于过窄的专业教育，这一现象在我国大部分理工科院校尤为突出。而在国外的西方发达国家，理工科大学对人文素质一直都非常重视。

我国大部分理工类大学生，很少有时间和机会接受中华优秀传统文化资源的教育和接触人文学科方面的知识，即使接触也是简单机械的书本背诵和讲授。曾几何时，社会上普遍流传着这样一句话，"学好数理化，走遍天下都不怕"，认为人文教育只是"空头理论""花架子"，只有科技教育才能培养出真正的"人才"。正是一直受到这种观念的误导，导致理工科院校大学生人文价值较模糊、自身人文素养匮乏，使得其实践常识少而理论知识多、逻辑思维能力较强但形象思维较差、专业知识学得多而社会道理懂得少。一些理工科大学生毕业后在语言文字表达能力、文学艺术修养、文字书写质量等方面达不到社会所提出的时代要求，严重地制约着人才的全面发展与健康成长。笔者曾与理工科大学的学生座谈，学生将自己的大学生活概括为以下几点：专业知识一定要学好；争取谈一次恋爱；各种资格证一定要多拿；英语四级一定要通过。而对通过不断的学习提高自身人文素质的涉及者很少，这种状况的确令人担忧。

五、高校文化资源中存在形式主义现象

（一）方法上的形式主义

高校文化资源建设是一项长期的系统工程，不是几次活动和几场比赛能解决问题的，根本不是一天两天的事。许多高校注重抓节日活动及比赛这个高校文化资源建设的重要环节，但往往不能形成氛围和风气，这是由于没有整体安排、缺乏周密计划以及抓经常性活动少等原因造成的，究其根本在于许多大学在文化资源建设上仍存在形式主义思想。抓节日活动已成为普遍的社会现象，抓节日教育本身并没有

错，问题在于不能把节日教育当作"应景"的活动，要注意在平时也要经常进行相应的教育。高校文化活动的形式主义必须加以克服，因为它难以收到良好的教育效果。

（二）学生社团活动的形式主义

学生社团涉及的领域急剧扩展，如雨后春笋般迅速增加，为高校文化资源发展出了不少力，但有相当数量的学生社团陷入了形式主义的泥潭。由于许多学生社团缺乏严密的监管机制，而且当前社团经费基本靠成员集资，实行自负盈亏的方式，为了扩充经费和利于活动的开展，各社团只是注重自身的宣传，把活动内容和宗旨吹得天花乱坠，尽可能多地吸纳社员和会员，尽可能多地吸纳资金。社团活动在前期还有声有色，到了后期便偃旗息鼓，这样不仅让广大成员有上当受骗的感觉，也不利于社团工作的开展，严重违背了建设社团的初衷，也严重影响了社团的形象。身在社团活动中，由于组织安排不够合理、缺乏充分的准备，各种活动虽然按计划如期举行，但活动的效果与质量却难以保证。

（三）领导工作存在形式主义

在实际文化建设工作中，一部分学校领导官僚主义作风严重，对高校文化资源建设资金、师资等的投入和高校文化资源建设工作很少过问。遇到上级部门检查，上报的材料更是夸大其词，拉出两道大字横幅、贴上几条标语来应付，不切实际。高校文化资源建设领导小组也是时聚时散，应急而设。虽然部分领导能积极响应号召，做了一些真正意义上的工作，但由于高校文化属于精神文明的范畴，对他们来讲是缥缈的东西，远不如科研成果、考试成绩来得实在；而且把这种无形的高校文化建设搞好了，也难以显示其"政绩"和能力，即使他们充分认识到了高校文化的重要作用，但为了自身的"光明前程"，也不一定肯花大力气去建设。我们更常见到的则是一方面校园偏僻处阴沟所引发的卫生问题长期得不到解决，另一方面校园大道两旁的草坪、花坛修了又修，整了又整；一方面因缺少必要的监管或领导的干预而使许多规定成为一纸空文，另一方面高校的各项规章制度日益完备。在高校文化资源发展规划制订中的形式主义作风，也往往使这些美好的设想，成为一张无法兑现、一年一年地往下传的空头支票。

第三节 高校文化建设存在不足的原因剖析

形成高校文化建设困境的原因有很多，主要有客观实践中的影响和主观认识上的不足，两者相互作用，共同促成了高校文化建设中困境的出现。

一、客观实践上的原因

（一）大众传媒消极因素影响高校文化资源建设

社会文化对高校文化资源具有很强的渗透作用，电视、电影、报纸、广播、杂志等传媒已为大学长期孕育着一个开放的环境。信息传播渠道的通畅是其开放特征的具体表现，但由于对大众传媒缺少正确的认识，如果不对信息内容进行取舍、滤选，其中消极因素就会侵蚀高校文化。随着网络时代的到来，其负面效应已越来越突出。网上不健康的生活方式和文化垃圾的传播，极易使大学生的思想受到影响。大部分外国网站在网上大肆宣扬资本主义的自由、民主、价值观念和人权思想，影响了一部分的大学生。再加上一些大学生抵御外界消极影响的能力不够强和自控力弱，深受其害却浑然不觉。网络导致一系列心理问题的产生。如陷入一个没有人际接触的世界，导致情绪低落或意志消沉、精神孤独，集体观念淡化，协同能力、合作意识更是难以得到提高。而一旦遭受刺激或挫折，他们脆弱的心理却没有抗打击能力，自卑、焦虑、抵触心理随之产生，甚至出现严重的心理疾病。网络对大学生的课堂学习和素质提高提出了挑战。"虽说网络提供了许多学习的机会，但许多大学生利用网络来玩游戏、交友聊天等，挤占了大量阅读书本和思考问题的时间，使得相当一部分网迷的专业课程和外语等亮起了红灯。如果沉迷于网络，就会对学生整体素质的提高造成巨大的冲击。大众传媒中的消极因素对高校文化资源的负面影响，制约着高校文化品位的提升和健康发展。网络语言的大量使用，弱化了民族语言的规范程度和学生的文字表达能力。许多大学生把网络视为解决一切问题的'灵丹妙药'，论文、个人总结都从网上寻找，长此以往，必将影响学生思维能力的提高。"由于当前大众传媒价值取向多元、思想内容繁杂，对大学生的道德及心理健康教育不利。由于管理很不完善，许多大学生的政治敏锐性、明辨是非的能力，以及自制力、责任感都很薄弱。

（二）管理制度不健全影响高校文化资源建设

我国高校只有在增强自身实力的基础上，根据本校的实际和特色，制定出高校文化资源发展的思路；只有充分发挥高校文化的育人、促教功能，才能增强我国大学的综合实力，追赶世界先进大学。而事实上，尽管要求制定高校文化建设法规的呼声此起彼伏，但从上至下，依然没有一套比较完善的法规出台，高校文化依然在无序状态中发展。一些学校的高校文化建设缺乏统筹规划，由于认识不到位、眼界不够开阔，这些高校文化资源建设没有纳入学校建设与发展的总体规划，这也是其高校文化资源建设布局零乱、设施简陋、品位不高的一个重要因素。由于多种因素的制约，高校的发展是逐步完善、逐步扩大的。一步到位的统筹规划无法制订，高校文化需要一个长期积淀的过程。

"由于文化自身的性质并不像经济那样既明确又直接、显著地影响着人们的生活，因而除了一些文化学者和专家之外，众多人对文化的认识如同对空气的认识一样，显然人的生活须臾不能离开空气、文化，但对具体人来说，由于他生来就有空气、文化，其结果是他对空气、文化的重要性反而难有自觉的清醒的认识。因此，当有人提出要保护空气、文化不受污染，唯有适时地营造才能保持良性的发展时，很多人对此很不以为然。"高校文化缺乏合理的统筹规划，管理就没有目标和动力。

对一所学校而言，后勤、党政工团、人事、财务等组织机构健全，工作有计划、有目标、有步骤，管理也有章有法，党政领导定期研究、指导、检查，工作开展起来就比较顺利。高校文化资源建设如果缺乏必要的组织、指导和管理，在活动中就会带有自发性、盲目性、随意性和偶然性。高校文化资源建设缺乏组织管理机构，长期处于"无政府主义"状态之中，当然不可能得到良好的发展。

二、主观认识上的原因

（一）教育者对高校文化资源的认识不到位

有人认为，大学是学习知识的圣地，教与学是首要任务，是天经地义的事，开展高校文化活动是不务正业、浪费青春，课外活动是调剂生活，玩玩乐乐是一种休息和放松，多玩一点或少玩一点不妨碍学校的发展。凡此种种，造成了对学生的课外文化活动漠不关心。教师崇尚考试，以考试成绩区分、判别学生素质的高低并作为评优、评奖学金甚至入党的唯一依据。抓教学与抓高校文化资源建设出现一手硬、一手软的情况；学生也以分数为命根，埋头苦读，对其他社会生活知识与社会实践缺乏了解，闭门谢绝天下客，一心只读"圣贤书"，对时政社会充耳不闻，从而对高校文化活动失去兴趣，教师对学生读书以外的活动不支持、不理解，更不关心，认为没有太大的必要。

（二）传统教育观念影响高校文化资源建设

传统教育观念指的是对高校文化产生消极影响的功利主义教育观或唯理性主义教育观或精英主义教育观。教育观念的现代化为高校文化资源提供了必要的思想基础；发展了的高校文化资源，又会对教育提出新的要求，从而要求不断更新教育观念、不断推进教育观念的现代化。以传统的教育观念作用于发展了的教育现实，必然产生矛盾，出现不协调现象。高校文化资源发展中出现的一系列问题，正是这一矛盾的具体反映。现代教育的确需要理性，但是，理性在发展的过程中，却由于其自身的偏狭化以及自我批判和修正功能的丧失，而成为一种"工具理性"，即将特定的目的视为既定的事实，不加任何价值判断，只寻求达到该目的的手段和方式的理性……

它以实效性、实用性为导向,限制了人的自由、自主的生活,贬低了人的尊严和价值。功利主义教育规则从教育价值取向的角度进一步突出了这种实用的、实效的导向,教育者以这种思想做理论指导,只会形成对高校文化的漠视或只强调校园物质文化建设而忽视其他层面,导致高校文化资源结构的畸形。精英主义教育观采取的一种精益求精的培养少数优秀者的态度。学生产生或接受这种思想,造成高校文化资源发展过程中价值取向的偏失;虽然我们需要一批"高、精、尖"人才,但全民素质的提高、高等教育的大众化才是教育的时代发展趋势。高校文化资源需要一种"全员共建"的思想,显然仅靠少数"精英"是不够的,精英主义教育观不能达到目的。不容否认的是,这些传统教育观有其积极的意义,但将它们作为当今教育观的主流,则是不现实的。在教育现代化飞速发展的今天,作为教育思想基础的教育观念,也要通过各级教育行政管理人员和广大教师思想的转变来实现现代化。而在高校文化资源建设领域,高校文化资源与教育观念之间存在着互动的关系,教育观念的形成,是一个动态的、不断发展更新的过程,不是一成不变的。

三、高校文化资源整合不够

(一)对高校内部高校文化的载体研究少,文化资源整合研究亟待加强

高校文化内涵丰富、外延宽泛,研究角度和内容众多,学界大多数围绕精神文化、物质文化、制度文化、行为文化四个维度进行独立研究,对于高校文化的载体研究较少,如何将这些资源进行科学、有效的整合综合研究,特别是结合自身的办学实际、融合地方文化特色、形成个性鲜明的高校文化方面的研究更少。

(二)高校文化和地方经济文化资源整合的互动研究不够

高校文化作为根植于特定社会历史和自然环境的一种社会亚文化,必然归属于一定的区域,其形成和发展也必然受到区域文化的影响和制约。同时,大学作为区域文化传播和弘扬的集中地,不可推卸地承担着引领和推动区域文化发展的历史重

任。因此，如何有效开发利用区域特色文化资源，将区域文化融入高校文化建设中进行系统整合，最终形成大学和地方文化特色，提升学校和地方文化品牌优势，推动区域经济和社会文化发展，成为新形势下特色高校文化建设工作一项迫切的任务。

（三）高校文化资源整合的路径和模式研究模糊

首先，对高校文化资源整合的概念研究不太明晰。有的人把文化资源整合等同于文化整合，混淆了二者的内涵，导致许多研究文化资源整合的成果被冠以文化整合的名称，影响研究成果发挥更大的社会影响。需要进一步明确高校文化资源整合这个概念的内涵和外延，为将来的研究奠定基础。其次，对于当前高校文化整合中的问题提出的多，解决方案提供的少。当前对高校文化中存在的一些问题，有比较清晰的认识，能够对这些问题的表面现象进行揭示，但是解决问题的方案比较少，而且提出的方案可行性不太强。最后，针对具体问题的研究多，理论研究和提升少。高校文化资源整合问题，在许多高校都存在，有着这样那样的表现，对于具体问题的揭示以及以某高校为例的研究，比较多见。但是高校文化资源整合是一个全局性的问题，当个案积累到一定的程度，需要进行理论总结才具有更普遍的应用价值，在理论总结方面做得还很不够。

第四节　国外高校文化资源建设的经验与启示

在长期的发展过程中，一些发达国家名牌大学的文化资源建设，逐步在人才观念、价值追求方面，表现出一些突出的特点，形成了一些相对稳定的模式，对我国的高校文化资源建设具有一定的启示。

一、国外高校文化资源的特点

虽然各国的国情不同,各校的状况各异,具体表现程度也有所差异,具体特点的各方面也有所不同,但总体而言,它们是趋于一致的。概括地说,发达国家高校文化资源主要具有如下特点。

(一)学术风气浓厚

"教育的本质,是培养人的社会文化活动。而现代大学则是传递、应用、融合和创新高深学问的高等学府。现代大学充当了文化的先锋,掀起了一次次思想波涛,以笔为旗猎猎作响。正因为如此,阐述思想、注重学术,就成了现代大学的一个重要的办学理想。"担任哈佛大学校长达20年的杰出教育思想家和活动家的德里克·博克本人也认为,在大学里最受人敬佩的是那些有着重大学术成果和理论突破的人。这种观念不仅在哈佛被认同,发达国家其他一些知名大学也都在学校实践中贯彻这种思想,尽管其中有些学校在表面上仍强调教学首位。在美国哈佛大学,"学术成就的重要性高于其他概念业已成为定论",学者们普遍认为学术研究比教学更有价值,把学术成果看成自己才能的重要体现。

(二)强调道德教育的地位

先进的教育思想、教育方针通过大学的内化,在贯彻执行中演化为学校的目标、理念与追求而成为高校文化的一个重要组成部分。发达国家高校在教育机构的领导和社会公众的舆论监督下加强对学生的道德教育。虽然在发达国家部分高校中,这种道德教育并未收到预期的良好效果,但强调道德教育的特点在高校文化资源中表现得依然突出。从某种意义上讲,国家突出德育在教育中的重要地位,也就是在高校文化中凸显对道德教育的重现。

(三)注重大学生个性的发展

高等教育的个性化是指高校的特色化、培养人才的多样化以及学生的个性化发展。个性化教育是当代世界高等教育的发展趋势之一。由于人才培养是高等教育的主要职能,因此,高等教育的个性化主要表现为培养人才的多样化和学生个性的充分发展。学生潜能的充分发挥和自我完善与发展、对学生个性的尊重有利于学生素质和能力的提高;但发达国家某些高校对学生的个性发展过分注意,同时缺乏对群众的价值与文化意义的认识,从而在高校文化资源中因学生的个性的过分张扬,发展成对个人英雄主义的崇拜,这一点是不可取的。他们完全按自己的喜好或自己设定的发展目标行事,在乐中求得知识、在乐中求得技能、在乐中求得发展,其活动丝毫不见强制和约束的踪影,总是"乘兴而来、尽兴而归"。在这种环境中,学生的个性得到充分的展示和发展。特别是在美国,由于它是一个移民国家,文化具有很强的包容性,因而高校学生也极具个性和想象力。他们可以衣饰怪异、发型奇特甚至蓄满胡须,可以谈吐夸张、不从众、不跟风,努力做自己。在课堂上,他们可以随时举手发言,发表自己的看法,反驳教师的观点,畅所欲言,毫无顾忌;在课后,对于各项高校文化活动,他们更是主动积极参与,不仅花样繁多,而且相当投入。

(四)重视实践能力培养

联合国教科文组织咨询小组曾指出,科学技术教育是未来教育的新重点,其核心是培养学生解决问题的技能、发现新信息的敏锐力以及分析和研究新成果的能力。美国心理学家格·乔伊也强调说:"明天的文盲不是不能阅读的人,而是没有学会学习的人。"发达国家的一些高校意识到,能力水平的高低已成为衡量大学生素质高低的重要指标,加强对学生实践能力的培养已成为学校提高人才质量、打造良好声誉的关键。许多大学在强调教学内容结构化、理论化的同时,加大实践性教学在课程体系中的比重。而且,在这些实践学习中,对学生的实践操作能力、观察能力等进行训练培养。对学生实践能力的培养在教育中已经被提到了前所未有的高度。在实践教学中加强学生的能力培养，能力培养不能仅停留在思想上、体现在理论中，还要通过理论知识在实际生活中应用、在具体解决实际问题的过程中体现出来。高等教育发达的美国，在这方面具有十分典型的代表意义，所有的组织者和参加者都积极主动地全身心投入活动中，充分发挥自己的聪明才智，尽情展示个人的能力与风采，力求把活动搞得更有趣味性、科学性、创造性，更有吸引力。某些社会学家的抽样调查资料显示，西方国家高校中有半数以上的学生参加过心理辅导、卫生保健、生活服务、活动等多种形式的课外活动。此外，许多大学对学生的实习做了具体要求，规定让学生深入社会实际，学生必须在企业公司实习半年以上，和企业员工一起生活、一起工作，解决各种实际问题，了解企业及社会的实际需求，使学生在真实的生活中磨炼意志，提高动手能力和对社会环境的适应能力，养成吃苦耐劳的精神。发达国家许多高校为了培养学生的能力，鼓励、资助大学生成立各种各样的课外、校外活动团体，这些团体活动的内容与方式完全由学生自行商讨决定。为了搞好这些课外团体活动，在美国，学生组织了很多社团，内容庞杂、形式多样、活动频繁，注重提高学生在实际生活中对世界的认识；在加拿大，学生注重各类社会服务活动，在社会实践中锻炼能力已成为一种时尚。通过这些课外活动的锻炼，学生不仅在欢乐之中巩固和加深了课堂知识、拓宽了知识面、丰富了精神生活，更为重要的是在计划制订与实施、各种内外关系的协调过程中，组织能力、交际能力、管理能力、应变能力、实践操作能力等得到了全面大幅度的提升。

（五）鼓励学生的创新精神

21世纪是一个知识创新的时代。崇尚创新作为贯穿人类社会发展始终的一个重要思想，在知识经济全面来临的今天，其地位更加突出。在这种社会条件下，发达国家大多数高校加紧了对学生创新知识与能力的教育，世界各国掀起了知识创新的浪潮，从而使其高校文化资源表现出崇尚创新的特点。学校积极实施创新性措施，如维多利亚大学着眼于学生在小企业中管理能力的训练，加拿大的卡尔加里大学加强了对学生的企业家精神的培养。学校的这些新措施，隐含了一种崇尚创新的思想，对学生的创新活动有一种激励和引导作用。发达国家许多知名大学都已经充分认识到，创新成果的产生与创新精神的发扬是高校充满活力的象征，是校园精神文化资源和学校精神的集中体现，是高校发展完善的标志。因此，他们在学校的办学目标中往往渗透了这种创新精神，在学校领导的讲话中也透露出对创新精神的重视。发达国家许多高校在对待创新问题上，并没有仅仅满足于创新知识的灌输、创新理论的研究和创新精神的弘扬，而是将其推向了更高的阶段——创新实践。为此，各高校在创新理论的领导下，开始了创新实践的进程，通过高校文化活动，如举办科技报告、文化节、艺术节、讲座等，为学生创新能力的培养提供了一个提高、锻炼的平台。

二、国外高校文化资源建设的经验

西方发达国家在几百年的时间里，建立了庞大的高等教育体系，互相借鉴高等教育的办学经验。它们在长期的高等教育办学实践中积淀和创造了丰富的高校文化，尤以美、英一些著名大学最为突出。

（一）办学理念贯穿于大学教育全过程

办学理念即指办学思想和观念。19世纪中叶，纽曼在《大学理念》一书中指出"从最简单最原始的形式看，大学是由来自世界各地的教师和学生组成，探索各种知识的场所"，"如果用最简单而又通俗的语言来阐明'大学是什么？'可以用一句古语来表达，即大学是探索普遍学问的场所"。时至今日，纽曼的观点仍然深深影响着现代大学的办学理念。哈佛大学的校训是"以亚里士多德为友，以柏拉图为友，更要以真理为友"，哈佛大学沿用至今的校徽上面写着的"vermes"（真理），哈佛大学自由的学术氛围为师生创造了一个自由发展的空间。美国的威斯康星大学为社会发展服务的实践形成著名的"威斯康星思想"，可以看成大学办学理念的新发展，这是大学社会服务职能的萌芽。

文化贯穿于教学、教育的全过程，通过活动、管理、服务、交往和环境等进行高效的德育教育。表面上，美、英等国家高等学校少有专设的德育教育机构、道德教育课程，但从其维护社会制度方面看，他们的德育教育效果是显著的。这种似无实有的德育教育机制标志着西方国家高等学校传递和发展了一套适合现代资本主义市场经济和社会政治民主制度的道德规范和伦理原则。美、英等国家的高等学校注重通过各科教学进行德育教育已成为传统，就如《哈佛报告》所说：

自由教育、博雅教育或普通课程中内含的理性的与道德的因素对于学生道德的发展的积极影响不仅是必要的，而且是必然的与巨大的，美国的德育工作注意实验探索和理论模式的构建，20世纪80年代以来美国至少流行着六种德育模式，即"基础理论构建模式""价值澄清模式""体谅模式""价值分析模式""社会行动模式"和"道德认知模式"。这些模式具有很强的实用性与可操作性。这些德育模式的实验与实践为提高美国高校的德育工作水平奠定了理论基础。

（二）教研设施先进，建筑风格独特

建筑设施是高校文化资源的物质反映，它是一定教育思想和设计观点在一定历史时期时的集中表现，完善的建筑设施、优美的校园环境，对生活于其中的校园人能够起到"润物细无声"的影响与作用。大凡名校，一般都具有独特的建筑风格和优美的校园环境，这是它在物质文化上区别于一般高校文化资源的重要特征。剑桥大学和牛津大学都是建在古朴典雅小镇上的举世闻名的高等学府，泰晤士河和卡姆河分别从旁边流过。它们的建筑大多是按照中世纪庭院式格局设计的，四周是校舍，中间是一片开阔的活动场地。这种四合院式的建筑本身具有对称和谐之美，给人一种赏心悦目的感觉。这种独特的建筑风格，对陶冶师生性情和激励学生上进等，具有不可低估的作用。美国哈佛大学的建筑更是美国建筑风格和建筑历史的一面镜子。不出哈佛主校区，就可以将过去250年间大多数美国建筑的风格和建筑特色一览无余。哈佛大学绝大多数的建筑颜色相同，但风格各异，每个建筑似乎都在用表体诉说着美国历史上相关时期的建筑思想和特有匠心。

作为高校文化资源物化形态的有机组成部分，学校的教学科研设施是否精密、齐备和先进，是衡量一所学校教学科研质量与水平的重要标准。而各校之所以成为

名校，总是与教学科研设施的完善、精密与先进分不开的。没有完备的教学科研设施，学校教育便无法完全实现培养一流人才的目的，也就根本谈不上成为一流的名牌学校。以被誉为"政治家摇篮"的美国哈佛大学为例。据统计，该校拥有99个图书馆，另外还有数十个图书和资料中心分布于全校12个学院、7个植物园和2个天文台。为了让师生更方便地进行科学研究，这所大学还建立了50多个自然科学和工程科学实验室。再以美国加州大学伯克利分校为例。这所大学有100多个研究所和众多的实验室，而且其实验设备也大多是世界上最先进的。如劳伦斯伯克利实验室，就拥有目前世界上一流的网旋加速器、质子加速器和同步加速器，正是这些优良、完善、精密先进的实验设备，使该实验室自1920年以来培养了8位诺贝尔奖获得者。由此可见，完善、精密和先进的教学科研设施已经成为一流学校的象征，成为人才培养必不可少的工具。

重视学校物质环境的建设和维护，环境育人功不可没。良好的学校物质环境已非原始意义上的自然存在，它的一切都体现了环境的设计者、建设者的匠心独运；蕴含着教育的内容，具有寓情于物、寓教于环境的特点。哈佛大学的庭院、美国弗吉尼亚大学校园内的绿景、加利福尼亚大学伯克利分校的SPORN大广场等都是学校的典型标志，使其师生员工产生一种特殊的优越感和自豪感。

（三）教学方法灵活多样，师资力量雄厚

教师队伍是否稳定、年龄和知识结构是否合理科学、水平与质量是否高，直接影响着教学与科研的开展，对受教育者（学生）的思想品德和创造力培养，有着不容忽视的作用。教师是学校教育的主体，是高校文化资源建设的引导者和主要创造者。为保证教师队伍的质量和水平，哈佛大学在任命一位终身教授的时候，往往要广泛征求校内、校外甚至世界各国同一学科专家的意见。至今，哈佛大学的教师和校友中已有31人获得了诺贝尔奖。哈佛编内讲师聘期为5年，届满不能升级者，便不再聘用。这条"非升即走"的原则，有效避免了无能教师滥竽充数的现象，保证了师资队伍的水平与质量。一所学校只有拥有雄厚的师资力量，才能在教学、科技开发、科研、学生管理等诸方面创造优异的业绩，才能培养出更多的优秀人才。正

如哈佛大学校长科南所说的那样："大学的荣誉不在于它的校舍和人数，而在于它一代一代教师的质量。"法国的巴黎大学一向以师资力量雄厚著称。这所学校有着严格的师资选拔制度，连最低一级的助教也要求具有硕士学位证书，并须通过极其严格的教师资格考试。此外，巴黎大学还特别注重实际经验，把学位文凭和实践经验结合起来，是这所大学加强一流师资力量培养与建设的成功经验。为保持教授的教学水平和学术质量，巴黎大学的教授按规定由总统以命令的方式任命，其前提条件是必须拥有博士学位和年满 35 岁以上。可见，一流的学校更需要一流的师资力量。

学校教育都是为培养人才服务的，但是如何开发学生智力、如何培养一流人才、发展学生的创造力，不同的学校又有各自不同的方法和手段。世界著名高校在培养人才上，大都有其一整套独特的教学手段和灵活多样的教学方法。牛津大学推崇导师制，学生以跟导师研习为主，上课所学乃属次要。对牛津大学的学生来说，一切真正的知识，从某种意义上说是靠自己的智力和能力获得的。哈佛大学提倡教学、辅导、自学和研究相结合的教学方法。在这种注重培养学生独立思考和创造能力的方法指导下，哈佛大学的学生除了听课、进行实验、接受辅导、参加学术讨论以外，平时大部分时间主要用于阅读和研究教师指定的参考书和学术论文。正是这种严谨而灵活的教学方法，使哈佛培养出了一代又一代的杰出人才。独立思考、全面发展，是牛津大学培养政界人士和学者的成功之道。与哈佛、牛津不同，巴黎大学则采取循序渐进的方法。它实行三段式学制，第一阶段一般属于基础学习和定向阶段，不区分专业，只按几大学科分类，这主要是为了丰富学生的知识，属打基础性质的学习阶段；第二阶段开始按专业学习，即在第一阶段打下坚实基础的前提下，全面进行某一专业知识的学习；第三阶段则在掌握基础知识和专业知识的基础上，培养和指导学生进行科学研究，使学生在研究中提高。

（四）丰富学生社团活动，提供心理咨询服务

美国高等学校学生社团十分活跃、制度健全，学生可自由参加和退出各种社团，学校不仅为学生社团提供活动场所和时间、空间，还提供财力支持。在乔治城大学，

27万多美元的活动经费由该校的学生社团活动管理机构（学生项目策划办公室）负责，负责对下属100多个社团和俱乐部的监督管理及对活动资金进行分配管理，旨在为学生提供广泛参与活动的机会。又如，麻省理工学院规定每年的1月为独立活动期，学校提供600多种活动供学生选择。学生在社团里彼此平等，培养才干，感情相容，团结协作，酝酿真善美的文化心态，培养积极向上的人格品质。作为潜在教育载体的学生社团活动为整个高校文化注入了勃勃生机。

在美国，高等学校的咨询指导工作卓有成效，约有一半的学生在四年内接受过心理咨询服务。美国咨询与发展协会对其伦理原则与义务做了详尽的规定，指出"美国咨询与发展协会是一个教育、科学和专业组织，其成员致力于提高个人价值，保护个人尊严，挖掘个人潜能，提高人的独特性，从而为社会提供服务"。以乔治城大学为例，其心理咨询中心配备有心理学专家、精神病专家、社会工作者、学习技巧专家，以帮助学生提高理论修养、发展自我认知、解决个人问题、适应所处的环境。

（五）管理科学民主，制度完善严格

在哈佛，教师与教师之间、学生与学生之间甚至教师与学生之间，无不充满着竞争的气氛。仅以奖学金为例，哈佛大学为本科、研究生、教师和国内外访问学者所提供的奖学金有一千多种，数额从十美元至数万美元不等，只要是某一方面卓有成效者即可获得。这种激烈的竞争机制和诱人的奖励措施，有力地推动了哈佛教师和学生不断向着更高目标迈进。各项规章制度完善严格，是学校教育目标实现和高校文化资源开展的有力保障；管理科学民主，则是促进学校各项工作和高校文化蓬勃健康发展的重要动力。能称得上名校的学校及其高校文化，一般都具有严格完善的规章制度和民主科学的管理方法。建立完善的竞争机制，在竞争中求生存、求发展，这是哈佛大学的座右铭。为了使学校的制度建设有法可依，世界许多国家都颁发了有关教育的法令。除建立完善周密的制度以外，在学校具体工作中，名校还提倡广泛参与，实行民主科学的管理方法与手段。如巴黎大学最高决策机构大学理事会，其负责校长和各专门委员会、培养研究生单位、系主任，都实行由大学生、教师、

研究人员等层层选举的制度，其每一个环节都体现了民主与科学的原则。再如，英国剑桥大学于1856年就颁布了《剑桥大学法》，美国麻省理工学院实行理事会管理和院长行政负责制等。制度的严密与完善，有效地避免了管理的混乱，保障了教学、科研等各项工作的顺利开展。牛津大学为加强对学生的管理工作，还专门建立了学监制度。

美、英等国的高等学校内部主要有两种管理方式。美国的高校实行在董事会领导下的校长负责制，而教授团体负责发挥学术自由的权力。校长治校与教授治学相结合，既保证了政令畅通和学术活动的自由进行，又使学校各项工作有序展开。英国高校教授的权力高于校长，不仅限于学术管理，还与校长分享学校的行政权。校董和校长作为行政的主要力量左右学校的发展方向，教授团体则拥有充分的学术权力和自由，大学里荟萃众多学派，各学派地位平等，人际关系和谐，大家的观点仅服从真理的标准。这种体制是延续了欧洲古典大学的办学理念，权力分散而不是集权。承认高等学校"是学科而不是单位把学者们组织在一起"，实质是突出以学术管理为中心而不是以行政管理为中心的管理体制。

（六）兼容并包，重视校际交流合作

"独学而无友，则孤陋而寡闻。"哈佛大学向来以开放著称。在校内，哈佛的许多学生可以在各院系交叉注册，跨系科学习；在院校之间，哈佛还开展广泛的校际交流，与包括中国在内的许多国家的学校建立校际交流关系。协作开放式的办学方式，使得哈佛大学能够最大限度地调动和利用人才和物力，扬长避短。在科学知识不断更新、科学技术迅猛发展、边缘学科越来越多的信息时代，闭关自守、关门办学的办学方式已越来越成为学校发展的最大障碍。对此，世界著名高校都有深刻的认识，并在不同程度上进行了开放式协作办学的有益尝试和实践，走在了时代的前列。筑波大学之所以能在强校如林的日本乃至世界占有一席之地，跻身于名校的行列，其根本原因就在于它在办学之初即提出"开放性大学"的口号。在这一口号带动下，筑波大学逐渐建立了具有广泛多样性的、国际性的和灵活性的教育科研管理体制。

三、国外高校文化建设的启示

大学作为国家创新人才培养的重要基地，属于现代文化体系中象牙塔的顶尖部分，其高层次的领导地位和文化品质，对人的素质和能力提出了更高的要求。人在高校文化建设中的重要性已经引起全社会的密切关注和教育行政部门的高度重视。营造健康向上、积极的高校文化资源环境不仅对大学将来发展的步伐和速度的加快有着直接的推动作用，还对提高办学效益和教育质量有着巨大的促进作用。高等教育的理论和实践研究，要把高校文化的研究放在重要位置，使高校文化在未来社会的发展中发挥更大的促进作用。一些世界著名高校文化建设的经验，给了我们几点启示：

（一）努力探索管理机制，发挥高校文化功能

1. 不断探索德育的模式和方法，提高德育工作的实效

我国高等学校德育工作注重学生思想政治教育，取得了一定实效，但忽视了德育教育模式和方法的探索实践。大学德育工作者要努力贯彻社会主义办学方向，努力把高校文化建设的探索和实践贯穿于教育、教学全过程，形成一个示范效应和推广模式。模式的优势在于通过不断探索实践德育教育的模式和方法以提高我国高校德育工作的理论水平和工作实效，有很强的实用性与可操作性。

2. 树立与国际接轨的办学理念，努力探索充满活力的校内管理机制

我国《高等教育法》规定了高等学校的领导体制是实行党委领导下的校长负责制。我们要坚持学校社会主义的办学方向，保证党对高等学校的领导，充分发挥党委的政治核心作用和监督保证作用，积极探索新形势下党委领导下的校长负责制的更加有效的运行模式，坚决贯彻党的教育方针和政策，充分发挥校长的行政核心作用。要借鉴国外经验，结合我国实际情况将党的领导、教授治学、校长治校有机地结合起来，坚决贯彻学术自由，坚持求是崇真的办学理念，逐步建立起充满活力的适应市场经济的有社会主义特色的高等学校内部管理机制。

（二）以人为本，营造良好的高校文化

1. 为师生员工创造良好的高校文化，学校领导要以人为本

校领导既是高校文化建设的缔造者，又是高校文化建设的参与者，他们在高校文化的形成过程中发挥着一般师生员工不可替代的作用，其思想、言行、作风比普通教职员工具有更强的影响力。因此，作为学校领导，首先要充分认识到健康、向上的高校文化对学校的健康成长和发展起着十分重要的作用。因此，在学校基本建设规划和实施过程中，要以文化建设为主线，让校园的每一条道路、每一栋建筑、每一棵树、每一块石头都会"说话"，都打上高校文化深刻的烙印，发挥其"润物细无声"的影响。校领导要狠抓学校的制度建设，通过制度规范约束人们的行为，向管理要效益，要培育高品位的人文精神和文明的校风、浓郁的学风，凝聚人心，催人奋进，这既是高校文化建设的目的，也是大学生健康成长和全面发展的必要条件。

2. 真正形成校内尊重知识、尊重人才的文化氛围，高度重视师资队伍建设

学校从党委到行政都要形成一种共识：大学可以没有大楼，但是不能没有大师，不能没有高水平的教师队伍和管理队伍，这是事关学校的生死存亡的大事。从发展的高度上讲，学校不存在大师，何谈高校文化建设。高校应立足自己的实际情况，博采众长，采取外聘、引进、培养等多种方式；打破常规，在待遇和工作条件等方面特事特办；建立合理有序的竞争机制等，以此来留住人才、吸引人才，并且创造条件让人才发挥应有的作用。

3. 激发教职工的主人翁意识和创造精神

高校文化建设，也同样需要发挥全体教职工的主动性和创造性。教职工是学校的主人，只有充分尊重教职工的主人翁地位，才能最大限度地调动他们的积极性，激发他们的创造精神，发挥他们的聪明才智，推动学校事业全面、高速地发展，为学校的文化建设做出更大的贡献。这既需要学校上下解放思想，为塑造新的高校文化提供一个宽松、自由的舆论环境，同时教职工自身也需要更新观念，提高自身素质和教学科研水平，以适应高校文化建设的需要。

（三）丰富文化资源建设内容，重视主体作用

1. 积极组织学生开展社团活动

大学校园社团众多，学生参与性很高。教师特别是学生管理部门，多组织、引导学生开展一系列的主题社团活动，寓教于乐，让大学生自我教育、自我组织，有利于大学生身心健康成长。西方国家的高等学校在这方面值得我们学习。大学生群体年龄相仿，一起学习和生活，在一起开展社团活动无拘无束，在尽情交往娱乐中增长才干、学习知识、陶冶情操、培养健全的人格，为日后走入社会打好基础。

2. 积极开展学生咨询服务工作

身心健康是大学生成才的最基本要求，也是走入社会必须具备的基本条件。各个高校要建立一支理论水平高、业务能力强的大学生心理健康教育教学团队，配备专职的人员，拨付足额的活动经费。各大学应成立心理咨询中心或者大学生心理健康指导中心，开设必修和选修课程，聘请热心为学生服务的专业人士，为学生提供学习辅导、职业规划、就业指导、创业教育、生活知识（包括性知识咨询和心理知识）等咨询服务，保证大学生身心健康成长。

3. 努力营造良好的心态环境，重视学生的主体作用

学生是高校文化建设的主体。没有学生的参与，高校文化建设将成为无源之水。一些高校文化建设活动，要立足于以学生为主导，鼓励大学生在高校文化实践过程中充分发挥自身的才干，把自我价值的实现融入集体价值和社会价值中去。要出台相关制度和文件，采取增加实践学分等形式，营造和培育出能够体现"学生至上"和"以人为本"的良好的高校文化心态环境，最大限度地调动学生的主动性、积极性和创造性，使大学生意识到自己就是主体文化建设的主导者、参与者、推动者、促进者和创造者，激发他们强烈的进取心、参与活动的积极性和活动欲望，强化其对高校文化建设的自我意识，使他们健康的人生价值观、创新精神在高校文化中成为催人奋发向上的校园精神和高校文化风气，把学生业余时间的注意力集中到高校文化建设和发展上来。这种环境应该是精神境界和物质环境的高度融合，蕴含着浓厚的时代文化色彩和丰富的民族文化底蕴。

第三章 高校文化育人之路的具体表现

第一节 高校文化育人的四维向度分析

一、高校文化塑造理想人格

人格，源于拉丁文"persona"，有假面或者是面具之意，此后，学者们从不同的学科视角对"人格"加以阐释，促进了人格内涵的拓展以及人格理论的演进，其中心理学在这方面的研究成果较为突出。人格面具也可以称之为角色扮演，意指人们按照自己所认为的别人对他的希望行事。如果说这里的深层人格是一种真实的人格写照，那么表层则是一种对理想人格的描述，而实现真实人格与理想人格的协调一致便是进行人格塑造的终极目标。在我国古汉语中，人们通常以"人性""品格"等词汇表达"人格"的含义。后来，"人格"作为外来词引入，一方面是指人的性格、气质和能力等的总和，另一方面是指人的道德品质，即道德人格。从文化的视角来看，理想人格本质上是为寓于特定文化场域中的人们所崇尚和效法的人格，是一种文化精神或理想在人身上的集中体现，是人存在和发展的目标。总之，特定文化的熏染是其内部成员理想人格形成的重要手段。

二、高校文化引导价值取向

价值取向是价值哲学的重要范畴，是指价值主体在面对或处理各种关系时所持的居于优势地位的价值观念和立场以及由此表现出的基本价值倾向与价值追求。价值取向一经形成便会影响主体的价值选择与价值评价，从而在影响价值主体心理意志的前提下指导和调节其行为方式，是一个形成态度并通过思想与行为表现态度的过程。可以说，价值取向是一种人格倾向，更是一种文化倾向，表现为价值主体对特定文化的认知和认同结果；因此特定文化的浸染必然是人们价值取向形成的重要影响因素。大学学科具有的文化特征同样对学生的价值取向具有引导功能。

三、高校文化培养思维方式

所谓思维方式，就是主体从一定的思维角度出发，按照一定的运思程式，依据一定的运思尺度，采用一定的运思方法，通过一定的表现形式来反映、评价、选择客体的模式，体现为主体对客体认知过程的思维轨迹。知识理论的不断积累和完善，使不同学科逐渐形成了各自领域内特有的判断、推理与分析方式，即学科思维方式。学科思维方式主要是知识理论体系中学科方法论作用的结果，同时是学科方法论的文化表现，既为各学科领域所特有，又为各学科领域内部成员所共有，因此，学生欲成为各自学科领域中合格的一员，真正拥有相应的学科身份首先需要接受的就是学科文化后思维方式的养成教育。在众多学科中，数学往往呈现给人们一种机械化以及程式化的样态，即只需要进行逻辑推理即可，无须其他社会因素参与到数学的推理过程中，因此，数学文化的熏陶有利于学生直线思维或逻辑思维的养成，而历史学讲究从对个别事实的认识开始着手分析，但它并不只在于要确定一些个别的事实，而更要于种种个别事实之间建立一些结合体。因此，历史学文化的习得可以使学生愿意从具体事实着手认识事物，形成由个别到总体、由点带面的形象思维方式。哲学是系统化和理论化的世界观，就马克思主义哲学而言，它主张对任何事物都应一分为二地看待，倡导不盲从权威而要以批判的态度分析事物，这一学科文化的影响对学生辩证性和批判性思维方式的形成至关重要。另外，对于同一问题，受到不同学科文化影响的人们也会表现出不同的思维方式。如对于空气质量问题，受到医学文化影响的人们非常容易从接触污染物对人体健康造成的影响或者是疾病的形成角度分析；而受社会学文化熏陶的人们则更愿意从空气污染对人类生活质量的影响角度探讨。对于地震问题，物理学文化使其成员在不自觉中从地震能量的聚集与释放的角度思考，生物学文化通常易使其成员从生物异常行为与地震的关系角度思考，天文学文化一般会使其成员从地震现象的周期性角度思考。

四、高校文化规导行为方式

文化的育人功能不仅主要体现在从心理层面上对学生进行理想人格塑造、价值取向引导以及思维方式培养，而且表现在对具体的行为层面的行为方式的规范与导向，具体包括表达方式和生活方式两个方面。

一方面是文化对学生表达方式的影响。通常物理学领域的研究对象为客观现实，而哲学等人文社会科学领域的研究对象则具有主观性，因此，物理学的研究过程中必须要控制并评估客观现实，而哲学等人文社会科学则要结合学科成员自身的认识状况反思社会现象。这一学科文化特性反映在书面表达风格上，即物理学领域成员很少运用第一人称写作以体现客观性，而哲学等人文社会科学领域成员则经常使用第一人称以表明主观态度。

另一方面是文化对学生生活方式的影响。文学学科出身的人（尤其是学生）通常在穿着上较随意，而医学学科的学生往往穿着比较正规；工科学生更倾向于单独居住，而人文与社会科学学科的学生通常会选择与他人合住。

五、高校学生日常思想政治教育文化育人体系的构建

文化蕴含着十分丰富的教育理念和精神价值，是社会文明的重要构成和发展之

源，作为中国文化传承弘扬和创新发展的重要平台，高校应该比以往任何时候都要注重和发挥文化载道、文化育人的重要作用，将文化育人融入大学生日常思想政治教育中，贯穿到大学生成长发展全过程，以文育人、以文化人，以文塑人，实现立德树人的根本任务，培养中国社会主义现代化建设的建设者和接班人。本文基于大学生日常思想政治教育工作现状，对文化育人的时代背景、内容形式、环境氛围进行了分析研究，提出形成主体协同、全员参与的育人格局，建立系统全面、特色分明的育人内容体系，采取多种渠道、全面覆盖的育人途径以及实行多措并举、同向同行的保障体系，构建新时代大学生日常思想政治文化育人体系，不断提升文化育人工作的水平和实效。

基于对新时代大学生日常思想政治教育文化育人现状的分析，遵循思想政治教育规律，结合学生日常教育工作实际，从育人格局、育人内容体系和育人途径三个方面构建大学生日常思想政治教育文化育人体系，不断提升文化育人工作水平和实效，开创大学生日常思想政治教育文化育人新局面。

2021年习近平总书记出席中央人才工作会议并发表重要讲话，习近平在讲话中指出，在百年奋斗历程中，我们党始终重视培养人才、团结人才、引领人才、成就人才，团结和支持各方面人才为党和人民事业建功立业。党中央做出人才是实现民族振兴、赢得国际竞争主动的战略资源的重大判断，做出全方位培养、引进、使用人才的事，推动新时代人才工作取得历史性成就、发生历史性变革。党对人才工作的领导全面加强，人才队伍快速壮大，人才效能持续增强，人才比较优势稳步增强，我国已经拥有一支规模宏大、素质优良、结构不断优化、作用日益突出的人才队伍，我国人才工作站在一个新的历史起点上。

（一）形成主体协同、全员参与的育人格局

作为高校思想政治工作的组成部分，大学生日常思想政治教育文化育人工作应在三全育人的大格局中，协同和发挥各种文化育人的资源和力量。一是协同任课教师，教师要努力成为先进思想文化的传播者，要用好课堂教学主渠道，各类专业课程与思想政治理论课应同向同行，将中国特色社会主义文化融合到课程教学之中，

贯穿学生大学学习全过程。二是协同辅导员或班主任，辅导员是高校文化育人工作的主体之一，应名正言顺、理直气壮、大张旗鼓地宣传和弘扬中华优秀传统文化，开展革命文化和社会主义先进文化，鼓舞和激励学生担负起中华文化创造性转化和创新性发展的重任。三是协同学生骨干，学生党员和学生干部是参与学生班级管理，组织各类文化活动的重要力量，是弘扬中国特色社会主义文化的先锋队、排头兵和领跑者，是文化育人工作中最活跃的因素，通过朋辈教育和示范，让文化育人更具感染力和亲和力。四是协同学生家长，父母是学生的第一任老师，他们的身体力行和言传身教，引导和影响着学生道德品质和行为习惯的养成，形成良好的家风是传承中华优秀传统文化在现实生活中的具体体现，因此，应充分发挥学生家庭成员在传播中国特色社会主义文化的积极作用，让学生在日常的家庭生活中接受文化，传承文化。五是协同校外团体和个人，如邀请时代楷模、道德模范、人民英雄等到学校举办先进事迹报告会，让学生在优秀品质和伟大精神的影响下，增强文化价值认同；举办知名专家学者的文化讲座，拓展学生的文化视野，帮助学生正确树立文化观；邀请文化单位和艺术团体到学校开展各类文艺演出，陶冶学生的艺术情操，提高学生的人文素养。

（二）建立系统全面、特色分明的内容体系

坚持党的领导下，坚持社会主义办学方向，办好中国特色社会主义大学，是高校各项工作的基本原则和重要遵循，为高校思政教育的内容明确了方向。习近平总书记在学校思想政治理论课教师座谈会上指出"中华民族几千年来形成了博大精深的优秀传统文化，我们党带领人民在革命、建设、改革过程中锻造的革命文化和社会主义先进文化，为思政课建设提供了深厚力量"。大学生日常思想政治教育文化育人的内容在组织结构上，与思政理论课程教育同向同行，共同致力于中华优秀传统文化、革命文化和社会主义先进文化的教育和传播，引导学生树立正确的文化观，对中国特色社会主义文化形成正确的、全面的、系统的认知，并从中国文化中汲取强大的精神力量，促进自身的人格完善，素养提升和价值实现，真正成为社会主义建设者和接班人。然而，与思想政治理论课程教育相比，大学生日常思想政治教育

有其特色和侧重，它集课堂教育、组织建设、日常管理、文化活动和社会实践等多种方式于一体，覆盖学生日常生活各方面，贯穿大学生涯各学段，在高校思想政治工作中发挥着增长学生知识见识、养成学生文明行为、提升学生道德品质、促进学生综合素质和培育学生精神价值的重要作用。由此可见，大学生日常思想政治教育其特有的育人方式和功能，决定了其育人内容集中在知识传播、行为素养培育和精神价值提升一个层面。基于以上讨论，大学生日常思想政治教育文化育人的内容体系应以包括中华优秀传统文化、革命文化和社会主义先进文化的中国特色社会主义文化为基本内容，从传播文化知识、培育文化行为素养和提升文化精神价值三个维度进行构建，主要包括以下教育内容：

1. 中国文化知识传播教育

中华民族五千多年的历史文明是中国人民智慧的结晶，是中国文化在新时代传承和创新发展的重要基石，大学生日常思想政治教育文化育人应以传播中国文化知识为主要内容，结合重要节日、纪念日讲述好中国历史故事、革命故事、强国故事，丰富和拓展学生对中国历史的了解，帮助学生形成对中华民族和中国共产党的正确认知，激发起学生内在的民族归属感和时代责任感。

2. 中国文化行为素养教育

行为素养是文化底蕴在实践生活中的直接反映，是以文育人、以文化人的目的达成，是文化育人的实效体现，大学生日常思想政治教育文化育人应融入中国传统文化习俗教育和传统工艺技能学习等内容，一是组织开展中国传统文化节日的习俗活动，如在清明节扫墓缅怀先烈，在重阳节感恩孝敬老人，在端午节学习包粽子等；二是可以在一些节气时节组织学生参与耕种、收割等劳动；三是通过学生社团开展茶艺学习、插花设计、手工编织等活动。通过以上活动可以增强学生对中国优秀传统文化习俗和技艺的体验，领会和认同文化中蕴藏的思想观念、价值理念和道德规范，并内化为自己的行为准则和基本素养。

3. 中国精神价值提升教育

中国精神贯穿于中华民族五千年历史、积蕴于近现代中华民族复兴历程，特别是在中国的快速崛起中迸发出来的具有很强的民族集聚、动员与感召效应的精神及其气象，是中国文化软实力的重要显示，也是青年大学生保持正确"三观"，坚定理想信念，正确看待和处理个人利益与集体利益、人民利益、国家利益的关系，在实现民族复兴伟大"中国梦"的征程中建功立业的精神支持和强大动力。因此，以爱国主义为核心的民族精神和以改革创新为核心的时代精神是大学生日常思想政治教育文化育人的重要内容。

（三）采取多种渠道、全面覆盖的育人途径

大学生日常思想政治教育文化育人工作应走进学生日常，贴近学生实际，覆盖学生生活，其育人途径主要有主题教育、实践活动和网络宣传。

主题教育是以宣讲为主的集中性教育活动，是最基本、最普遍、最经常的文化育人方式，很多高校都对主题教育进行了内容、形式、次数和质量的要求，如规定辅导员定期开主题班会，每学期邀请校内外专家举办专题讲座，组建宣讲团在校内外开展宣讲活动等，通过主题教育普及中国文化知识，重温文化发展历史，分享中国文化故事，传播中国文化精神。主题教育的育人方式易于操作，组织成本较低，覆盖面较广，但对教育者的育人能力和水平有很高的要求。

实践活动是指以活动为主的参与性教育活动，强调学生在活动中的参与、锻炼和体验，通过各类实践活动不断提升学生对事物的认知水平，增强情感，陶冶情操，帮助学生内化认知内容，加快思想观念外化为实际行动的进程。实践活动较主题教育形式更多样，从学生兴趣爱好出发，采用学生喜闻乐见的方式，如才艺展示活动、艺术作品大赛、新年音乐会、传统文化纪念活动、高雅艺术进校园等，让学生在活动中感受中国优秀传统文化的魅力，感受民族英雄和革命志士舍生取义、为国捐躯的崇高品质，感受中华民族艰苦奋斗、自强不息的奋斗精神，厚植学生强烈的民族自豪感和爱国主义情感。

网络宣传是依托网络媒体以交流为主的教育活动，学生可通过网站、微博、微信等媒体平台获取大量的与中国文化相关的信息，如文学史学作品、文化文学评论、文化历史故事等，而且信息的呈现方式多种多样，有影视作品、音频资料和文字信息等，学生可以跨区域、跨时段、较自由地在网络平价上进行交流，这是当前大学生主动使用频率较高，并易于接受的育人方式。然而，网络宣传存在一定的意识形

态安全风险，一些敌对势力通过网络散布谣言，频繁诋毁中国特色社会主义文化，需要我们保持警惕。要不断创造优秀的文化育人精品，扩大中国先进文化在网络媒体中的传播和影响，形成正确的文化舆论导向。

第二节 高校文化育人的实现机理

一、知识体系育人

知识体系是学科发展过程中形成的学科知识理论和方法论的总和，是文化中居于基础性地位的要素，因此，知识体系育人即是通过知识理论（包括学科的知识内容及其结构，学科语言符号体系等）和学科方法论引导学生思维方式、表达方式、价位取向乃至生活方式的形成，从而达到育人的目的。

（一）知识内容与结构育人

一方面，知识内容与结构的紧凑程度是学生思维方式形成的重要影响因素之一。物理学总是一个比社会学结构更完善、内容更紧凑的领域。诸如物理学之类的学科一般拥有发达的知识体系，随着学科研究的不断深入，知识内容和结构就会愈加紧凑，并不断趋于完善。因此，对相关知识的学习往往需要遵循一个循序渐进的逻辑过程，才能有助于学生形成完整的知识链，而这一过程通常又是一个逻辑思维的自觉形成过程。相对而言，社会学之类的学科知识基础比较含糊，知识结构相对松散，知识的发展通常不会在短时间内使知识内容与结构的紧凑程度有所改变，因此，对相关知识的掌握并不需要一个严密的逻辑过程，对学生逻辑思维的形成也并无积极的促进作用。另一方面，单纯从知识内容所涉及的领域来看，人文和社会科学学科主要围绕作为个体的人、人与人之间以及人与社会之间的关系展开讨论，因此，在此类知识文化的熏陶下学生会对人与社会产生自然而然的亲切感，使他们更容易融入社会，从而表现出比自然科学学科与技术学科的成员更倾向于选择与他人合住等生活方式与习惯。

（二）措辞育人

成熟学科都有一套属于自己的语言符号系统，而学科措辞则是该符号系统的重要构成，体现为学科术语的使用风格，对学生表达习惯的养成极有影响力。譬如，在经济学、工程学等学科中多运用表格这种方式表现变故之间的数状关系或者是事物之间的结构关系，等等。显然，这种简洁、直观的措辞方式会使学科成员选择并形成简约、直接的方式表达思想乃至情感。

（三）方法论育人

学科方法论是特定学科研究中采用的宏观视角、基础策略和主要方法，以学科思维为文化表征，对学生思维方式的形成具有塑造作用。以物理学为例，在伽利略和牛顿等近代物理学方法奠基者的倡导下，观察实验法成为物理研究中最惯常采用的方法，并体现为相应的物理学思维方式：现象观察—提出假设—逻辑推理—得出推论—实验检验—规律性认识的形成。因此，物理思维的长期熏染非常容易使学生养成由具体、生动的直观现象到抽象的思维习惯，有利于他们逻辑思维和抽象思维能力的提升。此外，科学方法论比任何特殊的科学理论对人类价值观的影响都要大。通常来说，价值取向是价值观的选择与导向，而价值观是价值取向引导下的产物，因此，各学科所采用的科学方法论必然对学生价值取向的形成具有极大的影响力。如在经济学中，除实证方法之外，规范方法也是分析问题的重要方式，主要用于对经济现象进行价值判断，而进行价值判断的主要依据则为以最低的机会成本实现最大的社会效益。因此，在经济学的规范方法引导下学生极易将需求效益的最大化作为其主导性的价值取向。

二、文化主体育人

学科文化主体即学科成员，包括创造学科文化的主体，也包括在继承中维系与发展学科文化的主体，在大学中是学者和学生的合称。因此，文化主体育人是指学生受学科中的学者或其他学生影响，逐渐形成理想人格特征和学科思维方式等的过程，而现实交往是文化主体育人的基本途径。必须要注意的是，虽然学生之间建立相互学习的良好氛围也是提高学生素质的重要途径，但学者尤其是大学教师是经过大学中特定学科文化熏陶，并以教师资质得到认定的合格的学科成员，因此，学生在与教师的交往中接受教师人格魅力、学识水平、思维方式等的熏染，是通过文化主体实现人才培养的主要方式。

这种情况下，有如下几点应当引起我们的注意：首先，教师的亲和力是拉近师生关系，从而实现有效沟通和交往的重要前提。其次，教师的信任和支持是学生成长的外在动力。最后，教师积极的科学态度是培养学生科学精神，引导学生形成理想人格的重要途径。

三、价值体系育人

价值体系是学科成员对已形成的学科发展范式、学科功能与价值定位等的认同、信服与遵从，是学科成员所要追求并始终坚守的信仰。通常情况下，各学科会通过崇拜学科偶像和推行学科仪式等方式坚持学科传统，从而表达这一信仰。因此，价值体系育人即是借助学科偶像的吸引力与学科仪式的感外力等方式对学生施加影响以达到育人目标的过程。

一般来说，学科偶像是学科知识理论的奠基人，是学科价值定位的倡导者，也是科学精神的守护者，他们的影响力的形成是一个知识发展的自然过程，更是一个因对人类社会做出卓越贡献而得到认可的社会过程。因此，学科偶像是学科的信仰旗帜，也是学科成员的精神寄托与目标向导，对各学科学生价值取向的形成和理想人格的塑造极具导向性。此外，学科偶像作为专业权威对学生价值取向的形成具有引导功能。

第三节 高校文化育人的基础分析

一、文化凝聚功能

在高校文化育人的诸要素中，学科知识体系、价值体系与学科成员所处的学科文化场域是支撑文化凝聚功能最主要的文化要素。在揭示文化凝聚功能的含义与主要表现的基础上，深入探讨该功能得以实现的内在动力与文化魄力是充分发挥文化凝聚功能以激发成员积极性和创造性，从而促进文化持续发展并为文化育人功能的实现奠定基础的必要选择。

第一，文化凝聚功能的含义与主要表现。文化是维系各种社会关系的重要元素，具有使社会中各个部落内部得以有效整合，协调发展的强大能量。学者们通常会用"黏合剂""无形的纽带"来形象地表达文化的这种凝聚功能。而学科文化作为文化系统的组成部分，在各学术部落中同样发挥着凝聚功能，而且，很少有哪些现代机构像学科那样显著和顺利地赢得其成员的坚贞不贰的忠诚和持久不衰的努力，其中成员对各自学科所表现出的忠诚和在学科领域中所进行的持久不衰的努力正是文化凝聚功能作用下的结果。因此，我们认为文化的凝聚功能是指在文化场域中以知识体系与价值体系为主导的文化要素所具有的对共同文化意识的形成施以影响，并在此基础上促使学科成员为学科的发展努力践行的能力。可以说，文化的凝聚功能在学科成员（在大学中主要包括学者与大学生）与各自的学科之间建立起了彼此依存的紧密关系，使学科成员的信念态度、行为习惯等学术生活方式与各自学科的整体发展模式相统一，并以形成学科内部相对稳固的发展合力为最终目标。

第二，文化凝聚功能实现的内在动力。价值体系是学科文化的核心要素之一，是在长期发展过程中形成的为学科成员所共有的信仰与追求,它一经形成便会引导学科后继成员产生对各自学科发展的范式、基本功能以及价值定位等的信服感,而这种会不断积蓄地对各自学科的独特情感恰恰体现了学科文化对其成员的吸引力,也反映出了学科成员对文化的价值认同程度。换言之,学科成员对文化的价值认同是使其成为学科的忠实拥护者,从而以坚定的信心与无限的耐心发展自己的学科,而不愿从事其他学科学术活动的重要动力。还有学者认为,一般情况下真正能够促使人们去做某件事情的不是真理本身,而主要是对真理所抱有的那种寓于人们心灵深处的强大的情感动力,学科成员在学科领域中从事学术活动也同样如此。由于情感是人的非智力因素之一,体现为人对客观事物所持有的认同或反对等基本态度,所以学科成员的学科价值认同感的形成过程亦是他们对各自学科理念、认可的情感不断积蓄的过程。而且,基于学科成员内心的情感归属而产生的价值认同彰显着学科成员忠于各自学科的主观愿望,是文化凝聚功能实现的重要的内在动力。

由此可见,学科仪式、学科偶像与学科发展中所形成的独一无二的知识优势同时向学科成员传递着客观的学科文化信息,而学科成员在接收与体悟这些文化信息的过程中便在他们内心深处形成了对学科的归属感、对学科偶像的敬畏感与学科自豪感,并表现为对文化的价值认同感,从而使成员能够产生忠于自己所属学科的兴趣、热情以及责任,也会使文化的凝聚功能在学科成员内在情感的驱动下得以实现。

第三,文化凝聚功能实现的文化魄力,情感是维系组织最强有力的纽带,但不是唯一纽带,在组织中除情感以外与利益相关的因素也具有凝聚组织成员的功能,组织是学科的基本形态之一,因此我们有理由认为,在文化凝聚力形成的主要动力除了来自情感驱动下学科成员对学科文化产生的价值认同感之外,还有必要提及的便是来自学科成员在相关利益作用下所考虑到的学科迁移代价。所谓代价,是指人类在社会发展过程中为获得特定事物而有所付出与所做出的牺牲。那么,学科迁移代价便是指学科成员离开他所在学科谋求新发展的过程中所需舍弃、牺牲的价值以及所要承受的一系列消极后果。

从文化视角来看,这种凝聚功能的产生实质上是学科文化作为学术生活历史凝结的文化本质与学科文化场域的基本状态对学科成员共同施以影响的结果，是学科成员充分考虑舍弃其中蕴含的利益元素所要付出的巨大代价的结果。具体来说：

第一，在各学科领域中长期以来形成的也已习惯化了的生活方式是学科成员最难以舍弃的利益元素之一。知识的高度分化是科学革命以来科学知识发展的最显著特征，即使在倡导知识融合的大科学时代依然如此，同时，知识的分化带来了大学中以学科组织为载体的制度化的劳动分工，而且在知识的分化与劳动分工的细化过程中，学术信仰也在随之不断扩散，学术领域中便产生了以拥有独特学术信仰为文化要素的学科文化。而必须要承认的是，文化具有强大的能量，它常常能够使不同学科间难以沟通，从而表现出与众不同的特征，能够向学科成员传递专门的研习对象与方法，也能够使学科成员在自己的专属学科部落中开展专门的学术活动，从而明确自己的学科身份，使他们帮助自己了解他们是谁。换言之，是学科文化为不同学科中的每一个人打上了独特的文化标签，并赋予了他们学科身份。追溯身份的含义我们发现，该词对应着 Status 和 identily 两个英文单词，前者可作身份、地位讲，后者可译为同一性、一致性，而社会学家韦伯则愿意将身份理解为人的社会声誉与生活方式。一般情况下，文化是人类生活的历史凝结，而人类不同的生活方式则是不同文化样态的具象表达。基于这一认识本研究倾向于身份的生活方式说，认为身份即是人们寓于其中的文化环境对他们特有生活方式的认定，并彰显着同一文化环境中的人们因各自身份的一致性而具有的凝聚力。那么，对于学科成员而言，学科身份实质上反映了各学科成员所拥有的不同的学术生活方式，而且学科知识越分化，学科文化网络越细密，学科身份便会越凸显，学科成员的学术生活方式也越会多样化地被呈现出来。另外，学科成员越是长期地扎根于自己的学科领域，这种学术生活方式向其日常生活其他方面渗透的可能性也越大。因此，从这个意义上说，学科成员一旦选择并进入某一学科领域之中，受到该学科文化的影响，即使该学科不是最具优势的，又或者不是最适合自己的，如果选择脱离本学科而投向另一个学科领域，往往既需要强大的外力支持，又需要为此付出巨大的代价：那无异于要终止学科成员长久以来一直所遵循的生活方式，如特定的语言习惯和固定的研习方式等。

第二，学科文化场域或优或劣的基本状态也是学科成员所关切的利益元素。默顿曾把拥有的更有，没有的更加缺乏的社会现象称为马太效应，而在学科发展过程中这一效应则主要表现为优势学科持续的优势积累，而且较其他学科更能够集聚人才，凝聚力量。优势学科不仅体现为学科在知识发展层面上的优势，还体现为学科文化场域层面上的优势。我们认为，学科文化场域体现为学科及其成员所处的环境文化形态，而且学科文化场域的优势越大，学科文化的凝聚功能也就越明显。

第三，文化凝聚功能的育人效应分析，在对文化凝聚功能的实现动力和育人功能的实现机理、机制进行分析与对比后发现，二者之间存在着紧密联系。一方面，文化的育人功能除了表现在塑造理想人格、培养思维方式与规导行为方式三个维度之外，还能够引导学生价值取向的形成，而学生学科价值取向的形成过程又是他们学科归属感的深化过程。显然，育人功能对凝聚功能具有维系与优化的作用。另一方面，从凝聚功能育人效应的视角来看，学科文化是学科成员学术生活方式的历史凝结，它萌发于学科领袖的魅力外化，形成于学科成员对学科文化雏形的共享与认同，是学科成员共同作用的结果。因此，没有学科成员的凝聚，学科文化的生成、发展演化以及人等功能的实现便无从谈起。同时，文化育人功能的实现是学科知识体系育人、价值体系育人与学科文化育人的共同结果，然而文化主体育人功能的真正实现必须以学科成员即学科文化主体（主要是大学教师）在情感与利益的驱动下凝聚于各自学科文化场域之中为前提。此外，文化的凝聚对象不仅包括教师，而且也包括学生，文化对学生所进行的理想人格塑造、价值取向引导、思维方式培养与行为方式规导的又一重要前提便是学生在凝聚功能的作用下确认自己的学科成员身份。可以说，文化的凝聚功能在对作为学科文化要素的学科文化主体施以影响，以使他们产生相应的学科归属感与认同感的过程中成为育人功能的实现基础。

二、知识生产功能

知识生产功能作为文化育人功能的优化动力，在一定程度上促进了文化育人功能的发挥,从文化生产力与文化知识生产功能的含义角度出发进行阐述,文化生产力是在激烈的市场竞争、迅猛的科技发展与不断高涨的文化消费进程中诞生的社会生产力系统的重要组成,是对马克思和恩格斯"艺术生产"和"精神生产"思想的时代拓展。

知识生产是一种创造性的实践活动,创新是对知识生产的本质要求。创造性成就的取得除了取决于行为主体自身的认知能力与个人品格之外,还受包括文化等在内的环境因素的影响。因此,特定文化作为渗透性元素所体现出的知识生产能力是文化生产力的组成部分。而文化是在学科知识与学科组织的发展过程中所形成的独特的知识理论体系、学科方法论、思维方式、价值观念、学科传统、伦理规范、学科制度与行为习惯等的总和,属于学科的软实力范畴。学科文化一经形成就成为学科发展的动力源泉,具有推动学科持续发展的诸多重要功能,知识的生产功能便是其中之一。那么,什么是文化的知识生产功能呢?我们认为,文化的知识生产功能即是学科长期发展过程中形成的包括学科知识体系、价值体系、规范体系与行为习惯的文化要素对不同学科文化场域中的文化主体(学科成员,这里主要包括学者、研究生与部分本科生)的知识材料加工创造过程施以影响,并在此基础上实现学科文化增值的基本能力。

其次,文化知识生产功能的具体表现,生产是人类从事创造社会财富的活动和过程。通常情况下,人们在探讨生产的相关问题时总是需要回答生产什么、用什么劳动资料生产与如何生产等一系列问题。在文化知识生产功能的论题中,我们首先确定了生产对象(知识)与生产资料(学科文化),因此解决如何通过文化影响学科知识的生产便是本研究的核心问题所在。有学者指出,知识生产存在两个维度:认识维度与组织维度。换言之,知识的生产过程既遵循着人类认知的内在发展逻辑,又需要诸如组织安排等社会因素作为外生力量发挥积极的推动作用。而文化影响下的知识生产则是在遵循人类认知与知识现象发展惯性的内在规律的基础上,作为学术部落中各个小小世界的文化因素对知识发展施加外在影响力的实践过程,具体地表现为以下几个方面:

第一,学科价值体系与主体凝聚是知识生产的必要前提。知识生产是知识创造主体对客观知识材料的操作与加工过程,那么拥有极具创造力且忠于自身学科发展的文化主体便是学科知识生产的首要条件与必要前提。提高组织绩效和产品创新成功率是在组织文化指导下，成员接受组织的共同愿景，并使自身角色与组织期望相一致的认知行为的作用结果。这种学科成员与组织期望的一致性便是组织文化对其成员所具有的凝聚力的集中表现。换言之，该研究业已揭示出特定群体文化—文化凝聚力—提高绩效与促进创新之间存在的必然联系。在学科当中，学科成员对学科的忠诚是学科凝聚力的表现，也因此是影响学科知识生产的重要因素。而这种凝聚力来自文化场域优势等利益要素驱动下，学科成员对迁移代价的考虑，但更主要的是来自文化价值体系这一文化要素所表达出的学科成员对学科发展理念、发展目标、发展模式等的认同与情感寄托。然而，在倡导学科价值，凝聚学科成员的过程中，学科权威的作用不容忽视：一则，学科权威通常是对学科知识发展做过重要贡献的人，因此知识权威使他们自然地成为学科成员学习的榜样；二则，学科权威是学科价值体系的创造者，或者至少是积极的响应者与维系者，因此他们自身便具有凝聚学科成员的极大感召力；三则，学科权威较学科其他成员而言更容易成为组织的领导者，因此他们的知识生产理念也将对引领学科成员共同促进学科知识生产极具影响力。

　　第二，知识体系与知识承接，知识生产的逻辑法则分析，毫无疑问，直觉与机遇在知识生产过程中发挥着重要作用，但这并不意味着知识的产生源于空想，且完全依赖于直觉与机遇，而更需要遵守知识生产内在的逻辑法则，而且这种直觉与机遇通常也是在人们掌握并灵活运用知识生产的逻辑法则的前提下才能更加充分地发挥作用的。通常知识生产所需遵循的基本逻辑法则包括基于实验与数学推论进行知识生产的法则、基于知识间相似性进行知识生产的类比法则与基于对传统知识承接的集成法则。知识体系是学科发展过程中形成的学科知识理论与方法论的总和，其作用下的知识生产首先需要严格遵守的便是集成法则，这主要包括如下两层含义：一是学科知识理论与方法论的发展要求学科成员的知识生产实践不能脱离特定的学科领域，正如心理学学科成员一般不会从事商品交易等经济学领域的知识生产活动，体现为学科知识体系对知识生产的限定作用；二是学科知识生产需要以学科传统知识为辅助性资料，诸如爱因斯坦相对论是在物理学相对原理与光速不变原理的基础上诞生的，体现为学科知识积累对知识生产发挥的基础性铺垫作用。当然，可以承接的程度在不同学科中因其文化的差异而会略有不同：物理学等自然科学学科往往具有严密的知识结构而使知识承接在知识生产中发挥更大的作用；而文学等人文学科则因为其相对松散的知识、特征而使知识承接在知识生产中的作用并不十分明显。

第三，研究习惯与生产方式—知识生产的学科差异。通常来说，知识生产包括以主要依靠自身能力和资源为特征的独立生产方式和通过共享知识生产要素而取得共同或互补知识的合作生产方式，当人们逐渐开始了解越来越多关于越来越小的领域中的问题时，知识便发生了分化，同时使知识生产活动越来越难以凭借个人力量开展，合作式生产由此成为知识生产的主导方式。当然，合作式知识生产方式在大学中占据主导地位同样经历了一个相对漫长的过程。近代大学诞生以前，大学中各学科的学术研究多以学者个体为中心，知识生产中出现的合作也多是因研究领域相近或研究志趣相投而进行的自由的，甚至是暂时性的组合。

第四，学科规范体系与生产要求。学科知识生产除了要在学科成员的参与下，经历传统知识承接并在此基础上按各自学科生产方式进行知识生产的逻辑过程之外，还要受到各学科的基本规范约束，这是学科知识生产的基本要求，体现为对知识生产的过程控制。在文化视角下，这一控制过程主要通过学科规范体系的作用得以实现。规范体系是指导学科发展学术的必要因素，包括道德规范和制度规范。因此，学科规范体系对知识生产的过程控制也主要体现为如下两个层面：一是道德层面。学科成员在知识生产中既要受到学科特有道德规范的约束，如医学中"仁者爱人"的思想要求在学科知识生产中充分尊重捐赠的解剖遗体等，又要受到在各学科道德规范基础上建立起来的共同的学术道德规范，如忌讳学术浮躁、唾弃抄袭剽窃等行为。它们是将学科知识生产控制在满足学科、学术系统甚至是整个社会道德要求范围内的必要选择。二是制度层面。关于学科制度，学者们也从各层面进行了充分的论述，我们认为学科制度是人们理性设计的结果，包括学科人才培养制度、科学研究制度与学术评价制度等方面，其中科学研究及其相应的评价制度是学科知识生产过程控制的制度保障。就学科研究的评价制度来说，它旨在通过奖励或惩罚等手段使学科成员为获得学科共同体的承认而更加专注地进行知识生产。因为科学研究在作为重要职能的同时也将科研成果的产生作为了各学科成员学术能力与水平的评价标准，当然这一特点在研究型大学中表现得更为突出。

第五，文化场域与生产环境。文化场域是指学科及学科成员所处的社会文化环境、所在大学的文化背景、相应的学科组织形态与结构以及学科发展所必需的场所、仪器设备等物质条件，是一种组织文化与物质文化形态，也是一种环境文化形态，是各学科学术活动得以顺利开展的外部保障。学科文化场域对知识生产的保证具体也将从两个层面展开：社会的文化环境层面。众所周知，早期的大学是一个追求纯粹知识的场所，在那里，知识生产的目标更多地指向知识本身。而20世纪中期以来，市场同政府的力量一同渗透到大学中来，将大学从居于社会边缘为人们所顶礼膜拜的象牙塔拉到了世俗的社会中心，大学中的知识生产也越来越融合了功利化的气息，从此，大学中的知识生产目标由指向知识本身偏向为经济社会发展服务。因此，当前大学中各学科的知识生产在很大程度上要受到这种社会文化环境的影响，并在为社会各领域提供知识性服务的过程中期望获得相应的能够进一步促进知识生产的制度性或物质性支持。政府的政策性资助就是其中的一个重要方面，但不同学科所得到的经费资助比例却有很大差距。院校文化层面，具体包括两个方面：一是院校文化传统。虽然院校的学术文化与学科文化之间差别明显，但学术文化传统却是大学的灵魂，也是各学科文化精髓的凝聚，深厚的学术文化氛围与杰出的文化传统作为学科文化场域的组成部分必然会对学科文化知识生产功能的发挥起到积极的促进作用。

综上所述，学科知识体系作用下的知识承接是学科知识生产的逻辑法则，是学科文化知识生产功能得以实现的内在动力，而学科价值体系、研究习惯、规范体系与文化场域的作用相对来说则是知识生产功能实现的强大的外在动力，它们共同作用、相互补充对文化知识生产功能的实现施以影响，再次，知识生产功能的主要障碍及其育人效应思考，文化对促进学科知识生产具有巨大的影响力，但不可否认的是在学科文化的动态发展过程中知识生产的功能障碍也会相伴而生，具体表现为以下两个方面：第一，学科文化惰性所带来的知识生产功能障碍。众所周知，任何文化都会经历形成期—惯性期—惰性期—衰亡期各个阶段，因此能否克服文化惰性便是决定该文化走向的关键。所谓的文化惰性是特定文化因在长期发展过程中形成的观念定势甚至是自我崇拜而对外界作用元素表现出的排斥倾向，它既是文化走向成熟的结果，又是文化功能发挥的限制力量。学科是高深知识系统发展并趋于成熟的标志，因此每个学科都有自己的主流范式，而主流范式的形成从消极方面来看却不仅意味着知识悟性的增加，而且标志着学科文化惰性期的到来。在文化悟性期，由于学科主流范式所不能说明的问题变得越来越重要了，人们便开始尝试寻找新的范式，但是新的范式常常被拒绝，特别是被较老的科学家所拒绝，从而使知识创新受阻，表现为文化知识生产的功能障碍。第二，文化发展的不成熟所带来的知识生产功能障碍。文化的发展具有阶段性，由于知识形态的学科一经形成便趋于成熟，因此认为学科知识文化视角下的功能障碍主要发生在其惰性期，但学科文化是知识文化与组织文化的集合体，组织文化的基本状态在一定程度上决定了同一知识形态下学科及其文化发展的多样性与复杂性，所以文化在不同发展阶段其发展程度存在一定差异，文化功能的发挥水平也会有所不同，因此文化视角下的功能障碍还发生在其形成初期的不成熟阶段。一般来说，文化的形成是学科组织发展成熟的标志，反之，成熟的学科组织也必定具有独特而又稳定的学科组织文化；有学者研究发现，成熟的学科组织不仅具有明晰的组织结构，更重要的是拥有标志性的研究成果和可持续的知识产出。换言之，在学科组织未发展成熟之前，学科人才队伍尚不健全、学科组织结构尚不完善，学科资源与信息的获取能力有限，也尚未形成相对稳定的学科组织文化，故而势必不利于学科的知识生产。

但是，从更加积极的层面来看，文化不仅对学科知识的生产具有影响力，而且能通过知识生产功能表现出特有的育人效应。自从德国柏林洪堡大学建立以来，教学和科研一体化的理念与模式便在大学中日益受到关注，随之而来的便是在将知识生产寓于大学学科教学、科研与服务社会的整体实践活动过程中，知识生产与知识产品的获得也为大学育人提供服务与帮助。这势必在知识生产功能与育人功能之间搭建起了沟通的桥梁。更为重要的是，在大学中，由于知识形态是学科的基本形态，是组织形态的生成基础，而知识体系则不仅是学科文化的核心要素之一，而且是居于基础性地位的核心要素，是学科价值体系与规范体系等文化要素得以形成的基础，所以知识的生产过程事实上也是学科自身的发展过程与学科文化的自我增值过程。可见，知识生产功能在完善作为学科文化核心要素的学科知识体系的过程中也成为文化育人功能不断优化的动力和保证。

三、社会思潮的影响

从社会思潮对文化育人功能的影响方式角度出发进行阐述，学术界关于"社会"的定义已形成了基本一致的看法，即社会是以共同的生产实践为基础的相互联系、彼此交往的人类共同体。而社会文化则是社会发展的产物，是在社会生产力发展的基础上形成的各种文化现象和文化活动的总称，它由社会群体创造，反映并受制于特定经济社会的发展状况，又对社会群体以及社会整体的文明进步具有巨大的影响力。从广义上来看，社会文化是指人类在社会实践中所创造的物质财富和精神财富的总和。而狭义上的社会文化只是作为观念层面的社会文化，是社会意识形态以及与此相适应的文化制度的统称，以价值观为核心，主要体现为特定社会群体在特定历史期的共同信仰与心理构成。通常来说，社会文化具有如下两方面主要特征：①民族性与多样性的统一。每一个国家民族本身就是一个社会，他们都有与各自社会生产力发展状况相适应的社会文化，尤其是观念层面的社会文化更被打上了典型的民族传统烙印。②纵向的历史阶段性与动态发展性。文化属于历史的范畴，社会的生产实践活动不止，在社会发展的不同历史阶段，社会文化就会随之体现出相应的时代特征并在动态发展中表现为社会文化的变迁。社会文化变迁又称文化变异，是指由社会内部发展或不同社会间的彼此接触引发的特定社会文化系统内容与风格等的变化。社会文化的变迁一则是在其自身的内驱动力作用下，依靠社会内部各种关系的相互碰撞而产生；二则是文化交流的结果，通过对他种文化的吸收，并在与自身文化特征彼此融合的过程中实现，是社会文化变迁外在动力的体现。洋务运动时期，在"西学东渐"的过程中，西方文化开始渗透到我国从而带来了我国文化领域内的新变化，这显然是外在动力作用下，我国社会文化变迁的典型代表。同时，在全球化发展背景下，随着信息技术的高度发达，世界范围内的文化交流也日益便捷，势必会更有利于社会文化在彼此交流、碰撞与逐渐融合中不断发展演进。

而且，在特定社会文化系统发展的不同阶段与该历史阶段相对应的、符合时代特征的主导文化因素也会有所变化。

再者，人、社会、文化一开始就是"三位一体"地出现的。人虽然有先天道德本性，但也表现为社会文化的本质。对于人与社会文化的关系问题，教育社会学的观点进一步表明，社会文化是特定社会场域中的人们尤其是学生学业成败重要的影响因素，因此基于这一视角，社会文化的主要特征和发展程度与其成员的素质养成极具相关性。换言之，社会文化的发展需要能够对其进行保存与传播、选择与整理、交流与创新的具有相应素质的社会成员，为实现这一目标，社会文化在自觉或者是不自觉中表达着教化社会成员的基本诉求，而大学教育是使社会成员，主要是大学生直接或间接地接受特定社会文化熏陶、教化并能够传承、发展社会文化的重要方式之一。众所周知，学科是大学的基本组成单元，而大学学科文化又是高校文化，是大学及各学科培养社会发展所需人才的基本职能的载体之一，故而文化对各自学科成员的影响自然也与社会文化的发展之间存在着特定的互动性规律。通常情况下，社会文化尤其会被当代学科打上相应的文化烙印，而学科文化中也会流露出特定社会文化的精神气质，从而使文化的育人过程渗透出社会文化痕迹。可以说，文化在特定社会文化的影响下而彰显出独特的学科文化育人特征，以及文化育人功能实现过程中所表现的社会文化辐射力是文化育人功能的社会文化内涵主要层面之一。从某种程度上讲，文化育人功能的影响方式主要包括渗透性影响以及背景性影响，具体分析情况如下：

第一，文化渗透性影响，社会文化通过影响文化各构成要素从而实现对其育人功能的影响，此时社会文化对学科文化及其育人功能的影响是渗透性的，体现为社会文化的渗透性影响方式。此外，在社会文化变迁进程中的特定条件下，会出现学科研究领域扩散与学科知识内容更新的情况，从而扩大或调整大学生涉猎学科知识的范围以实现对大学学科文化育人功能的影响。

第二，社会文化背景性影响，除渗透性影响方式以外，社会文化还会通过对特定文化历史阶段大学中主导学科的产生与核心学科文化特征的凸显施以影响，从而进一步影响大学学科文化育人功能的整体实现情况，体现为社会文化的背景性影响方式。众所周知，学科在其发展过程中始终与社会保持着密切联系，从而体现为学科的社会适应性，即不仅学科知识要在社会需求的引导下，不断完善，而且就连学科组织的建设也需要在政府科学政策的干预下才能不断发展。对于大学学科而言，学科的社会适应性表现在其发展过程中，甚至还表现在国家层面的大学学科准入即大学对学科的选择阶段。从大学学科的历史演进来看，社会统治者的意识形态无疑是大学学科准入及其发展最重要的外在影响因素，这是因为他们需要选择并支持符合自身利益的知识体系并使之在大学中获得合法地位，甚至是在某种程度上使某类学科在特定时期内成为大学中的具有主导性地位的学科，以有利于社会按照统治者的意愿更好地发展，从而表现为一类学科的衰落以和它相联系的统治阶级权力合法性的削弱为前提；一类学科的流行又通常伴随支撑其发展的统治集团权力效应而扩大的学科发展特征。而当时大学中基于主导学科的基本特征所产生的核心学科文化往往会通过消解其他学科文化的价值而发挥着重要的育人功能。

由此可见，文化育人功能的社会文化背景性影响方式主要体现为文化对特定历史时期社会中居于主导或核心地位的文化或文化体系的适应，而且一旦该文化发生变化，大学中居于主导性地位的学科以及由此表现出的核心学科文化特征也将随之发生相应的变化，而学科文化的育人功能则由于核心学科文化特征的变化也将有不同的育人表现。在西方社会由教会神权向世俗王权的过渡过程中，神学在大学中的主导地位也逐渐被民法、医学等学科瓜分，从而使神学文化在育人中的重要性失落；而且由中世纪宗教文化的主导到古典人文主义的复兴再到启蒙运动，社会文化的嬗变过程同时也是大学中的核心文化精神由推崇神学思想发展为彰显人文价值再到追求纯粹科学的演变过程，从而使不同时期的社会文化影响下的文化育人功能也具有了不同的含义与特征，同样能够予以证明。

另外，虽然社会文化对文化育人功能的渗透性影响与背景性影响彼此交织，不可分割，但是社会文化通过影响学科文化要素以实现对大学学科文化育人功能的影响所涉及的学科带有偶然性与片面性，而社会文化在对特定文化历史阶段大学中主导学科的产生与核心学科文化特征凸显施以影响的方式则更能够体现其影响的全面性与广泛性。

总之，社会思潮对文化育人功能的发挥具有深远影响，在不同社会文化背景下的文化育人功能有近乎不同的表现。同时我们也需要看到的是，文化育人功能的发挥对社会文化具有一种辐射作用，即文化育人既是社会文化的再生产与升华过程，又具有引领社会文化发展方向的作用。首先，文化育人的对象即不同社会历史条件下的人们，通过文化的内化机制塑造他们的理想人格、学科价值取向、学科思维与行为方式和习惯，是对满足当时社会文化发展要求的学科文化进行再生产的途径，因此也是保存、传播即再生产社会文化的手段。另外，文化影响下的学生思维清晰、价值取向明确，了解专业发展前沿与趋势，能够为社会发展各领域提供必要的智力支持，因而也是新的文化要素的引入者，必然引领社会文化的发展方向。正如我们认为理性主义文化的张扬带来了自然科学学科的兴盛与文化育人功能的提升那样，我们也必须承认当代中国社会思潮对高校文化育人之路的影响。

第四章 高校校园文化建设

第一节 校园文化的基础认知

一、校园文化育人的要素

（一）校园文化育人的重要性

校园文化是学校特有的文化现象，在一所学校长期的教育实践中创造并积淀下来的则是全校师生所认同的价值观念、目标追求和行为方式，一般分为理念层面、制度层面和物质层面。理念层面的校园文化是校园文化的核心，反映学校的理想信念和价值追求，是校园文化的精神和灵魂，也是制度文化和物质文化的思想基础；制度层面是校园文化的具体物化，是广大师生员工所公认或者必须遵守的规章制度和行为准则；物质层面是校园文化的外在表现，通过制度文化规范不断提炼、不断融合，将理念文化展现出来所得到的。校园文化是从长期的实践活动中累积的，校园文化是大学得以生存和发展的重要根基，是历经自身积淀并具有大学专属特征的一种文化形态，是在对社会文化不断分辨、吸收汲取的基础上融入大学意志，并以独特观念的形态呈现的文化现象，校园文化是各所大学互相区别的重要标志，具有专有性、稳定性、标志性、延续性，是一所高校的灵魂。同时，校园文化作为国家整体文化的重要组成部分，也是一个国家、一个民族整体文化的命脉，是社会文化发展的"指南针"，能真实地折射出社会文化的整体发展进程。同时它更是社会文化的"助推器",在参与社会文化的传承、创新、传播、发展过程中需要扮演更加重要的角色。

大学是优秀文化传承和思想文化创新的重要组成元素,它承担着引领社会先进文化、推动人类文明进步的重要使命。良好的校园文化,不仅可以增强高等学校德育工作的针对性和实效性,而且对培育中国特色社会主义事业的合格建设者和可靠接班人具有重要且深远的意义。积极向上的校园文化活动,提升校园文明程度,引导大学生勤学、修德、明辨、笃实。校园文化建设的宗旨是提高大学生的综合素质,创建以人为本的和谐校园文化环境。加强和推进大学校园文化建设,是贯彻落实《国家中长期教育改革和发展规划纲要》的重要方针,也是对文化强国战略的践行。

育人功能主要体现在校园文化不但能使置身其中的广大师生在生活、学习等各方面都得到熏陶和感染,引导他们建立符合时代社会要求的价值观,还可以规范师生的思想和行为方式。首先,与大学日常教学实践活动强调"灌输性"不同,校园文化的教育功能更多表现为它的隐蔽性、人文性、暗示性和渗透性。校园文化能够使生活、学习、工作其中的人在不知不觉中接受教育,并内化成风尚、习惯、规范,从而带上校园文化的印记。其次,与校园文化的社会性功能和情感性功能相比较而言,育人功能虽然在一定程度上也表现出对学生社会化和个体情感化的关注,但它更多强调的是"文化育人"的精神文化氛围。好的校园文化可以促进学生成长进步,也使教师教学科研和职工工作有了良好的外部条件;同时,在大学师生的心理意识、行为观念的形成和发展过程中也承担了重要功能,如聚合、导向、娱乐和育人等,其中,育人功能是核心。因为,大学以育人为本,育人是大学的最根本功能,是大学的固有属性,也是大学存在的定律,若脱离了育人,大学就不能称其为大学。虽然校园文化的其他功能也都表现出育人的特点,但"育人"要义不只在于让学生掌握一门专业知识和技能,更重要的是在掌握知识的过程中让学生学会做人做事,提升其文明素养和个人修养,做一个全面发展、身心健康的人。大学的根本使命是培养人才,大学的每一项工作都与人才培养质量密不可分。作为高级人才培养主阵地的高等教育,理应以社会对人才的需求为出发点,探索和构建相应的人才培养模式,促使高校毕业生高质量地充分就业。显然,为构建适合人才培养而形成的校园文化就显得尤其重要，特别是在大学教育日益普及的今天，繁荣发展校园文化对于我们不断创新的教育模式和优化育人环境势在必行，大力推进素质教育，全面提高学校教育工作的针对性和实效性，将对社会主义建设事业培养和输送高素质人才、推进社会文明进步等方面意义重大。我们要充分认识大学校园文化的育人功能，努力建设具有时代特征和富有特色的校园文化，不断满足社会经济发展的需要和国家对创新拔尖人才的需要，不断满足人民群众日益增长的物质文化精神的需求，培养高素质的创新人才。我们要高度重视校园文化建设，充分发挥校园文化的育人功能，促进教育质量不断提高，培养出更多高素质的创新人才。

（二）校园文化育人的表现

高校文化是由相关要素关联构成，其中包括大学理念、大学精神、大学价值追求、大学制度和大学环境在内的一切文化要素，这些构成了校园文化的生态系统。总体上说，校园文化承担着为社会大文化建设培养德智体美劳全面发展人才的历史重任，潜移默化身处其中的学子们。将这些因素概括起来，无外乎大学校园文化因受不同群体价值取向的内在支配而趋向分散化和多元化，随着社会的进步，大学校园文化的表现形式，可以从两个方面来进行阐述。一是从精神层面来建设"无形"文化；二是从行为、物质、制度层面来建设"有形"文化。具体来说，大学校园文化就是指生活在高校中的教育者、受教育者及行政人员等在长期实践办学中逐步体现的具有学校特色的物质文明和精神文明。校园文化应当包括优美的校园环境、科学的管理制度、良好的校园风气，以及丰富多彩的文化活动。这就要求一所大学要有整体并合理的科学规划，建设有完备的基础设施、存在着蕴含高校精神的人文景观，以及满足广大师生所需的服务设施，并且要总结凝练出自身的办学特色、科学的管理制度、浓厚的学术氛围，以及独具特色的校园文化活动。

大学校园文化建设可以说是一项庞大的系统工程，在构成校园文化的物质、制度、行为、精神等多个要素层面上形成自己的文化，已经成为各高校努力探索和追求的目标，也是各高校打造教育品牌、塑造独特形象、形成竞争力的基本途径。

1. 大学校园物质文化

校园物质文化是高校校园中的显性文化，它主要是将各类实体的存在表现成一种文化形式，是大学校园精神文化活动的重要物质载体，也是大学校园文化的重要外在表现。

第一，校园特色物质文化建设要进行科学合理的规划。大学的物质文化尤其是校园环境对师生审美情趣、道德情操具有潜移默化的影响。很多大学在修建之时，仅仅重视基本保障，很少高校对自己的物质文化特色进行深入的考察和论证。物质文化的建设既要从宏观入手，体现整体建设的一致性，也要注重对学校沉淀的历史文化加以体现，假如没有整体布局规划，"拆东墙补西墙"，顾此失彼，就会使校园环境在布局上出现缺漏。

第二，大学在办学实践中，由于时代、条件、背景、目的不同，每所校园物质文化建设都会拥有不同的特色，折射出当时所追求的精神风貌和理想信念，而那些保存至今的建筑物也成了校园人奋斗的历史见证。因此，在大学物质文化建设中我们更是要将一所大学的历史烙印深深地刻在物质文化建设中。

第三，要正确处理好一所大学的行业属性。高校固有的本身属性可以以物化的表现形式加以展现，这种具有高校属性的物质文化建设可以分为基础型和本质型两种。基础型物质文化指伴随着高校的发展需求而去调整的物质文化，可以概括为实验设施、操作模型、网络系统、专业前沿刊物等。本质型物质文化是指高校校园物质文化中体现的优势属性，它无论在形式上还是内容上都能够充分体现一所高校的优势学科，并在较长时间保持稳定的校园物质文化。这种具有高校优势属性的物质文化建设体现了高校的办学目的和意义，是最直接最可靠的"物化育人手段"。

第四，网络媒体是一种新兴的文化平台，它现在已经成为21世纪大学生生活的重要部分，时刻在改变和影响着学生思想、道德和文化理念、文化认同等方面：高校大学网络文化建设应以引领校园办学理念为宗旨，以占领和开拓网络文化建设主阵地为主要模式，将教育、管理、服务、实践四大功能融为一体，通过网络平台展示学校风貌，更深层次地挖掘校园文化，实现全面育人。

2. 大学校园制度文化

大学制度是一个内容丰富、结构复杂的体系，行政管理体制是学校制度的核心，决定和制约着其他制度，它是维系高等院校正常秩序中不可缺少的重要保障机制。在长期的办学实践中，科学的制度会继续传承下去，而不合科学时宜的制度则会被剔除、改造或创新，形成较为完整的管理体制。大学制度建立在国家相关的法律法规、国家制定的方针政策，以及地方政府与教育部门的规定基础之上，在确立过程中，有效地结合自身发展过程中的经验，或借鉴其他大学制度的合理成分，它的建立主要是为了约束、规范和保护校园成员的行为与利益，以维护大学生日常的学习和生活。这些制度是学校组织和管理活动行使职权的依据。只有有据可依，有章可循，校园中的一切学习、生活和工作才能杂而不乱、井然有序。大学制度文化建设是一项复杂的系统工程，它体现了高校管理者的价值取向、信仰追求。

第一，保障高校有序运行的大学章程。科学的制度保障对大学校园文化建设具有统领作用。而大学章程必然是大学制度文化建设的重要组成部分，它对学校其他制度建设起到统领性作用，它是大学办学的纲领性文件，是大学精神文化的必然产物。对大学章程的制定，首先是要解决一所大学的办学定位，真正能回答"怎样建设一所大学，建设一个什么样大学"的基本问题。其次，要彰显学校行业特色学科建设与发展机制。加强学科建设是提升大学核心竞争力的根本着力点。最后，探索建立个性化人才培养机制。大学组织管理制度的制定是大学特色制度文化建设的重要途径，它是对学校愿景、办学特色的凝练，它也是整合办学资源、落实发展措施的重要手段，它既能增强学校对师生员工的约束力、吸引力、凝聚力，又能增强师生员工对社会文化的自控力和辨别力。

第二，探索一系列管理制度文化建设。首先是教学制度文化建设，教学工作是高等学校的中心工作，要充分调动教与学两个方面的积极性，遵循"导向性、自我约束力和人性化"，创设出科学严谨的教学层面的制度文化，其次是科研制度文化建设，在认真研究学科发展规律、科研人才成长规律的基础上，构建长效性体系、评价指标体系和制度体系。最后是人事制度文化建设，根据不同的办学特色和不同职称的教师，制定出符合职业发展规律的考核体系和培养选拔模式，以及学生管理制度文化建设、实验室制度文化建设等。

第三，核心是广大学生的德育教育。以学生为本是制度文化建设的第一要素，首先紧抓大学人才培养方案的制订，使学生的培养更符合社会需要和人才培养机制；

其次，将德育、智育与美育等有机结合起来，以校园文化引导大学生立言立行，做到内化于心，外化于行。在制度文化建设中更应该倡导以德立校、依法治校，从制度到实践，促成道德内化。

3. 大学校园行为文化

大学行为文化是大学作为一个组织存在的文化根基，是大学的核心竞争力，它具有吸引力和开拓力的特性，是建设校园文化的活力之源，亦是一种可以潜移默化影响学生的教育力量。

第一，教师的榜样力量。大学校园行为文化是推进校园文化建设的主要载体，教师是主导，学生是主体。正所谓"亲其师，信其道"，大学教师的人格魅力、信仰坚定、知识渊博，使学生对教师产生敬佩感、依赖感、亲切感和信任感。学生会把对老师的这种认同带到自己的学习生活中去，从而对学校的规章制度、校风、学风产生强烈的认同感，从而激发依赖感、归属感和荣誉感，对学校产生热爱，从榜样力求激励学生渴求知识、探寻真理的欲望。

第二，学生社团是大学校园文化的主要表现形式。社团活动是课堂教育的补充和延伸，它在塑造大学生健康人格方面扮演着重要的角色。学生社团活动为大学校园带来无限生机。通过参加社团活动，学生会发现自己课程以外的学术兴趣和才华。参加社团文化活动是大学生进行自我学习和进步的良好渠道，在社团活动中，有些活动是在教师的指导下开展的，教师在学识、人格方面的魅力也会对学生产生潜移默化的影响。在参与活动中学生不仅能够明确自己的爱好和特长，也会在活动中相互帮助和激励，从而促进学生人际交往能力的提高，有助于学生人格的完善和发展，从而树立正确的价值观。参加学术型社团活动可以培养大学生的创新精神和实践能力，实用型的社团活动可以帮助大学生弥补知识和能力的缺陷，完善学生多方面立体型的知识结构，娱乐型社团活动能帮助学生缓解内心的紧张情绪，从而使机体得以平衡，缓和学生存在的不良困惑和压抑，帮助其恢复正常的情绪和情感状态。

4. 大学校园精神文化

大学校园精神文化主要是指学校在长期办学过程中形成的文化观念。

第一，一所大学的文化传统、精神氛围、理想追求、人文气象是最具凝聚力、向心力和生命力的，是一所大学最具特色的标志。大学精神的提炼，既是历史传承的积淀，同时是现实的积累和创造，它包含着哲学思辨、精神倡导、价值取向、理论导向、舆论引领等多重文化内容，是一所大学的精神支撑和力量源泉。大学精神具有一所学校特有的精神力量，它的内涵和特征是几代大学人价值体系的凝练，对大学的办学方向起着导向作用。由此，大学精神是一所大学校园文化的核心，而大学校园文化体现着一所大学的大学精神，大学校园文化是出现在大学校园里的一种文化现象，它是以大学精神为核心和导向，在大学的发展积淀过程中逐渐形成大学思想。如果没有大学精神的引领和支撑，那么大学校园文化建设就会失去目标，偏离正确的发展方向。

第二，校风、校训代表的是一所大学的形象，是大学精神的显性标志。大学精神往往凝练在校训里，体现在校风中。大学精神最具生命力，体现了大学的办学理念。大学精神一经形成，跟高校文化一样具有相对的稳定性、较强的融合性和渗透性，是高校发展的底蕴所在。校风是一所大学全体师生员工行为规范和精神风貌的集中体现，对校园人具有强大的同化力、感染力和约束力。校风主要包括教师的教风、学生的学风和管理与服务人员的工作作风，一所大学的校风承载的是大学精神。校训是大学精神的凝练，是对一所大学办学理念、人才培养目标和精神文化的高度概括。例如，清华大学的校训"自强不息，厚德载物"，北京师范大学的校训"学为人师，行为世范"，哈尔滨工程大学的校训"大工至善，大学至真"。大学校训的内涵不仅体现学校的历史传统，也应符合现代大学精神的追求，能被校园人所普遍认同，并成为他们共同的文化自觉和精神追求。言简意赅、独具特色的校训，是一所大学鲜明个性特征的体现，是大学精神的凝练，对学生具有很强的教育意义。

5.大学校园生态文化

大学校园生态文化不仅是一所大学的建筑、道路、花草树木等，而更多的是这所大学所包含的历史、文化与内涵，这些抽象精神通过具象的建筑、景观及环境表现出来，形成独一无二的富有深意的校园生态文化。如果给校园生态文化下一个定义的话，它应该是指教师、学生和管理者在作用于校园和与之相关的社会环境的过程中共同传承和创造的精神成果的总和。它能直接反映师生的思想观念、价值取向、团体意识、群体形态和行为体系。校园生态文化的表现形式是文化相互协作的结果。

二、校园文化育人的机理

（一）校园文化的育人内涵

1. 培育精神文化，实现文化认同

大学的精神文化是高校文化的核心内容，是大学发展历程中积淀下来的宝贵财富，是大学社会声誉的突出体现，更是彰显大学特色的旗帜象征。在培育大学精神文化的过程中，重在实现凝聚广大师生思想意识的文化认同，使全体师生形成共有的价值观念、理想追求、心理素养、道德修为、思考方式、行为准则等精神层面的价值取向。在多元化思潮的背景下，高校要进一步明确精神文化的内涵，积极宣传文化特色，创立自身的精神文化品牌，以学生喜闻乐见的活动为载体，传播精神文化的育人理念。党的十八大明确了"倡导富强、民主、文明、和谐，倡导自由、平等、公正、法治，倡导爱国、敬业、诚信、友善"的社会主义核心价值观，为文化育人的方向提供明确的引导和指示。高校一方面要明确社会主义核心价值观的内涵，将其内化为学校精神文化的一部分，注重校园诚信和学术规范的建设。另一方面要提炼出特色精神文化的精髓，如校训、校歌、校徽、校旗、校史等，将学校的办学理念和特色文化与时代背景相结合，进一步明确学校的发展定位，展现出学校富有朝气的精神文化。

2. 丰富物质文化，实现文化熏陶

与精神文化相对，物质文化是指为了满足学生学习、生活、成长等方面的需求所创造出的物质产物和文化氛围，物质文化不仅是高校文化的外在体现，还是弘扬精神文化的重要保障。丰富物质文化的目的在于，以优美的文化环境、良好的文化氛围，为学生的成长成才提供物质基础，为精神文化的传承与积淀提供物质载体，为师生学习、生活、工作提供文化熏陶的环境。物质文化体现在学校的建筑风格、基础设施、图书资料、仪器设备、雕塑盆景、地标建筑、广播报刊、网站论坛等，通过校园环境、人文景观来建设。

让学生感受到学校独特的文化风格，营造独特的校园文化氛围，新形势下，新媒体在学生群体中的广泛普及，使物质文化外延到网络平台，学校的网络社区、自媒体、网络公共平台作为学校文化氛围的组成部分，承担着愈加重要的文化熏陶功能，学校必须注重网络新媒体平台文化的建设，为网络平台的运营提供物质上的支持和保障，更多地深入师生生活，宣传精神文化，使学生在接受网络信息的同时，接受校园文化的熏陶。

3.建立制度文化，实现文化引导

大学的制度文化是指维系大学运行周转、指导学生行为规范的政策、制度、法律等规则体系。大学的运营，不仅需要坚实的物质基础，还需要严格的制度管理。高校校园文化影响着大学制度的形成，制度的背后是文化使然，制度是文化的体现，反过来，制度也是传播、创造精神文化的重要保障，要维系一个组织高效、有序、规范地运行，必须有一个合理的制度体系做监督引导。学校的制度文化存在于学校的大学章程、管理规定、仪式活动、教育形式等各个方面，深入学生会、社团、班级、团支部等学生组织，通过对学生行为的规范、制约，来正确引导学生的思想思维、行为准则，进而激发学生高尚的情感和道德，养成良好的行为习惯，达到以制度文化育人的目的。

4.加强行为文化，实现文化育人

校园行为文化是校园活动主体在实践活动中学生表现出来的各种行为方式，是学校中各个成员参与教学过程中所实施的各种行为，是一所高校精神风貌、校园文化和办学理念最直接的外在表现；同时，校园行为文化还集中体现了一所高校的校风、学风、干群关系及师生关系。高校行为文化是置身于现代社会文化大背景中的一种具有自身鲜明特色的亚文化，除具有多样性、发展性、传承性等社会文化的一般属性外，还具备先进性、规定性、教化性、辐射性等特征。

高校作为传承文化和创新文化的场所，它的行为决定了传承和创新的理念，而一所高校的办学理念又必然会规定一所高校的办学行为和教师的教学行为。因此，强化高校行为文化建设，树立良好的高校的形象，强化高校教职员工行为文化规范，要求其在各方面作表率，可以不断推进高校教学组织工作创新与创优，从而树立高校良好的社会形象。总之，加强校园文化建设，使整个校园文化形成不仅是课外的校园文化活动，更要把握加强人文文化建设的本质，从教学、科研、管理、人才培养等方面的发展方向，营造全方位文化育人环境。

5.改善生态文化，实现文化发展

生态文化建立在人类对可持续发展的认同的基础上，是人类历史发展的选择和结果。学校教育的文化观应面对这种新形势，调整教育环境中的各种生态因子和教育对象的生理环境，即建立新的生态文化观。为此，一是要抓好学生生态知识的普及工作，利用校园宣传、网络服务、课堂教育、党团活动、社会实践等形式，开展生态知识普及活动，使学生在学习科学和人文知识中充分认识生态发展的规律，提高对生态发展的理解。二是要充分利用高校科研优势，创造先进的生态文化，高校在理论的探索方面有很大的优势，应组织相关人员加强对生态文明相关问题的研究，或从生态发展的角度考虑科技的创新，并把理论研究成果或科技成果回馈于社会，直接或间接推进生态文明进程。这对于学生来说，不仅能直接分享教师的研究成果，更能使他们切身感受社会对生态文化的认同程度，有利于生态文化观的形成。

校园环境是校园文化的外在显现，是精神文化的载体。良好的校园布局、建筑风格、绿化美化，以及环境中蕴含的人文气息，是无声的育人方式，对陶冶情操、启迪智慧、积淀高雅的校园文化，有着潜移默化的作用。为此，高校要充分发挥自己的优势，使校园物质设施成为表现和传递文化的物质载体。建筑群体及其环境不仅要整体和谐、功能合理、简洁明快、充分体现人与自然的和谐统一，而且要赋予校园内包括楼堂馆所、花草树木等在内的建筑、设施和环境以丰富的文化内涵，让校园的每个角落都充满大学的历史荣耀、不俗的意志品格和高等学府特有的庄严、肃穆和凝重，处处展现出现代大学的科学、文明和进步，充分发挥校园环境陶冶情操、修身养性之功能。

（二）校园文化的育人维度

大学是知识和文化传播的殿堂，推动着我国知识经济的形成和发展，肩负着为我国社会主义现代化建设培养德才兼备全面发展人才的重任。一方面，高校校园文化指引着人的全面发展，同时给他们提供巨大的舞台促进其发展；另一方面，高校校园文化是在各类积极意义的文化基础之上融汇而成的。大学校园个体能够根据社会的发展要求，顺应时代发展的主旋律，依据整体的教育目标，确立一定的价值目标体系和行为方式，形成一定的文化氛围，对校园个体起到一定的指引和熏陶作用。大学生可以在这样的条件下，选择适合自己的价值目标、生活方式，从而塑造自身的人格。反过来，校园个体是高校校园文化的创造者、参与者和享受者，他们能够根据自己的兴趣、特长和需求，通过参加各类丰富多彩的校园文化活动，发现自己、证明自己、塑造自己，从而完善和发展自己。大学为学生的全面发展提供了一个巨大的舞台。高校校园文化是一种高层次的文化，它有着多层次的内容。因此，校园文化的育人维度也是多方面的。

1. 构造品格

从物质文化建设方面来说，学校的教室、文化娱乐场所、实验室和宿舍等各类场所，都是为校园个体服务的，都是为实现教育这个根本目标而服务的，充分体现了其教育服务功能。比如，学校的图书馆，它是知识的宝库、是知识的殿堂，环境优雅，有利于师生读书。一些国内知名院校的雕塑、极具特色的校园纪念馆、名人故居等都体现了这些院校的历史文化传统、教育目标和成就等，无一例外地激励着后人不断向前辈们学习，创造更加辉煌的成绩。

从精神文化建设方面来说，学校的各项管理规章制度，以及校风、学风建设等教育作用更显而易见、更直接、更深刻。学校的各项管理规章制度是学校进行办学的有力保证，这些制度规定了学生在学习和生活的各个方面和各个环节的要求。这些管理规章制度都蕴含了学校深刻的教育制度文化。如果说学校的各项规章制度是有形的力量，那么校风和学风就是一种无形的力量。校风和学风一旦形成，对每一个校园个体都会起着一定的导向、约束和激励的作用，这是一种无形的教育工作和教育力量。

2. 思想修养

首先，思想引领表现在陶冶学生的情操。学校优美的校园环境，如诗如画的校园风光，布局合理的校舍建筑，积极健康的教育教学设施，整齐干净的道路等无一例外地将带给学生巨大的精神力量。学生在良好的校园文化的感染和熏陶下，由美生爱，从而产生热爱母校、热爱家乡、热爱祖国的优良品德。学生在优美幽静的环境下学习，舒心怡神，从而有利于增强他们的环境保护意识。积极健康的校园文化对低俗腐朽的消极文化也有很好的抵制作用，能够帮助学生形成良好的世界观、人生观和价值观。

其次，思想引领表现为培养学生的集体意识和团结合作的精神，校园文化是以学校为单位的，学校是一个集体，这就要求学生要注重学校的集体形象，要正确地处理好集体利益和个人利益的关系，坚持集体主义原则，注重彼此间的相互协作，不然就会受到来自集体的人际压力。不论是自身发展的需要还是外部环境的压力，都要求学生正确地处理好集体和个人的关系，牢固树立集体意识和团结协作的精神；反过来，一个团结友好的集体也会使学生感受到集体的温暖，深刻意识到集体力量的强大，从而树立起集体主义的思想和观念。

最后，思想引领表现为培养学生的健康个性和健康心理。青年学生都追求多姿多彩的精神生活，并且每个人的业余爱好是不同的。校园文化的内容是丰富多彩的，这就满足了学生精神需求的多样化和个性化，避免了单一化的倾向。同时也有助于那些个性突出的学生找到适合自身的精神生活，并在其中看到自己的价值，激发他们的主动性和积极性，树立一个积极健康的自我形象。当代青年学生的适应能力较差，多姿多彩的校园文化有利于培养学生的心理适应能力。学生在优美的校园环境下，能够放松心情，有利于增强他们的进取心。丰富多彩的校园文化活动还可以扩大学生的交际圈，帮助那些孤僻内向的学生打开心窗，找到知心朋友。学生沉浸在欢乐的校园文化活动中，可以忘却那些不愉快的事情，从而帮助学生培养健康的心理。

3. 行为规范养成

置身校园文化中的师生不仅受到了文化感染、熏陶和教育，同时思想观念、价值判断、道德行为也会受到校园文化的规范和制约。这种规范和约束是通过学校长期以来形成的制度文化、共同认同的道德规范，以及优良的精神文化传统来影响个体，对师生员工的行为具有广泛的约束力。学校健全的规章制度，以及在此基础上形成校园制度文化都是规范大学生行为的外力，而校园中的集体舆论、道德规范则是大学生彼此约束的内力。学校严格的规章制度和健康的集体舆论对学生的言行举止具有规范导向作用。当学生的某些言行举止不符合学校的规章制度和集体舆论的要求时，学生便会进行自我调节和矫正，从而尽可能地去达到要求。

此外，教师作为与学生接触最多的大学主体、教育主体，他们的行为准则、职业道德的遵守，对大学校园具有重要的示范作用，不仅是学生学习的榜样，也是一所大学有效运行、不断发展的保证。良好的校园文化所包含的学校优良传统和文明习惯，都对师生的行为养成起到促进作用。

4. 实践教育

对于学生来讲，大学时期是他们生理、智力发展的黄金时期，是他们获得独立于社会能力、取得社会活动资格的极为重要的阶段。能力培养功能主要是指培养学生适应社会的各种能力的功能，帮助他们学会各种适应社会生存的规范、知识、能力及生活方式等，从而使各方面得到协调发展，与社会之间达到一种平衡有序的稳定状态。

（三）校园文化的育人途径

校园文化不仅是课堂教学的必要补充和延伸，而且是坚持用社会主义思想占领学校思想文化阵地的重要形式，从一定意义上说，校园文化对于学生素质的形成和提高，促进学生健康成长，具有潜移默化的作用。因此，大力加强校园文化建设，积极拓展校园文化建设的渠道和途径，充分发挥校园文化的育人功能，努力把学生培育成为"有理想、有道德、有文化、有纪律"的德智体美等全面发展的社会主义事业建设者和接班人，这是加强高校校园文化建设的根本出发点和落脚点。

1. 实践化人

参与实践是文化"化人"的最佳途径。大学校园文化的"化人"功能得以实现的关键一步，是大学生将"内化"了的先进思想"外化"为积极的行为，只有将"外化"实现，才真正达到"化人"的效果。参与社会实践是大学培养人才的重要环节，鼓励学生亲自参与实践活动，是实现文化"育人"的最佳途径。

参加大学校园内的实践活动。大学校园内的文化活动多姿多彩，如大学生艺术节、文化周、运动会、篮球赛、英语演讲赛等，学生根据自己的兴趣来参与活动，挖掘自己潜在的才华，参与校园内的文化活动，不仅能丰富学生的课余生活，提升学生的文化活动层次，更是大学生自我教育、自我成长的良好途径，能不断完善大学生的人格，有助于大学生正确价值观的形成，有利于文化育人产生实效，促进学生全面健康成长。

参加校园外的社会实践活动。大学生不仅要"读万卷书"，更要"行万里路"，走出校园参加社会实践可以认识社会、接触实际，通过直接参加生产劳动，可以锻炼实际操作能力和协作能力，在实践中成长。例如，大学寒暑假的社会实践、"三下乡"等活动，为学生提供锻炼的机会，是学生了解社会的平台，能满足学生锻炼自我、提升自我的需求，学生实现自我认可。志愿者服务活动是文化育人的重要途径，也是对大学生进行思想政治教育的新方式，是实现文化"化人"的有效载体，大学生志愿服务工作已成为文化育人工作中不可或缺的重要环节。

2. 优化校园物质文化环境

高校要创建形象美、寓意深的校园物质文化，就要善于发挥好管理者、教育者、学习者的积极性，并组织好、协调好学校各方面的力量。这是因为，"美好的校园物质文化对人产生持久的、潜移默化的教育影响，引起人们思想感情、审美观念的变化，特别是师生自己动手美化的校园，更值得人们爱护与珍惜，这是教育中最微妙的要素之一"。

3. 强化校园制度文化育人功能

制度文化是一种对师生生活工作和行为举止具有规范作用的文化，集中体现为学校的规章制度。校园制度文化不仅规定了学校全体师生员工在教学科研管理中应遵守的基本行为准则，在一定程度上也体现该所学校的办学宗旨和办学特色。它能够通过一定的手段对校园人的思想进行引导，促进师生更好地发展进步。校园制度文化既体现了制度本身所具有的丰富的育人价值，也发挥着校园文化应有的育人功能。

4. 示范引领大学生行为规范

促进大学生成长成才是大学最直接、最根本的目标。而当今的大学生群体普遍存在心智不够成熟、辨别是非能力较差的现实，其行为往往带有自发性特点；加之，大学校园里的一些不端思想及失范行为，对大学生也造成了不良影响。这些都严重弱化了校园行为文化的育人功能。鉴于此，高校必须通过有效的示范引领，影响大学生思想和行为，以促成在校大学生的成长与进步。

第二节 校园文化与人才培养

一、校园文化与人才培养的关系

(一)制度文化是人才培养的保证

校园制度文化是指学校的校纪校规,包括学校工作条例、师生奖惩制度、学生守则、教学管理制度等。俗话说:没有规矩不成方圆。制度也为师生提供了行为人格自我评定的内在尺度。同时,规范和约束师生品德行为制度。学校制度文化建设要适合学生发展规律,得到师生认同,那么他们就能积极参与学校倡导、鼓励的各种活动,自觉去抵制对学校反对的、禁止的事。运用好制度文化来规范大学生的行为要掌握四个环节:第一,制定制度应遵循标准化、系统化、动力化原则。标准化就是常规问题的依据;系统性指制度要相互配套,相互协调,而不相互抵触;动力性着眼于人的积极性的调动与发挥。第二,制度制定后必须严格执行,有令必行,有行必果,不能流于形式。第三,经常对制度执行情况进行检查、评估,设立相应的考核办法。第四,教育工作者要不断引导大学生自觉遵守制度,并以身作则。

高校的校园制度文化主要体现在三个方面。一是将学校发展的总体规划纳入校园文化建设,为现阶段校园文化建设的健康发展在制度上提供了保障。二是加强校园文化的管理手段使之更加有效。近些年,随着指导性机构逐步制定出校园文化建设的各项管理规章制度,对以学生社团为主体的学生组织的指导与管理更加强调;对哲学社会科学研究会、报告会和讲座的管理起到了作用;加强了对校园论坛的管理,从而在某种程度上对各种有害文化和腐朽生活方式对学生的侵蚀与影响起抵制作用。同时为一些占领网络阵地探索有效途径和方法,初步把对网络文化的领导体制和工作体制建立起来,确立起"谁主管、设主办、谁负责"的基本原则,做到职责明确、责任到人的制度管理要求。三是逐步完善学生社团的管理制度。学生社团已成为社团成员的"聚集场所",成为高校发展不可或缺的一种资源,因此在近些年得到了迅猛发展,为了保障学生社团的健康有序发展并发挥其有益价值,各高校都制定了许多积极有效的规章制度,比如,完善学生社团的申请和登记制度,完善社团队伍的管理制度,加大社团活动的监督与评估力度,使校园文化制度管理日趋完善,逐步形成齐抓共管的良好局面。

优良学风的形成不仅需要学校科学的教育和管理,而且需要有科学完整的管理制度,它们是优良学风形成的组织保证。学高为师,身正为范。推动优良学风建设的关键是提高教学管理队伍和学生工作队伍的道德素质和专业素质。因此,高校应根据自己学校的办学风格,改革各项制度,不断完善,制定科学的、合理的,能够促进校风、学风建设的规章制度,从而使整个校园内的活动有序进行。校园内师生行为的规范与标准,即"行为文化",它保证校园内学习、工作、生活的正常运转,并协调校内人与人、群体与个人、群体与群体之间的行为关系,因此,我校根据自身的办学方式、风格,不断创新,不断完善,从而制定科学的能够改善学校不良风气的规章制度。通过采取一系列行之有效的措施,如公共卫生奖罚制度、师生关系友谊化等,从而保证校内各项活动正常进行,保证良好学风的形成。

(二)物质文化是人才培养的关键

古人云:"仓廪实而知礼节,衣食足而知荣辱。"一所学校的校园文化是其生存和发展的物质基础,物质文化的建设不仅体现学校的形象,而且体现出所有师生对生活、工作的态度,物质文化对于磨砺意志、陶冶情操、强化精神有着举足轻重的作用,能够耳濡目染地教育学生。

心理学研究表明,环境能够影响学生学习、能力、心理。目前,高校的校园环境不仅仅是指校园的物质环境,其中更重要的是校园的文化、人际和精神环境,其中,校园文化活动就是十分重要的一环。本校积极创造有利于学生成长的条件,为广大学生提供尽可能多的参加校园文化活动的机会,努力为他们营造良好的学习氛围,在良好的环境中潜移默化地感染和熏陶他们。

时下，不少大学生在与社会联系方面严重缺失，缺少理论与实践相结合的机会，导致他们有限的社会交往能力和实践程度，欠缺社会适应能力和技能，并且思想单纯，还只是个"准社会人"，很难在社会中很好地生存。在当前大学毕业生实行自主择业的就业体制下，各个院校都在积极创造有利于同学在技能培养的条件，想方设法发挥自身专业的特长与优势，加强与地方有关部门、企事业单位、社区、其他学校的联系，有计划地组织社会实践、青年志愿者服务队和校企合作等活动，让学生深入企业、深入基层、深入社会。这种将校园文化活动与社会活动相互联系的行为，既增强了学生学习的内动力，又为学生走向社会打下了技能基础，营造良好学风环境，是学风建设不可缺失的保障因素。

营造积极、健康、向上的物质、文化、理念、制度环境也是高校校园文化建设的根本目的，是除教学科研中心之外的最好辅佐和最大补充。学风建设的重要载体之一是优良有序、科学严谨、健康向上、特色鲜明的校园文化活动，学风在活动之中蕴含，在活动之中体现。积极组织开展丰富多彩、形式多样的校园文化活动并鼓励学生融入其中，能够使学校的育人理念被学生真正感受和体会，同时帮助学生拓宽视野、锻炼能力。校园文化活动有讲求实际和实效的目的，所以需要不断创新，不断改善，丰富内涵，以保持校园活动的活力，吸引学生参与其中。比如，本校通过启航讲坛、阳光论坛等平台邀请社会各界尤其是海内外学术大师来校开展专业知识、素质教育讲座等活动，不仅能够有效地利用社会资源、扩大学校的社会影响，也为学生搭建了了解社会、了解行业的有益平台，促进了学风建设。

校园环境是一种无声的客观存在的教育，它是校园文化中的一种物质文化，是师生赖以学习、生活、工作的物质条件，能够深刻地影响师生的思想意识及行为习惯，具有潜移默化的作用。一方面，作为学生，他为了使自己成为学校的有效成员而适应校园生活，这种适应要求他学习并熟悉校园中的行为规范；另一方面，生活在校园环境中的学生，他既全身心投入校园生活又同时感受着校园生活各方面的影响。此外，大学生为了能圆满、顺利地完成大学的学习任务，校园环境中已经被认同的和高年级学生正在体现的学习习惯、道德规范、价值标准等将成为他们思想行为的主要参考。

校园文化在学校文化育人及办学特色中有着重要而不可替代的作用，而优秀的校园文化为学风建设提供了抓手与保障，也对学风建设具有鲜明的导向作用。从某个方面来说，学风是一种特殊化的文化概念，是在学习与教学中所逐渐形成的特有文化，因此也植根于校园，成为校园文化建设体系不可或缺的一部分。校园文化建设是围绕立德树人这一根本任务，围绕学生、关注学生、服务学生，其中学风建设被视为培养人才的首要载体，因此，欲使校园文化建设服务于育人工作，必须通过服务于学风建设这一手段才能更好地彰显，也就是说形式优良的校园文化对加强学风建设起着关键作用。通过一些健康积极的校园文化活动的开展，同学们学习的积极性能够提高，整个校园的学习氛围被促进；相反，不健康的、消极的校园文化对学风建设会产生不良的影响，为学风建设创造麻烦，甚至会抑制其发展。例如，一些高校把校园文化与娱乐文化混为一谈，一味地开展一些无关于学习和大学生活的活动，甚至搞一些影响学生学习的活动，这样一来，很有可能引导学生走向错误的方向，让学生本末倒置。校园文化具有明显的激励学生努力学习的特性，可以较大作用地反作用于学风建设，保障优良学风的持续发展。

一所学校所确定的奋斗目标，反映了广大师生员工对学校所承担的社会与历史责任的认识和态度，体现了学校对办学方向的选择，是师生员工价值观念与取向的集中表现，明确学校的学生培养目标，引导学生走向成长成才的道路，培养目标是学校为引导学生成才的一面旗帜，它决定着校园文化的发展方向。根据我国教育方针规定高校以培养德智体美全面发展的社会主义合格建设者和可靠接班人为目标。一所一流的大学应与教育改革的发展形势相适应、相配合，抓住机遇，从而实现阶段式的发展目标，在确保教育质量的前提下，扩大办学规模，改进办学方式，丰富办学特色，使各学科可以协调统一发展。我们应对学校的建设、办学、改革等各方面持有主人翁的态度，树立积极向上的奋斗理想，发扬团结合作、艰苦奋斗、坚韧不拔的精神，脚踏实地，方向明确，不断努力，从而使校园形成良好的校风、班风、学风、教风。

一所高校要形成与发展统一的校园意识、校园价值观，就需要我们科学利用舆论阵地的宣传作用，通过广播台、学风宣传栏、报纸、杂志等媒体的宣传，党、团与学生会等学生组织的宣传，领导管理干部教师的宣传，艺术活动与文艺精英的宣传，以及其他各种各样的宣传形式。有目的、有步骤、正确诱导。通过专题研讨学风，宣传优秀学生干部、校友的事迹，邀请知名人士、学者、艺术家和企业家做学术性、知识性、思想性的报告，以及艺术性的表演，可以让学生更加了解社会，拓宽视野，丰富阅历，促使学生价值观与信念的人格化，树立积极向上的奋斗目标、勤奋学习、求真创新、刻苦钻研，为国家培养人才打下基础。

通过举办丰富多彩的课外活动，可以锻炼学生的个人能力，培养学生的集体主义思想，从而提高学生的综合素质。要利用节日效应，以节假日为契机，有目的、有计划、有组织地安排一些涉外活动。例如，学生文化艺术节、大型辩论赛、科技创新大会、暑期社会实践、志愿者爱心服务、社区共建，以及书画、艺术摄影作品展等，可以不断陶冶学生的情操，激发其蓬勃的朝气，使学生在学好专业知识的同时积极关心社会热点、亮点，增强与社会的联络，主动融合社会主导文化，在社会文化的土壤上，吸收其主导的、健康的、积极的营养，广泛开展趣味性、知识性、思想性等融为一体的校园文化活动，使校园内出现勤奋好学、积极向上的好气象，培养学生高尚的情操和修养。

无规矩无以成方圆，无制度无以建秩序。校园中优良正常的教学秩序和生活秩序需要靠一系列相关的校规校纪来维护。制度是校园文化的主要组成部分。制度体现学校的办学方针、培养目标和主导价值观等方面。对于青年学生而言，不容易养成良好的行为习惯，很难克服不良的行为习惯，单靠思想工作和风气的感染是不够的，必须由相关校规校纪来制约，让不良行为得到限制，久而久之，便养成良好习惯，良好的行为即由被动而升华为主动的了。

因此，本校科学地规划文明、和谐、健康、向上的校园文化建设目标，并通过不断加强校园文化建设程度和形成鲜明的办学特色来推进学风建设从而使其良性发展。丰富校园文化是加强学风建设的关键环节。校园文化极强的渗透、凝聚和鼓励作用，能够引导师生树立健康、积极的奋斗理想，更加明确学校所承担的社会责任与历史使命，引导师生树立勤奋刻苦、求实创新的工作和学习态度，调动学生坚韧不拔、刻苦学习的热情，弘扬团结合作精神，引导学生从"要我学"转变为"我要学"。优秀的校园文化对培养德智体美全面发展的人才的重要作用不可忽视，在高校目前及以后的各项工作中，都需要进一步加强探索校园文化建设的新方法和新途径力度，为培育更多更好的高素质人才目标服务。

二、校园文化对人才培养的作用

人才的因素包括智力因素和非智力因素，非智力因素很大程度上影响人才培养，一定程度上造成人们在学习成绩或工作成就之间的差异，有时甚至强于智力因素的影响。培养学生的综合素质是高校校园文化建设的重要任务，更要培养学生的非智力因素，在一代又一代师生员工的努力下高校校园文化对文明进行交流、整理、传承和创新，经过长期积累从而形成的精神成果，以及蕴含这种精神成果的物质成果的总和便是高校校园文化。高校校园文化是由一个文化共同体，由四个层面的文化合成，即学校物理环境和物质设施在内的物质文化；师生所体现的行为习惯和行为模式在内的行为文化；学校各种系统性、规范性的规章制度在内的制度文化；师生员工共有的心理状态、价值追求、道德情感、理想信念等在内的精神文化。这四种校园文化形式各有不同，对人才的培养发挥的作用也不尽相同。

（一）校园精神文化对人才培养的引领作用

精神文化是目的，是推进学校文化建设的重要组成部分和支撑，是校园文化建设的必要前提。校园精神文化对人才培养具有引导和激励作用，同时它也是思想政治教育的有力补充，对学生树立正确的世界观、人生观、价值观有积极的引导作用，是高校教育工作的重要组成部分，有利于提高学生的思想道德素质。校园管理活动和育人是校园精神文化的一种渠道，反映了学校管理的软化趋势，其目的是提高学生的思想政治素质，培养学生树立正确的世界观、人生观、价值观。校园精神文化具有独特的导向功能、激励功能，在高校教育中有着很强的思想政治教育内涵。在优秀的校园文化氛围中，学校师生员工都会自觉不自觉地受其熏陶、影响和激励，并在选择教育、自我教育的过程，逐步升华和完善自己。这是校园精神文化的潜移默化的教育过程，也是思想政治教育本身所追求的目标和要求。从思想政治教育的角度看，与学校培养人的中心工作相比较，二者有直接关联，而这些内容都是校园精神文化的范畴。同时，通过教育者自身的参与，以及对校园文化建设的指导、引导和调控，思想政治教育将其自身融于校园文化之中，从而使受教育者从这种文化氛围中受到教育和影响，最终达到教育目的。因此，思想政治教育非常有效的途径和形式就是校园文化精神，随着时代的发展进步，校园精神文化日益成为思想政治教育的主要载体，先进的、优秀的校园文化日益成为培育人才的关键环节，而思想政治教育则是校园文化建设的有力保证，是建设校园文化、培育学校精神的主要手段。校园文化建设与思想政治教育你中有我、我中有你，相互包含、相互交叉、相互依存、相互渗透、相互影响、相互作用，水乳交融、相得益彰。

校园文化的抽象和升华是校园精神文化，是一种强大的精神力量。校园精神文化既是他们生活体验的高度概括，也是校园主体思维和思想的产物。校园精神文化能塑造学生的精神面貌，对生活于大学中的学生有着直接或间接的影响，使学生形成良好的思想品质、积极的人生态度，有助于促进大学生积极的自我意识的培养，在人才培养当中起着重要的作用。

首先，对学生的精神面貌起着塑造作用。大学阶段是人生道路上一个关键时期，对人生观、价值观、荣辱观有很强的可塑性。当代大学生有强烈的求知欲和上进心，是思想敏锐、充满活力的体现。平等公正、自由民主的大学精神，促使学生形成正确的人生观、价值观、荣辱观，为将来成为一个合格的社会主义建设者和接班人打下基础。

其次，校园精神文化有利于增强学生的社会责任感，激发学生的学习热情。良好的学风对浓厚的学习氛围的形成有积极作用，成为教育的向导和有益的补充，使教育难以达到或不能在充分发挥效用的地方产生影响。在责任意识的作用下，学生能够更加清楚地理解将来所要从事的工作或专业的社会意义，使学生能够更好地发展自我、服务社会，不断增强社会责任感。

再次，作为大学校园文化的核心校园精神文化是全体师生所具有的整体气质与品格，是一所高校表现出来的生命力、创造力和凝聚力。在不断更新其教育观念的同时，教师也转变其教学模式，充分发挥学生的主动性和能动性，使课堂散发出其真正的魅力。在多元化的精神文化引导下，高校不断促进校园精神文化向多元化方向发展，使得学生的创新意识和思维更容易被激发出来。校园精神文化的建设是增强高校软实力的重要途径，学生创造力的不断提高也得益于此。

最后，校园精神文化有利于学生思想的成熟、实现社会化。通过其特有的文化氛围和精神环境在潜移默化之中使校园内的每个人把时代要求内化为自我意识。培养人的创新能力和创新精神需要鼓励学生的个性发展，通过在价值取向、思想观念等各方面拉近与现存社会的距离，实现对人的性格、心灵、精神的塑造，最终实现社会化的目标。

（二）校园行为文化对人才培养的示范作用

人的行动由人的思维支配。在校园创新行为文化，要在思想方面通过行之有效的思想教育活动对学生进行引导，教师和学生要相互配合，在认知上要对什么是优秀的或不良的校园行为达成共识，让学生树立正确的世界观、人生观、价值观。大学是文化发展和科学技术创新的中心，活动中形成的严谨、进取和创新的作风，能促使学生的创造能力、精神状态和思维方式得到锤炼和熏陶，拓宽知识面，开阔他们的视野，从而对未来社会的适应能力大大增强。更重要的是，教师向学生传授技能、方法、知识时，直接促成了学生价值体系、思想观念的形成。

校园文化活动是锻炼学生创新能力的重要载体，我们要在培养学生兴趣的同时提升学生的创新素质，而精心设内涵丰富的活动是必要的，校园文化活动要系统，要有特色。通过各种活动，学生都能主动接受新知识的冲击，有利于自己的知识体系重新建构，在潜移默化中影响着学生的思想和创新行为，形成一种全员创新的氛围，进而促进高校创新人才培养。

首先，在教书育人过程中教师所体现的诚信观念，对学生诚信观念的形成有效的促进作用。教师被誉为人类灵魂的工程师，对学生思想的形成和行为规范起着重要作用。教师诚信意识增强，能给学生树立诚实守信的榜样。在对学生诚信观念的培养过程中，课堂教学中的诚信教育起到积极的作用。

其次，和谐的师生关系对调动学生的积极性和创造性有促进作用，促使学生人际关系技巧的成熟，为就业做准备。和谐的师生关系能促使教师信任学生、理解学生、尊重学生，充分挖掘学生潜能，促进大学生知识结构合理化，最大限度地调动学生的积极性、主动性和创造性。在促进大学生由"校园人"向"社会人"转化方面校园文化活动是重要桥梁。校园的人际关系实践,使校园群体间进行正常的思想、情感交流,可以使学生学会与各种人打交道,促使学生形成团结合作、积极进取的精神和自由民主的观念,形成合作的良好品德和行为习惯,使他们逐渐成熟起来,在此过程中学会为人处世的本领,从而提高他们的社交能力。

最后,通过营造轻松、愉快的校园文化活动氛围,让人增长知识、提高修养、陶冶情操。把德育、智育、体育、美育渗透到精心设计组织的文化活动之中,能使大学生在活动中提升道德境界、充实精神生活、熏陶思想感情,帮助大学生形成良好积极的心理状态和优良的个性品质。排解压抑、疏导情绪、宣泄情感,使心理得到平衡,消除各种有害健康因素的困扰,促进分泌有益于健康的生物化学物质,从而增强体质、体能,提高健康水平。校园文化活动还能锻炼大学生的协调、管理、组织能力,提升学生的信心,不断积累经验,为将来从事管理工作奠定基础。

(三)校园制度文化对人才培养的规范作用

校园制度文化是大学活动与行为的规范和准则,它作为校园文化的内在机制,包括学校的规章制度和传统、仪式,是校园文化建设的保障系统,在维系学校正常秩序方面也是必不可少的保障机制。它要求学校建立起完整的规章制度,建立起良好的校风,规范师生的行为,为学校各方面工作的开展与落实提供保障,同时还要搞好相应的队伍建设和组织机构建设,保证各项规章制度得以贯彻。

对于高校教育活动中管理与组织结构的程序和系统,制度文化建设起着重要的优化作用。它较校园文化的其他方面具有严格的选择性和更强的强制性,对于偏离校园文化建设方向的文化活动有积极的阻止作用,防止良莠相间。因此,作为高校校园文化建设的重要组成部分,制度文化建设已成为保证健康校园文化不断形成和发展的强制性手段。显然思想教育对优良的校风、学风的形成是必不可少的,但只有思想教育而无管理措施,难以做到持之以恒,应当建立起有效的激励机制。明确的奖惩制度是必要的,强化养成教育,建立起有力的约束机制,应当从严格的管理入手,其有利于引导学生自觉走向遵守的法制轨道,使学生树立团结向上的精神,形成良好的行为规范。同时能够消除高校中的各种不安定因素，保持高校的团结和稳定。

首先，对于大学生遵纪守法习惯的形成，校园制度文化具有促进作用。制度文化是校园文化建设的一个重要组成部分，学校的各种规章制度，规定何为、何不为、奖惩褒贬等内容，从而有效约束和规范学生的行为，避免学生滋生自由主义、享乐主义和无政府主义等错误思想。

其次，校园制度文化有利于教学科研的顺利进行，为学生学习提供保障。完善的环境管理制度和校园秩序，有利于优化育人环境，维护校园秩序，教学科研是高校的主要任务，有关的制度如考试纪律、课堂纪律、教室管理规定、实验室管理规定、图书馆管理制度、教书育人条例、教师科研管理制度等都是教师开展教学活动的前提，同时是学生安心学习知识的重要条件。有关学生生活方面的制度，如医疗、住宿、饮食等则是学生正常生活的重要保障，使他们以充沛的精力、健康的体魄投入到学习中去，治安管理制度如校园治安管理办法、证件管理及使用办法、门卫制度等维护安定的校园环境，都是建立稳定育人环境的重要环节。

最后，科学的学业评价制度有利于学生的成长。应当建立弹性化、人性化的大学内部教育教学评价制度，从内容上看，要建立学分制与学年制相结合，以学分制为主，兼顾学年制的教学管理评价制度；从形式上看，个性化、人性化色彩应当在大学的教育教学评价系统中有所体现，以真正促进学生的个性化与多样化发展。在知识、技能、智力和能力等认知因素方面通过弹性化、人性化教育教学评价制度能对学习者有积极的促进作用，同时能促使学生意志、情感、人格、个性等非认知因素的提高。多样性的教育评价方法，促进学生和谐发展、全面发展。

（四）校园物质文化对人才培养的保障作用

校园里的各种物质设施和环境的总和是校园物质文化，也就是我们常说的硬件，它是校园文化物化的体现。通过有形的物质设施和环境校园物质文化在思想、情感和心灵等方面对学生产生潜移默化的影响，如设计新颖的建筑、雕塑、桥梁和整洁优美的校园环境……生活在其中的学生不知不觉地在思想、心理、行为、价值取向诸方面都受到影响和感染，完全不同于知识的灌输，而这种灵魂的感化，是物质文化环境营造形成的思维换新、情感升华和内化感应，可以说是校园物质文化育人功能的体现。所以，在社会主义先进文化的指导下，我国高校应该以优秀传统文化为主，借鉴先进外来文化的元素，花财力和精力建设校园的一草一木，让校园的每一个有形物质都能无声地发言，熏陶学生行为，净化学生心灵，改善学生心志，陶冶学生情操，拓宽学生视野，提升学生品位，启发学生想象。通过加强校园物质文化建设使得校园物质文化的熏陶内化价值，再深入挖掘使校园成为学生幸福的家园、流连忘返的乐土和精神港湾。

第三节 学风文化的培养路径

一、高校学风建设的文化路径

当前，高校开展学风建设的路径主要借助现有载体和条件，通过一定的措施或手段推进学风的不断向好，概括起来主要有以下几个方面：

（一）以党建带学风

在新形势下，坚持党对社会主义事业的全面领导。高校在党建工作尤其是学生党建工作上，积极培养优秀青年，认真落实党员发展规定，规范党员发展流程，同时完善党员发展监督体系，让党员发展作为学校青年学生积极参与民主政治的渠道，既要相互促进又要相互监督，通过学校高级党校和初级党校的制度完善，把好党员发展的入门关。通过树典型、学模范等文化活动，弘扬党员的优秀事迹，发扬学生党员的先锋模范作用。以学生党员为龙头，以行为示范为标准，引领带动学风转变。许多高校在学生党建方面，比较注重学生党建思想、党建文化以及党建载体的功能发挥，加强对积极分子、预备党员、正式党员开展党章党史理论学习、个人思想汇报、现场答辩以及考察考试等工作，塑造党员意识、规范党员行为，改善了党员作风，把党的红色文化基因植根于当代青年的灵魂深处。规范持续的党建工作，深入有效的文化浸透不仅推动了学生党员先锋作用的发挥，还形成了以党员为中心向学生不断扩展的辐射效应，做好党组织或党员"红色1+1""红色1+N"的组织建设或者作风建设工作，以连点成线、以点带面的形式带动整体学风的改善。

（二）以管理促学风

高校学风建设的传统以及风气的养成，与高校的科学管理工作是相辅相成的。也可以说，学风除了"养"出来以外，还要靠"管"出来，因此，科学高效的管理是学风建设的助推器。从管理文化的角度而言，高校的管理理念、管理风格、管理手段都将是影响学风建设成效的内在因素。一般而言，不少地市高校采取优秀学风班集体的创建和评选活动，通过制度约束和措施激励，推动学风的持续优良。例如，国内不少高校以围绕校训文化内涵建设为核心，一是以班级为雅位，开展以校训为主题的班集体创建和评选活动以及优良学风班集体的持续培育来提升学风建设水平。二是以课堂为主体，推出"养正计划"，以养正计划为抓手，倡导校园文明行为，加强课堂失范行为专项治理，持续开展学风督查，进而规范学生行为习惯；另外，部分学校还倡导开展新生晚自习制度，要求新生晚上开展自习活动，帮助新生度过高中与大学生活的过渡期和适应期，继而通过对行为习惯的引导性管理和阶段性养成促使学生学习态度和生活作风的转变，夯实优良学风养成的基础。

（三）以考风正学风

考风是学风的一个晴雨表，考风也是学风的延伸，学风直接影响着考风，换句话说，学风不好，考场管理再不到位，那考风必然不好；学风好，即使不设置考场管理，那考风也必然不会差，所以，二者之间是一种共生共荣的关系。严抓考风建设，以考风正学风，是不少学校把好学风建设的最后一道关门。通常来讲，常态要抓好考试诚信文化建设，节点抓好违纪预防措施。具体而言，一是加强日常督促，强化学业辅导，及时解决学业遗留问题，尤其是要牢牢把握住一部分学习态度不端正、学习动力不足、学习目的不明确、学习基础不扎实的同学，正确引导，有效辅导，使学生考试时不用违规违纪。二是开展考风考纪教育活动，主要通过考前预防违规违纪警示教育主题班会，分析考试违纪违规案例的风险和惩戒，以学校规章制度为红线，警示学生，同时要求签订考试承诺书，使学生考试时不敢违规违纪。三是严肃考试纪律，对考场上的违规行为坚决严肃处理，以儆效尤。当然要注重方式方法，要对考试违纪学生开展人文关怀和情感关注以及必要的心理疏导，动之以情，晓之以理，促使其深刻认识到违纪就要付出代价的道理，以积极的心态来面对违纪处罚，通过不断端正考试思想、改善学习行为等措施解除纪律处分；当然对学生考试违纪处理并不是教育的目的，关键还在于常态下文化引导，使学生从思想上充分认识到诚信考试就是诚信做人的必然环节。

（四）以典型导学风

当前不少高校根据学校文化建设的需要，为了营造良好的学风建设氛围，大力推动学业优秀典型的树立、优秀学子文化弘扬等一系列评优评先活动，并对优秀学生的典型做法广泛宣传，通过"赶、比、超"的激励措施来激发学生的学习动力；同时，在二级学院广泛开展各种形式的学习交流会、分享会，尤其是对新入学的学生进行优秀学长交流会或者学习经验分享会等，充分发挥优秀典型的教育作用，积极扩大优秀朋辈的示范效果。

（五）以文化育学风

文化育人是对高校思想政治教育文化蕴涵的深刻把握，是对高校思想政治教育文化力量的有效运用，同时是对高校思想政治教育发展动力的积极探索。新时代高校文化建设提到了重要地位，高校在传播科学知识，宣扬科学主义、塑造科学精神的同时，把人文主义的弘扬和人文精神的塑造视为文化建设的重头戏，通过多种途径开展文化育人。一是注重校史文化的挖掘和校训文化的凝练与宣传，校史文化蕴含着学校的往世和今生，校训文化学校的固守和迭变直接关系着在校学生和校友的价值塑造。如果学校是校友们的物质家园，那么高校文化就是校友们的精神家园。二是塑造系列主题文化品牌，以先进文化引导学生向善向好，以优秀作品教育学生爱国爱校，把校训和学校精神的重心转向社会主义核心价值观的培育。

二、学风建设的规律性原则

学风建设既是一种实施措施，也是一种管理手段，更是一种文化活动，高校育人工作与高校文化建设相得益彰相互促进。

一是要坚持系统思维。"高校文化建设是一项复杂而科学的系统工程，是提升高校软实力的重要手段。高校文化是一种品质高尚的生活方式，是社会主义先进文化的重要组成部分。"我们必须认识到的一个重要现象是学风建设不是一个独立的单元，与高校建设的其他环节有着千丝万缕的关系，共同构成了高校建设的一盘棋。因此，要处理好学风和教风、学风和考风、学风和校风之间的关系，把学风建设置于学校整个有机体的管理当中。

二是要坚持开放性。大学是新思想、新文化、新知识诞生和传播圣地，是传统文化与现代文化，东方文化与西方文化以及世界多元主义思潮的交汇地。在当今全球化背景下，高校文化建设要借鉴和吸纳世界一切优秀民族的文化成果和国内外高校文化建设的经验与教训，找准定位，形成特色，突出内涵。

三是要坚持文化思维。从学校管理的角度而言，文化建设是学校推动学风不断向好的一种管理手段和管理方式，从育人的角度可以称之为管理育人，如前文所述管理育人在本质上归根结底是文化育人。在管理中要突出管理理念的文化因素，管理方式的人文特色，管理手段的人性化等诸多文化因素，让文化融入管理中，在管理中升华文化的内涵，凸显文化的功效。

四是要坚持人文主义。大学作为科学主义的圣地，对科学理论以及技术的传播从来都是理所当然的义务，但对人文主义的忽视绝不是无意为之，不少国内大学甚至是国际大学一条腿走路是普遍的现象，在工业化、后工业化时代，人文主义在大学的地位一直是缺席状态，教育总是在校园悲剧向社会敲响警钟之后才引起人们的反思和调整，幸运的是新时代的我们逐渐认识到人文主义对人才培养的重要性，"文化在综合国力竞争中的地位日益重要。谁占据了文化发展的制高点，谁就能够更好地在激烈的国际竞争中掌握主动权"。在新时代"两个一百年"奋斗目标即将实现之际，文化教育对国家软实力提升和民族复兴的战略意义尤为迫切和重要。

第五章 高校科学文化建设

第一节 科学与科学文化

一、科学是什么

"科学"一词源于拉丁文"scientia"。日本人最早把"science"译成日文"科学",意思是"分科之学",后来中国一直沿用此说法。诸如回答"科学是什么"或者在探讨科学的起源时,就不得不回到古希腊去寻找它的思想根源。从科学发展的历史来看,科学从古希腊一直发展到现今的形态,经历了一个从无到有的过程,正是在这一过程中,人们对科学的理解也在不断加深。

古希腊时期还没有科学这一称谓,关于自然的认知统称为自然哲学。人们对自然的认识才刚刚萌芽,还没有构成独立的、系统的知识体系,一切有关自然的知识几乎都统一于哲学。其实在史前文明中,原始社会的人们在劳动中就已经形成了对自然的认知,日常的生存技巧和经验形成了最初的科学认知。进入奴隶社会以后,随着脑力劳动与体力劳动分工的出现,人们对自然也有了抽象认知和实践认知,文字的出现使人类开始对自然知识有了最早的记录。古希腊和古罗马时代,出现了大批自然哲学家,他们对自然的认知构成奴隶制时代自然科学发展的高峰。

随着文艺复兴与宗教改革等思想解放运动的出现,人们对自然的认识逐渐摆脱了神秘主义色彩，开始基于观察和实验来研究自然现象，由于对自然认知的不断增加，近代自然科学逐渐从自然哲学中分化出来，成为相对独立的各个学科。不过，对"什么是科学"的讨论从来没有停歇。

自然科学萌芽于古代，形成于近代文艺复兴时期。它随着时代的发展日臻成熟，逐渐从小科学时代迈向大科学时代。科学已然成为人类生活的一部分。人类对科学的重视程度与日俱增，科学也尽其所能不断推动着社会经济的发展。

二、从科学到科学文化

通常，认为科学是一种知识体系的论述探讨的是研究对象的本质和规律；相对应地，科学文化被表述为是一种价值体系，它依照科学的精神、原则和标准构建出一套科学价值观，营造出一种文化氛围。然而，这种认识削弱了科学与科学文化的密切的关系。可以说，科学与科学文化本来就是一体的，科学文化不仅是一套科学价值观或文化氛围，在某种意义上也是科学本身。如果将科学比作人，那么科学文化就是人的思想和精神。

科学在长期的实践过程中不断形成一种独特视角、理念、价值观、思维方式，总结起来，它就是一种科学文化。从文化视角来看，科学文化与一般的宗教、艺术、文学等文化形态没有什么不同，它们都是各自的社会功能与社会文化整合的结果，都是一种文化类型。只是科学在社会中的地位逐渐凸显，科学文化才逐渐成为主流文化，它破除了传统文化中神秘的成分，提升了文化中的科学含量，缔造出了一种全新的文化范式。

因此，科学文化的研究实际上就是对科学的文化属性的研究。

从科学和社会的关系来看，科学是社会发展中的一个重要因素，它与其他社会因素共同作用于人类社会。科学可以影响其他社会因素的发展，其他社会因素同样会左右科学的进步。当科学与某些社会因素相互需求、相互支持时，科学便会迅速发展。例如，在工业革命时期，传统的农业生产方式逐步被大机器生产方式取代，生产方式的变革直接带动了科学的发展，科学成为物质变革的核心力量，物质的变化必然导致意识的变革。因此，传统的农业文明也逐渐过渡到工业文明，神学文化也开始转向科学文化。

从科学和文化的关系来看，人类认识自然的过程可以分为三个阶段：依靠神秘力量来解释自然现象（神学阶段）；利用抽象的哲学思维来思考自然现象（形而上学阶段）；使用实证主义的方法来认识自然现象（科学阶段）。当人类进入科学阶段时，所形成的主导文化必然是科学文化。在科学文化影响下，人们破除以往神秘主义、虚构主义的认识方式，采用实证主义的方法，以一种求真的态度来认知世界。

从科学和意识形态的关系来看，不同的时代有着不同的信念和价值观。在科学文化的指引下，人类形成了一种实事求是的价值观。科学文化不仅作用于科学家，而且作用于整个人类的认知水平。实证求真的科学方法无论是在科学领域，还是在科学以外的人文社会科学领域都成了主流的认知方式。科学的信念和价值观成了现代社会的核心信念和价值观，引导人类走向真、善、美的知识境界。

三、对科学文化的理解

虽然科学文化的概念极为广泛，但可以将其大致分为广义的科学文化和狭义的科学文化。广义的科学文化是指在一定时期内科学家和公众共同形成的科学思想、科学理念、道德准则、习俗约定，其是人类先进文化的重要组成部分，是孕育和激励科技创新的土壤，是维系科学道德的行为准则与价值观念。狭义的科学文化则指科学家内部形成的科学思想、科学方法、科学道德等。

广义的科学文化由内圈和外圈的文化共同构成。狭义的科学文化特指内圈的文化，即科学共同体的文化，其受传统知识和社会因素的影响。内圈中还有一个由权威专家组成的硬核，硬核是科学共同体规则的主导者。内圈和外圈之间存在着一个过渡带，外圈的人可以通过学习进入过渡带从而进入内圈，内圈的人也可以将知识通过过渡带传播给外圈的人。内圈与外圈是一种互动交流的关系。

科学文化起源于内圈。内圈会产出一种持久的、独立的、确定的、客观的文化体系，不断向外传播，遍及整个外圈。然而，这种传播并不是单向的，内圈文化同样依赖于外圈文化，内圈文化的形成受到整体文化的影响。内圈与外圈在交流过程中的特征是思想和经验民主的交流，从内圈向外公开，渗透于外圈，然后再反馈回内圈，最终形成一个内外融通的科学文化。

科学文化通过这样的传播经历了一个社会强化的过程。相较于宗教文化，科学文化的内圈与外圈有着相互的交流，并且民主地依赖着来自外圈的公众意见。内圈的领导者或许会主导科学文化的走向，但最终的文化形态将由内圈、外圈共同决定。

对科学文化起源的考察应该从狭义的科学文化开始，即首先研究科学共同体的文化。然而近代西方科学文化的形成又离不开传统知识和社会因素的影响，因此，我们应从科学文化史的角度入手，考察科学共同体的文化的形成与发展。

第二节 科学文化建设的总体思路

一、科学文化建设的指导思想

坚持"自主创新、重点跨越、支撑发展、引领未来"的方针，坚持社会主义先进文化的发展方向，以弘扬科学精神、形成正确的科学价值观为核心，以形成弘扬科学文化传统的传承机制和符合科学文化传播规律的传播体系为重点，以塑造合理的行为规范、营造有利于科学发展的制度文化和社会氛围为目标，全面建设符合社会主义核心价值体系、符合科学研究特点和科学发展规律的科学文化，为促进我国科学事业健康发展，加快提升我国自主创新能力和建设创新型国家，提供有力的制度保障和良好的文化氛围。

二、科学文化建设的原则

（一）顶层设计，上下联动

推进科学文化建设要优先改变资源相对分散、缺乏统筹治理的局面。通过顶层设计，尽快形成规划先导、纲要引领、专项支撑、体系完备的良性工作格局。同时，要积极调动地方政府、各级学会、科研机构、高等院校的主动性和积极性，鼓励正在工作领域内率先尝试，着力在先导区、示范区内形成可推广的、面向全国的科学文化建设经验。

（二）重点突破，系统推进

当前的科学文化建设要着力以弘扬科学精神、形成正确的科学价值观为核心，以形成弘扬科学文化传统的传承机制和符合科学文化传播规律的传播体系为重点，以塑造合理的行为规范、营造有利于科学发展的制度文化和社会氛围为旨归。同时，要从科学文化建设的全面要求出发，促进价值引导、制度规约、器物支撑和活动培育等多个环节的有机衔接，形成重点突破、系统推进科学文化建设的长效机制。

（三）广泛参与，分类指导

动员广大科技工作者自觉做社会主义核心价值观的带头践行者、科研道德的坚定捍卫者、科学文化的积极传播者。要研究重点人群特征，提高科学文化传播的针对性和实效性；科技管理机构要逐渐探索科技评价和激励机制的正确导向，各级科协要倡导正确的科学价值观念和服务理念，各级学会要倡导推进学术民主、促进团结协作、搭建交流平台，努力形成有效激励和服务于科学事业发展的管理理念和制度文化。

(四)优秀传统,国际交流

我们既要充分借鉴发达国家科学文化建设的先进经验,及时把握新一轮全球科技革命的发展趋势,也要善于继承有利于科技发展的本土文化资源,努力形成符合科技自身发展的一般规律,彰显中国科技活动特色的科学文化传统。

(五)理念文化,制度文化建设

把培育和践行社会主义核心价值观作为科学文化建设的核心内容,引导广大科技工作者带头自觉践行社会主义核心价值观,不断巩固壮大积极健康向上的主流思想舆论。科学文化不仅需要塑造尊重知识、探究真理、保障科学探索自由的价值理念,更需要把这种价值观念转化为促进科学事业不断发展的制度,用合理的体制机制展现先进的文化理念,从而有效地激励和规约科技工作者的行为,使科学文化能够内化于心、外化于行。科学文化建设的基本框架包括四个维度:价值凝练、制度规约、器物支撑、活动培育。价值观念是核心,制度是保障,器物是基础,活动是生命力。

1. 价值凝练

价值观念是科学文化建设的核心,关键在于要明确科学文化建设的基本价值导向,形成对科学的理性认识,在全社会形成对科学价值的准确定位;要加强科学界、科研管理部门和社会公众对科学价值、科研特点和规律的认识与把握,形成一种尽可能广泛的共识,进而形成一种正确的科学价值观和科学精神。

2. 制度规约

制度机制是科学文化建设的保障,重点是要把科学价值观念以及对科学研究规律的理性认识制度化,并且通过建立适宜的制度,形成激励、引导和约束人们行为的一种制度体系。具体来讲主要包括六个方面:科学组织机制、科研规范和监督机制、科学价值评议制度、科学共同体自治与自律制度、鼓励创新的社会支撑机制、科学文化传播机制。

3. 器物支撑

器物是科学文化建设的基础，主要是充分利用专业基础设施和公共文化设施，打造科学文化建设的资源共享平台，形成丰富多样的科学文化教育和传播阵地。同时，要结合信息时代的特点，建构理解和传播科学文化的便捷信息通道。其主要包括三个方面：①利用专业基础设施，在实现科研共享和专业交流的同时，进一步拓展其培育下一代科技人才的功能。②加快科学文化与我国文化公共基础设施的整合，以便更好地传播科学文化。③注重信息化建设，建立便捷和个性化的网络平台。

4. 活动培育

实践活动是科学文化建设的生命力，决定着科学文化普及与弘扬的成效。科学文化是抽象的，生动有趣、易于接受、喜闻乐见的活动有利于促进人们对科学文化的理解、接受与内化，也必将促进科学文化的不断演进。具体来讲，主要包括四个方面：科学文化的研究与交流；政府、科学家、社会公众的互动；典型科学文化事迹的宣传普及；开放共享的、广泛参与的科学文化公共讨论。

中国科学文化建设路线图包括三条主线：第一条主线是科学文化建设的目标体系，即围绕"四维一体"的框架，旨在通过价值凝练、制度规约、器物支撑和活动培育全面推进科学文化建设；第二条主线是参与科学文化建设的行动者网络体系，即要明确政治共同体、科学共同体、社会公众、教学科研系统以及其他行动者的角色定位和主要任务；第三条主线是科学文化建设的路径，即瞄准"四维一体"的框架，建立各行动者分工参与的建设路径，以"交织并行、各有侧重"的原则，系统地推进科学文化建设。

四、科学文化建设的行动者及其功能

总体来看，中国科学文化建设的参与主体包括政治共同体、科学共同体、教学科研系统、社会公众等多个行动者。分析他们在科学文化建设中的基本功能，需要结合前文提到的"内在的"科学文化和"外在的"科学文化进行理解。

"内在的"科学文化与科学共同体和教学科研系统密切相关。它指涉科学共同体内部的文化共识，隐含着"求真知"的文化诉求，旨在确立科学知识生产的独立价值，建立一整套适应科学知识生产的制度规范体系。以此为基础，形成一种摒除个人偏见、共同追求真知的科研文化，塑造了科学共同体内部的行为规范。这种科研文化促进了科学的内部体制化：科学家公开发表研究成果、相互评价科研工作、分配科学共同体内部承认的制度化。这种制度化为共同遵守科研技术和社会准则的科学家之间的互动提供规范，进而为改进科学研究的技术手段、提升科学家的研究能力、培养年轻科学家、塑造科学家的合作网络等提供了制度保障。

与"外在的"科学文化密切相关的对象是政府与公众。它涉及整个社会对科学知识价值与意义的充分认同，是与科学知识生产相关联的社会文化塑造，伴随着科学文化与社会文化的相互适应、相互调整的过程。这一过程隐含着"致实用"的文化诉求，最终确立了科学知识的"功利主义"价值观念。纵观各国科学文化建设的经验，在整个社会逐步形成对科学价值的认同过程中，政府无疑扮演着至关重要的连接角色。一方面，政府在制度设计层面建构科研体制、改进科学研究的组织方式、决定对科研的支持方式及力度等，从而实现对科学事业的宏观管理；另一方面，政府是向社会公众进行科学文化传播的主要推动力量，以在更大范围内获得公众对增加科学研究投资、投身科学研究事业的支持，进而支撑形成新的产业和经济增长点，增强国家的综合竞争力。

五、科学文化建设的主要任务

我们应以传承过去、立足当下、面向未来的建设思路，以系统融合、要素联动的建设原则，以实施价值凝练、制度规约、器物支撑、活动培育的建设路径，开展科学文化建设的总体任务布局。围绕倡导价值导向、弘扬科学精神、恪守科研道德、营造制度氛围等核心内容，研究形成了一项科学文化建设战略任务以及相关的操作性行动计划。

（一）战略任务一——凝练核心价值

凝练和传播科学文化的核心价值，塑造贯穿时代、与时俱进的科学文化理念。

——以科学精神和社会主义核心价值体系为指导，从科学研究的特点和科学发展的规律出发，总结并提炼科学文化的核心价值理念，既要提炼科学文化所具有的时代特征，也要挖掘贯彻科学历程唯实、求真的核心要义。

——在与科学事业相关的多样化、异质性人群和广泛的利益相关者之中开展广泛的交流和研讨。同时，利用多种媒体形式宣传科学的核心价值理念，形成对科学核心价值理念的自觉认识和广泛认同。

——秉持科学文化的核心价值，传承过去、立足当下、面向未来。审视当下科研环境与科学价值，客观、理性地认识与引领未来科学与社会互动发展的科学文化理念。

（二）战略任务二——内化公众自觉

营造尊重科学、理解科学的社会氛围，推动实现全社会科学文化自觉，形成鼓励创新创业的人文环境。

——全面贯彻落实，实施"政府推动，全民参与，提升素质，促进和谐"的行动方针。针对不同人群，制订合理有效的行动计划。通过开展相关活动，提升全体公众的科学文化素质，使科学的价值理念内化于心，外化于行。

——分类分层推进针对未成年人、农民、城镇劳动人口、各级政府官员等重点人群的科学文化普及与传播，带动全民科学素质提高。

——加强软硬件基础设施建设与人文环境的营造，让公众充分接触科学、理解科学，实现全社会科学文化自觉。

——以科技创新创业浪潮推动科学共同体、科技界与全社会的对话合作，形成积极的创新文化，将创新创业发展推向新的高度。

（三）战略任务三——恪守科研诚信完善科学共同体的行为规范和伦理准则，加强科研诚信建设

——加强国家科研诚信制度建设，加快相关立法进程，建立科研诚信档案制度，奖惩并存，加大对学术不端行为的惩处力度，提高失信与违纪成本，切实净化学术风气。

——加强科研诚信和科学伦理的社会监督，搭建公众与科学共同体直接对话的交流平台，建立有效的公众监督问责机制和反馈机制，扩大公众对科研活动的知情权、监督权和参与权。

（四）战略任务四——建立管理制度

促进核心价值理念的制度化，形成符合科研特点和规律的管理理念和制度文化。

——有效发挥政策制定部门和科研管理部门在推进科学文化理念制度化过程中的重要作用。

——加强科学管理机构的文化建设，形成以尊重科研规律、服务科研需要、提升自身能力、回答社会问责为导向的管理和服务理念。

——重视作为科研管理措施、资源配置依据和绩效考核手段的科技评价工作的作用，以评价促管理，建立绩效评价理念。

——梳理科研管理相关制度，纠正与科学精神不相符合、与科研特点不相适应的管理方式和制度机制，形成正确的管理和评价导向。

（五）战略任务五——完善教育体系

树立科学文化的践行标杆，建立和完善科学文化教育体系和考评体系。

——把科学文化教育和科研诚信教育纳入国民教育体系和科技人员职业培训体系，与理想信念、职业道德和法制教育相结合，强化科技人员的诚信意识和社会责任意识。

——加强对科研管理人员科学精神、科学文化的教育，搭建科研管理人员与科技工作者的对话平台，提升科研管理综合能力与全面视野，引导科研管理人员以科学精神和科学文化为导向，推进科技体制改革和科研管理制度创新。

——将科学精神、科学文化课程纳入高等院校的必修课程体系，重点加强科学精神与科学道德、科研诚信与科研伦理等专题课程。开展正反对比案例研究，重视典型案例的引导性，弘扬专业、奉献、客观、开放的科学态度，批判学术不端、违反诚信等不良科学风气。

——将科学文化建设纳入教育科研系统的职责范围内，可考虑将其作为机构绩效考核的重要指标，建立动态评价体系。关注科研团队在科学文化建设的推广、宣传和教育等领域做出的贡献，有益于树立科学文化践行者标杆，推动个体和团队全情投入，进而提高整个机构和组织的科研绩效。

（六）战略任务六——激活科学社团

重视科学社团的社会职能，加强学术团体和科研机构的科学文化建设，提升共同体内部约束能力。

——发挥科研机构和学术团体的自治和自律功能，把科学文化建设作为重要职责。研究制定适应研究机构、研究领域特点和要求的行为规范与行动指南，引导科技人员加强自我管理、自我约束、相互监督，避免非学术因素干扰科学研究进程，形成具有广泛凝聚力、约束力、有特色的组织文化。

——着力建设一批具有优良科学文化传统和普遍示范作用的学术团体和科研机构。学术团体和科研机构要结合自身特点，以适当方式向社会公众传播科学文化。充分发挥科学共同体和科技社团在科技评价中的作用，把科学文化建设纳入重点工作议题。政府部门建立科学文化建设考核体系，将科学文化建设的成效作为机构绩效考核评估的重要指标，不断建立和完善科学文化建设的激励机制。

（七）战略任务七——建设科学文化基础设施

加强科学文化基础设施建设，充分发挥和拓展科学文化基础设施的功能，为科学文化建设提供物质基础和硬件支撑。

——实施载体创建工程,加快科学文化建设示范基地和科学文化主题场馆建设,并实现其与社会文化基础设施的功能整合。

——科技场馆要把传播科学文化作为重要任务,创新展览方式方法,进一步探索有效展现科学精神和科学研究方法的途径。

——完善科学文化传播的技术平台和基础设施。制定科学文化传播的规范性文件,积极利用已有信息资源和新媒体,建立与时代发展相适应的传播体系。例如,拍摄专题性系列纪录片,利用博客、微博、微信公众号、慕课等在线交流平台和在线课程开发技术等形式,加强科学文化传播与教育。

(八)战略任务八——建立研究基地,加强对科学精神、科学文化的研究和交流,建设若干科学文化研究基地,以点带面,推进科学文化研究的组织和机构建设

——加强科学文化相关研究,可定期制定科学文化研究主题指南,具有导向性地面向全社会部署科学文化建设的主题研究任务。同时,必须注意科学文化与人文文化相辅相成,共同推进人类社会进步。继续深入开展科学文化专题研讨,梳理中国科学文化的发展历史、发展机制以及科学文化的地域特征等问题。以研究方向为引领、以项目为依托,培育高水平科学文化研究队伍。充分发挥科学家在科学文化研究中的重要作用,资助优秀的科学传播工作者创立特色品牌。

——加强科学文化研究基地建设,完善科学文化研究体系。依托有基础和优势的高等院校和科研机构建立科学文化研究基地。通过不同主题或区域的布局,推动一系列科学文化研究与传播领域的协同创新中心或高水平智库的涌现,逐步形成有序、合理、良性的竞争与协作动力机制。

——创办并扶持科学文化学术期刊的发展,打造高端科学文化理论阵地。科学文化学术期刊是传播学术信息、反映学术成果和交流学术思想的重要媒介之一。支持相关学术团体或研究用地创办专门的科学文化研究刊物,并扶持已有相关学术期刊的发展。

——组织翻译引进或研究编写高水平的科学文化著作、教材,以此带动相关研究的深化与拓展。

(九)战略任务九——创建影响力品牌,打造中国科学文化建设品牌,形成广泛的社会影响力

——实施科学文化建设示范工程,继续推进"老科学家学术成长资料采集工程"。重点在学校开展宣讲教育活动,形成一批科学文化宣传的品牌活动,如"科学大师高校宣传活动""科学道德与学风建设宣讲教育活动""中国优秀科学家主题展"等。有组织地对社会关注的热点科学问题或事件进行讨论,形成科学文化传播的品牌性平台,筹备创建具有国际影响的品牌论坛。

——充分利用我国文化强国战略中的相关品牌活动和重大行动计划,将科学文化融入多样化的文化建设系统中,以增强科学文化传播的吸引力、感染力。结合社会主义核心价值体系建设以及创新文化的发展,引导科技工作者自觉践行社会主义核心价值体系,大力弘扬求真务实、勇于创新、团结协作、无私奉献、报效祖国的精神,保障学术自由,营造宽松包容、奋发向上的学术氛围。

——大力宣传优秀科技工作者和团队的先进事迹,创新传播形式,增强传播的实效性,进一步形成尊重劳动、尊重知识、尊重人才、尊重创造的良好社会风尚。

(十)战略任务十——强化设计规划,强化顶层设计,对科学文化建设进行合理规划和总体布局

——全面布局科学文化建设工作。明确相关政府部门和科研机构、大学与学术团体的责任,形成自上而下的系统规划与自下而上的实践探索相互结合、上下联动的工作机制,全面提高社会各界对科学文化建设重要性的认识。针对重点人群研究

制订有针对性的科学文化建设实施方案。发挥优秀科研机构、大学和学术团体的示范辐射作用。

——调整"国家科技教育领导小组"的主要职责和成员组成。将科学文化建设纳入其职责范围，适时将中国科学技术协会、国家自然科学基金委员会、中国社会科学院等相关单位纳入领导小组之中。

——梳理现有科研管理制度，调整不符合科研规律和特点的制度安排，科学文化建设与科研管理制度密切相关，充分结合《中共中央、国务院关于深化科技体制改革加快国家创新体系建设的意见》《国务院关于改进加强中央财政科研项目和资金管理的若干意见》等重要文件精神，在改革科技体制过程中充分考虑文化因素，使科学管理制度和科学文化更好地服务于科学研究和科学事业的发展，进一步改革与完善科技评价与奖励制度，由相关部门牵头建立我国科学价值评议的基本准则，建立以科研能力和创新成果为导向的评价奖励体系和标准，指导不同类型的科研机构和组织开展科技评价，加强国际评估和第三方评估工具的应用。

（十一）战略任务十一——强化国际交流

国际交流是文化建设的重要途径之一，也是科学文化传播的重要路径，加强科学文化建设的国际交流对于促进科学文化建设具有重要意义。

——科学文化是开放的文化，走出国门是实现我国文化强国目标的关键，大力支持国际科技文化交流活动，充分利用世界华人交流协会、海外华人科学家、留学归国科学家等资源，在进一步发展我国科学文化的同时，将我国科学文化推向国际舞台。

——加强科学文化研究的国际合作，使科学文化国际交流规范化、制度化。举办国际科学文化论坛，提高中国科学文化的国际影响力。翻译、引进国外高水平科学文化研究著作、教材，借鉴和吸收国外科学文化建设的先进成果和先进经验。

依托"一带一路"倡议打造科学文化建设共同体。在"一带一路"建设中，单独设置科学文化交流传播项目，并在科技合作项目中设置与科学文化相关的子项目。一方面，在科学文化项目中，与相关国家科学技术人员和当地民众交流科学问题，弘扬科学精神、传播科学文化，在国际上树立中国知识型、技能型、创新型劳动者大军的形象。另一方面，通过"一带一路"科学文化项目，了解世界科技前沿、瞄准国际标准、进一步激发我国创新精神和企业家精神，培养造就一批具有国际视野与多元文化背景的高水平科学技术人才。要在"一带一路"倡议实施过程中，构建科学文化建设共同体，切实将"一带一路"国家乃至世界各国，打造成为政治互信、经济融合、文化包容的利益共同体、命运共同体和责任共同体。

（十二）战略任务十二——调动资源促建设

发展科学文化产业，调动社会力量，动员社会资源，鼓励社会资本投入，利用市场机制促进科学文化建设。

——在全面建设社会主义先进文化的外部环境下，科学文化应充分发挥文化的经济功能，融入文化产业热潮。鼓励和调动社会力量积极参与科学文化建设。创办、扶持一批与科学文化建设相关的品牌企业、新兴业态，与地方政府合作推动科学文化产业基地的发展。

——组织力量对有争议性的科技传播问题进行协同攻关，主动回应社会公众关心关注的科技风险议题。推动高校、科研机构、科学文化研究机构与核电、化工等相关行业重点单位的深度合作，培育一批有社会影响力的科学文化传播产品。

——利用市场机制，鼓励有竞争力的科学文化产品走向市场，吸引成熟的市场主体参与与科学文化相关的产品研发、市场推广、产业培育、就业吸纳。坚持经济效益与社会效益的统一，实现科学文化事业体制与产业机制的协同进化。

第三节　高校科学文化建设的探索

一、高校科学文化建设中存在的问题

由于历史原因，我国理工科高校建校体制和发展中不同程度地存在"重科技轻人文，重知识轻能力，重理论轻实践"的现象。单一的知识型理工科教育体系，使得学生的综合素质很难与飞速发展的经济社会的人才需求相适应。当前，大部分理工科高校已经认识到高校文化对于学校发展的重要意义，开始重视高校文化建设并取得了一定成效。

二、高校科学文化建设的作用

高校具有对传统文化的传承及对新文化的创新功能，是传授知识、培养人才的基地。高校中的科学文化和人文精神相辅相成、相互交融，构成了一个完整的高校文化。

高校科学文化建设对于高校的建设和发展，对于创建高校独特的大学精神等都是非常重要的。良好的高校文化能对大学生的精神状态、行为及学校的校风、教风、学风等起到积极的规范、导向、激励和塑造作用。这种良好的文化氛围，能使知识的传播者及接受者产生一种积极向上的追求知识、探寻真理及注重个人修养的氛围。

纵观各种形态的社会文化发展，高校科学文化建设对所处的社会产生直接而又积极的影响，在社会文化建设中具有重要作用，是社会文化建设发展中不可缺少的一个重要组成部分。

三、高校科学文化建设的着力点

科学是人的智力发展中的最后一步，并且可以被看成人类文化最高最独特的成就。高校文化是在学校长期发展建设中由各种成果积累而成的，是社会文化的一部分，具有丰富的科学内涵和深厚的文化底蕴。

（一）科学文化在学校建设发展中的作用

在高校文化的建设中，科学文化起着主导作用，并处于核心地位。科学文化是实现高校使命的文化保证。高校的主要使命之一就是育人，培育对社会有用的高素质人才；同时，高校还进行自然科学和社会科学的不断研究与探索。此外，高校还是承担着传统文化的传承和文化创新的重要机构：要完成高校的使命，除具备良好的办学理念、长远的发展规划、科学的决策、有效的管理机制等因素，还必须具有良好的文化环境与之相适应。只有努力营造尊重知识和尊重人才的氛围，树立科学的办学理念，营造民主活泼的学术气氛、和谐融洽的人际环境、舒适幽雅的生活氛围，才能形成自己鲜明的办学特色，从而稳步、协调地健康发展，实现最终的奋斗目标。

（二）高校加强科学文化建设的着力点

1. 解决科学精神与人文精神相结合的问题

高校文化建设要注重科学精神与人文精神相统一。这两种精神的内涵和特点是不一样的。科学精神是指实事求是的精神，理性的精神；人文精神是指对人的尊重，对人的价值、尊严的肯定。高校承担着科学进步与人的全面发展的使命，其文化建设应该追求科学精神与人文精神的融合。

2. 解决文化的传承与创新问题

高校文化具有传承功能和创新功能。在现代社会的发展中，高校文化建设应实现传统文化与现代文化的相互吸收、取长补短，同时发挥传承和创新的作用。在引导师生创新的同时，融科学文化于传统文化之中。这样更符合中国的实际，也更符合时代精神的要求。

四、高校科学文化建设的重要实践

　　一个国家的强盛，离不开精神的支撑；一个民族的进步，有赖于文明的滋养。科学大师是科学知识和科学精神的"活的"载体，是科技活动职业特质的直接外在展现。长期以来，我国科技界涌现出许多受到人民爱戴的科学家，他们代表的是一种时代精神，影响的是一代又一代年轻人。真人、真事、真感情，最能打动人、吸引人、影响人。实践中，有的高校推出的科学大师会演活动就是一种不错的载体和形式。开展这项活动，就是要生动再现这些人民爱戴的科学家科技报国的辉煌人生，用更加鲜活的科学家形象丰富校园文化，引领时代风尚，引导广大青少年和科技工作者更加自觉地践行社会主义核心价值观；就是要让更多的青年学生和科技工作者深入了解科学家的感人事迹，切身感受他们高尚的思想境界和崇高的人格魅力，思考当代科技工作者的人生道路和责任担当，更加自觉地把智慧和力量凝聚到为实现中华民族伟大复兴的中国梦而奋斗的宏伟事业中来；就是要大力弘扬科学精神，培育科学文化，营造尊重知识、尊重人才的良好氛围，吹起更加嘹亮"大众创新、万众创业"的号角，把全社会的创造活力和创新热情调动起来、激发出来；就是要让更多的青年学生和科技工作者从前辈大师的科学人生中有所感悟、有所收获、有所启迪，让科学精神传播到祖国的各个角落。宣传工程具有如下特点和影响：

　　第一，以细节感人，宣传工程让科学精神"活"起来。对于年轻的大学生来说，传统说教式教育的效果已经大不如前。宣传工程经过实地调研，创造性地推出了以师生演校友、学弟演学长的方式，以话剧、音乐剧的形式，挖掘科学大师成功背后那些鲜为人知的精彩故事，展示科学大师的光辉业绩和崇高形象。"这些舞台剧从平常生活谈起，没有唱高调，从细节上感动人""比起通常的事迹报告会、电影、发放阅读书籍等教育形式，这种方式更加深入学生的心灵"……正如大学生所评论的那样，这些舞台剧以艺术的手法，把已故大师们"追求真理、爱国奉献、不畏艰险、求实创新"的科学精神演"活"了，让他们切身感受到大师的人格魅力和精神风范，受到了终生难忘的心灵洗礼。

第二，宣传工程为传播科学精神、创新教育理念提供有益借鉴。如何让大师的科学精神重放光芒，让高贵的精神遗产薪火相传？宣传工程为此提供了有益的启示。浇水要浇在根上，育人要说到心上，只要因地制宜，顺势而为，创新教育理念，改变教育方法，采取当代青年人喜闻乐见的方式，科学精神的种子就会在他们心中生根发芽、开花结果。

第三，会演剧目弘扬正气，受到各界肯定。上演剧目都是表现了科学家顶住压力为国奉献的光辉形象。这些剧目的服装、道具和舞台装置都经过精心设计，它们不光是在会演中，在本校的演出中也受到好评，一般被作为"校园保留剧目"和新生教育剧。

第四，高校学子点赞宣传工程。会演剧，有效传递正能量，激发学子向上好学的情愫。

第六章　高校文化育人发展新理念与路径

第一节　坚持文化育人的基本原则

一、坚持马克思主义指导原则

马克思主义是19世纪中叶马克思恩格斯创立的革命学说，包括马克思主义哲学、政治经济学和科学社会主义三方面基本内容。它立足于无产阶级的立场，客观阐述了人、自然和社会发展的一般规律，深刻地剖析了资本主义社会的根源性问题，并科学地预测了资本主义必然灭亡、社会主义必然胜利的历史发展趋势。马克思主义产生以来，为广大无产阶级认识社会、改造社会提供了强大的思想武器和理论指导，成为无产阶级认识世界和改造世界的世界观、方法论。

马克思主义是马克思恩格斯在针对19世纪科技发展水平和社会现状的研究基础上得出的理论成果。它提供的是事物发展的最一般的规律，是认识世界和改造世界的一般立场、观点和方法。恩格斯指出："马克思的整个世界观不是教义，而是方法。它提供的不是现成的教条，而是进一步研究的出发点和供这种研究使用的方法。"因此，马克思主义不是僵化、现成的教条，它是一个开放的理论体系。

马克思主义是对客观存在的事物本质及其规律的正确反映，以实践论和历史唯物论为基础。马克思主义的生命力在于它与具体的社会实践相结合，指导人们利用新技术，掌握新理论，解决新矛盾和新问题，并随着社会历史实践的不断发展而不断丰富和完善，具有与时俱进的理论品质。随着时代的变迁和科学技术的迅猛发展，自然条件、人类社会面貌、人的思维水平发生了翻天覆地的变化，马克思主义需要与具体的现实情况和科学发展状况相结合，坚持与时俱进、与人俱进、与科技发展俱进的基本原则。也只有与时代发展相契合，与人们的思维水平和科技发展状况相融合，马克思主义才能为人们的社会实践提供理论指南。

马克思主义一经传入中国便开始与中国实际相结合。毛泽东最早提出马克思主义中国化思想，指出要"学会把马克思列宁主义的理论应用于中国的具体的环境"，要"使马克思主义在中国具体化"。

实践证明，坚持以马克思主义为指导是中国特色社会主义事业顺利进行和健康发展的基本前提。当前，我国处于社会转型期，传统思想与现代思想交融，本土文化与外来文化碰撞，导致思潮多样化、思想多元化，以各种不同形式载体承载的各类信息鱼龙混杂，不断稀释着主流的意识形态，为人们分析、辨别、选择、接纳各种信息带来困难，为人们学习中国特色社会主义理论、树立社会主义核心价值观带来障碍。在这种情况下，坚持马克思主义的指导地位，运用马克思主义的立场、观点、方法分析和鉴别错误思潮显得尤为重要。

中国特色社会主义文化是当代中国先进文化。它以马克思主义为核心和灵魂，以马克思主义为发展指南。没有马克思主义的指导，中国特色社会主义文化就会迷失方向，失去前进动力，就不能凝聚最广大人民进行社会主义建设。而文化育人是以社会主义先进文化来育人，在育人过程中自然而然地更加突出了马克思主义的指导地位。

作为一种教育方法和手段，文化育人在思想政治教育方法体系中占据重要的地位。思想政治教育方法体系从上至下大体上可以分为四个层面：第一层面是"马克思主义哲学方法"，居于宏观指导层面；第二层面是"一般科学方法"，具有普遍应用意义；第三层面是"基本教育方法"，处于中观操作层面，在思想政治教育方法体系中处于承上启下的位置；第四个层面是"具体教育方法"，处于微观的具体操作层面。从上至下，思想政治教育方法所处的层面越低，其方法的实践指向性就越明显，可操作性就越强，文化育人实践就越具体。其中，文化育人的方法处在第三个层面，是思想政治教育的一种基本教育方法。对上，它以马克思主义哲学方法为指导，以一般科学方法为基础；对下，它作为一种基本教育方法，下面还有许多具体方法做支撑，可以形成一个相对独立的文化育人方法体系。需要强调指出的是，马克思主义哲学方法在整个思想政治教育方法体系中处于最高层面，居于宏观指导地位，对其以下各层面的教育方法都具有指导作用。

马克思主义哲学方法是人们认识世界、改造世界的基本方法，是适用自然、人类社会和思维的高度广泛、抽象的方法，对其他学科方法都具有普遍的指导意义。"一切从实际出发""群众路线的方法""理论与实践相结合""历史和逻辑相一致"等都是常用的马克思主义哲学方法。必须把这些马克思主义哲学方法从始至终、纵向贯穿到思想政治教育的一般科学方法、基本教育方法、具体教育方法之中，使抽象的哲学方法逐渐与具体实践相结合，充分发挥马克思主义哲学方法的指导作用。

二、尊重学生发展与教育规律原则

思想政治教育学以人的思想品德形成发展规律及思想政治教育规律为主要研究对象，人的思想品德形成过程和思想政治教育过程是协同发展、辩证统一的。文化育人作为一种思想政治教育实践，与思想政治教育具有同样的规律性：文化育人具有双重价值追求。它既追求个体人的价值，促进大学生全面自由发展，也追求社会价值，推动社会全面进步，体现着促进个人全面发展与社会全面进步的统一。从矛盾运动的角度看，文化育人的过程实际上就是教育者根据社会发展要求和大学生思想政治素质发展规律，对其施加有目的、有计划、有组织的教化影响，促进大学生形成社会所期望的思想政治素质的过程。在这一过程中不仅蕴含着学生成长规律，蕴含着思想政治教育规律，甚至内在地蕴含着教书育人规律。要有效实施文化育人，必须充分尊重这些规律。

三、坚持合力育人原则

文化育人的主要场所在大学校园，校园文化是文化育人的重要载体。校园文化是"以师生文化活动为主体，以校园精神为底蕴，由校园中所有成员在长期的办学过程中共同创造而形成的学校物质文明和精神文明的总和"。它主要包括物质文化、制度文化和精神文化。其中，精神文化由全校师生的价值观融汇而成，在校园文化中居于核心地位，起统领作用，是校园文化的灵魂。作为高校文化风格和大学精神的综合体现，校园文化伴随大学教育而生，既反映学校历史发展中的文化积淀和精神传承，也反映学校在培养人、造就人方面的物质成就和精神成就。它由全校师生所创造，以教学、科研、管理、服务、生活等各个领域的文化活动为基本表现形式。

学校历史发展中的文化积淀和精神传承，也反映学校在培养人、造就人方面的物质成就和精神成就。它由全校师生所创造，以教学、科研、管理、服务、生活等各个领域的文化活动为基本表现形式。

校园文化具有重要的育人功能。作为学校育人的环境条件，校园文化是育人过程中重要的教育资源和构成要素。健康向上的校园文化能够使大学生潜移默化地获得知识、陶冶情操，促进他们综合素质的提升与完善，为实现学校的人才培养目标、服务社会打下良好的基础。

校园文化在结构功能上具有系统性和复杂性。校园文化是由多种要素构成的具有一定结构和功能的系统，是各要素相互联系、相互作用的有机整体。校园文化的各构成要素分布在不同的组织层面、不同的工作领域、不同的人员群体，具有很大的复杂性。随着社会的进步和学校事业的发展，校园文化总是不断推陈出新、动态发展的。在校园里，总有新的时尚文化在流行，有新的文化成果被创造，也总有一些不符合时代发展需要的文化在衰微、在消逝。校园文化作为社会文化系统中的一部分，"是校内校外各股教育力量及校园文化各要素相互影响相互作用的产物"。其中，校园精神文化（全校师生的价值取向）不仅决定校园文化的性质和方向，也决定校园文化功能的实现。

要有效发挥校园文化的育人功能，必须坚持以核心价值观为统领，坚持合力育人原则，既要发挥学校的主渠道作用，加强课堂教学、校园文化建设和社团组织活动的密切联系，又要促进家校合作，广泛利用社会资源，科学设计和安排课内外、校内外活动，营造协调一致的良好育人环境。

四、坚持真善美统一原则

"真善美统一是思想政治教育的根本价值。"文化育人是以先进文化育人。作为一种特殊的思想政治教育实践，其根本宗旨是促进人的全面自由发展，其根本价值体现在真、善、美的统一。文化育人的价值是人和社会在文化育人实践—认识活动中建立起来的，以人的社会主义核心观形成和发展规律为尺度的一种客观的主客体关系，是文化育人实践是否与人的本质、意义和需要等相统一的关系。这种关系是文化行人实践合乎人的全面自由发展（尤其是以社会主义核心价值观为统领的思想品德的形成与发展）和人类社会进步（尤其是精神文明的进步）的目的而呈现出的一种肯定的价值关系。这种价值关系表现为社会价值与个体价值的统一，在本质上是合规律性与合目的性的统一，即真善美的统一。

人的全面自由发展是人的解放的最高境界，也是思想政治教育尤其是文化育人的真、善、美三者之间既相互联系又相互区别，存在着不可分割的内在联系。其中，"真"的尺度是活动主客体之间的事实性关系及其观念上的统一，与客观、真实、规律、科学相关。它是人们实现"善"和"美"的基础，离开"真"的尺度，就没有"善"与"美"的价值和意义。在人们所实现的"善"和"美"中，必然地包含着对"真"的遵循。"美"的实现则更要以合规律性、合目的性为基础。对它而言，"真"与"善"缺一不可。

人们在实践中只有"全面地遵循真、善、美三种尺度的有机统一，并在自己的实践活动中加以综合运用，才能使自己的本质力量得到全面的确证"，即实现全面自由发展。因此，人作为能动的文化主体，在文化育人实践中既要遵循"真"和"善"的尺度，也要遵循"美"的尺度，自觉坚持真、善、美的统一。

第二节 完善文化育人方法

一、隐性育人法

隐性育人法就是教育者将思想政治教育信息融于大学生文化活动、日常文化生活或其所处的校园文化环境载体之中，并通过这些文化载体增强大学生的现实体验，发挥文化的价值渗透、陶冶情操和精神激励作用，隐性育人法作为文化育人的一种基本方法，它不是单一的一种方法，而是一种方法体系。隐性育人的方法主要包括渗透教育法、陶冶教育法和体验教育法。

渗透教育法是"教育者将教育的内容渗透到受教育者可能接触到的一切事物和活动中，潜移默化地对受教育者产生影响的方法"。它的教育方式多种多样，但都必须借助一定的文化载体如文化活动、文化环境、文化生活、大众传媒等来实现育人目的，运用什么样的文化载体及育人方式，比如，是设计生动活泼的文化活动，还是营造轻松和谐的文化环境？是严格文化生活管理规范，还是利用先进的传媒手段？教育者可以根据教育目的和教育内容的需要进行选择。同时，运用渗透法育人强调要营造一定的文化氛围。例如，借助大众传媒的载体，集声音、形象、艺术美感于一体，使大学生在愉悦欣赏的情绪体验中受到感染和熏陶；借助校园文化的载体，营造文明、民主、和谐、向上等良好的校园文化氛围，使大学生置身其中，思想和行为潜移默化地受到同化等。运用渗透教育法重在寓教于境，通过文化环境中的文化价值渗透来育人。

陶冶教育法主要是指教育者"通过创设和利用各种有教育意义的环境、情境，对学生进行潜移默化的影响，使学生耳濡目染，在道德、心灵、思想情操等方面受到感染、熏陶"。陶冶教育法强调教育者通过营造一种轻松、愉悦、和谐的文化氛围和教育环境,并用美的形象化和愉悦机制使学生在轻松、愉悦、陶醉的心理状态下接受教育;强调通过情感的调动,激发学生的学习动机、想象力和理解力等。运用陶冶教育方法重在寓教于境、寓教于情、寓教于美。要以境陶冶人,通过校园文化环境的艺术性、教育性和具有文化意义的象征性来陶冶性情、激发美感;要以情陶冶人,通过学校领导和教师的人格魅力来激励和陶冶学生,以培养他们健全的个性;以美陶冶人,通过教育教学和环境中一切美的因素陶冶学生的情操。

体验教育法就是通过组织大学生参与各类实践活动,引导他们在亲身经历中获得切身感受,形成深刻理解,并在感受中升华思想认知,形成正确的价值观的一种方法。体验教育法强调大学生的主体实践性,强调寓教于行,通过学生积极参与实践活动、亲身接触具体事物、了解事物现象,并透过现象看本质,发现事物的规律,使学生在实践体验中提升自己的思想认识水平和道德实践水平。大学生进行体验的方式有很多,如参与文明班团组织建设、青年志愿者服务、大学生"三下乡"、劳动锻炼、社会考察等方式,都可以使大学生从中受到隐性教育。

要充分发挥文化育人的隐性教育功能,就要立足于渗透教育、陶冶教育和体验教育,积极探索和创新各种具体的隐性教育方法,完善隐性育人的方法体系,以充分发挥各级各类校园文化活动、文化环境及文化生活的渗透和陶冶作用,增强学生的实践体验,进而实现文化育人的隐性教育价值。

二、"场"式育人法

当文化对人产生影响时,它是以"场"的形式存在的。学校作为一种文化组织,实质上就是一种"文化场",学校文化场是由学风、教风和校风、校园文化和环境、学校师生员工的精神面貌和社会舆论氛围等文化因素共同形成的一种精神力量。这种精神力量作为一种凝聚力、向心力和人们积极进取、奋发向上的动能,时时影响着每一位校园师生。这种精神力量即是文化的"场力"。学校文化场就是以一种综合"场力"的形式释放能量、施教于人的。

三、生活养成法

生活是教育之源。大学生成长的每一步都与平时的学习生活息息相关。生活养成法是指教育者把养成教育融入大学生日常学习生活的各个方面，并以"润物细无声"的方式让大学生在日常生活中自觉养成良好的行为习惯，全面提升自身的能力素质。生活养成教育不是大学生在随心所欲的生活中去进行漫无目的的自我教育，也不是教育者简单地对学生进行强制性的行为约束或行为训练，而是通过一定的教育手段促使大学生在日常生活中自我养成。这种教育方式体现了文化育人的生活实践原则，彰显了大学生的主体性，是文化育人不可或缺的一种基本教育方法。

大学生生活养成教育是融于生活的教育，有生活在就有教育在。从这个意义上说，生活养成教育是一项系统工程，是全员、全程、全方位的教育。全员教育是指大学生的学习生活涉及教育教学、科研、管理和服务等方方面面，需要全员参与。全程教育是指生活养成教育周期长，在整个大学期间都要结合大学生在不同成长阶段的生活实际，有针对性、有侧重地开展生活养成教育。全方位教育是指生活养成教育涉及的内容比较广泛，不仅包括高尚思想品行、良好个性人格和行为习惯的养成，而且包括良好的专业素养和人文素质的养成。同时，每一项内容中又涉及一系列的具体内容，如"高尚思想品行"涵盖热爱祖国、奉献社会、服务人民、文明守信、勤俭节约、艰苦奋斗等很多方面。"良好个性人格"的内涵也非常丰富，大学生的一切优秀品质和个性都涵盖其中，如自强、博爱、奉献、诚信、友善、勤奋、担当、文明、知礼、豁达、乐观、进取等。

生活养成教育的实施方法也有很多，最基本的方法有正面灌输法、启发引导法、典型示范法、规范管理法。例如，在学校明确各项教育、管理举措的基础上，运用正面灌输法，对学生晓之以理，动之以情，使大学生增强对学校各项教育管理制度的理解和认同，进而提高思想认识；运用启发引导法，调动学生的内在积极性，使其形成正确的价值认知，自觉参与各项集体活动；运用典型示范法，为大学生树立学习榜样，激励大学生学先进、赶先进，形成"学、比、赶、超"的良好氛围，用榜样的力量带动更多学生接受养成教育；通过规范管理的方法，帮助大学生树立自律意识，规范自己的言行，文明修身。

第三节 "云"上文化育人探索

当今新时代下，随着互联网和通信技术的发展完善，新媒体能够将多种媒体形式有效融合，达到高效传播的效果。在互联网和智能手机普及的现状下，网络文化也随之发展起来；伴随着高校QQ、微博、公众号、万能墙、抖音等相继出现，高校网络文化也随之繁荣。在这个人人都是自媒体的时代，高校大学生的思维方式和价值观也发生了很大的转变。在新媒体的环境下，网络文化呈现出传播速度快、传播效率高、传播多元化等特点，基于此，高校要充分发挥网络文化的育人功能，这对大学生的高质量的培养具有重要意义。

一、新媒体背景下高校网络文化育人功能的内涵

新媒体由于交互、即时、分众、延展、融合等自身的特性，实现了高校网络文化多快好省的高效传播，如今高校网络文化育人功能主要体现在新媒体的背景下，教师（尤其是高校辅导员）要注重引导学生涵育高尚的道德品质，培养崇高的道德情操，树立正确的世界观、人生观、价值观，适应社会发展，做新时代有担当、有责任的好青年。

高校网络文化润物细无声地影响着学生。大学校园里，几乎人人有手机，人人会上网，所以网络的高速发展，使得高校网络文化的育人功能更加凸显。在新媒体背景下，高校网络文化的功能主要有以下几点：

（一）传授知识

在新媒体背景下，高校教师通过QQ、微信、金课坊、职教云等各种平台进行多

种形式授课。在这样的环境中,学生感觉到自己和老师之间是平等的,可以畅所欲言,极大地调动了学生的积极性。教师也可以更好地了解学生的需求,拉近与学生之间的距离。2020年年初,大家应该都不会忘记,一场疫情席卷全国。为了打赢这场防控疫情阻击战,全国人民都居家隔离。教育部下达通知,为了不影响各类学生的学习进程,学生们都要求上网课。于是,"直播"成为2020年年初第二个让人印象深刻的词。教师们通过腾讯课堂、斗鱼直播等各种平台进行直播上课,学生们可以和教师实时互动,教师可以随时检测学生的学习情况。再加上网络资源丰富多彩,既能吸引学生眼球,又能提高他们学习的主动性。因此,在新媒体背景下,网络文化不仅传授知识,还可以培养学生独立积极的人格,塑造学生健康的三观,充分体现出高校网络文化育人的真实意义。

(二)鼓励创新

新媒体信息技术多元化的发展,再加上网络事物不断推陈出新,层出不穷,学生在网络上就会接触到各种各样的知识,拓宽他们视野。他们对外界事物的看法不再局限,他们会突破原先的封闭式的思维,对新事物的好奇会直接刺激他们的想象力、创造力。他们会去主动思考,会去和别人讨论,他们会享受和别人意见碰撞激起火花的感觉。就这样,他们会不断锤炼个人的独立思考能力、辩证能力、创新创造能力。但是毋庸置疑,网络世界纷繁复杂,网络信息良莠不齐,所以在此过程中,教师(尤其是高校辅导员)要起到引导激励的作用,以防学生不仔细甄别信息,被人利用,造成不良后果。学生独立思考,自主选择,创新创造,这些都能促进他们自身道德品质的提升。所以,新媒体背景下,充分体现高校网络文化鼓励创新的育人功能。

(三)正向引导

新媒体背景下,高校网络文化的育人功能,体现在熏陶学生学习以及生活,让学生在这个网络文化的熏陶过程中逐渐形成正确的世界观、人生观和价值观,引导他们的正确行为方式。有人这样表述"以社会主义核心价值观引领高校网络文化建设，对于牢牢掌握网络文化育人主动权、网上舆论引导话语权、网络管理主导权，教育和引导大学生树立正确的人生观和价值观具有重要的现实意义"。高校网络文化价值观会润物无声地引导学生的价值取向，学生会通过网络去认识社会，认识现实，同时要通过自我觉醒，自我改进去适应社会。在这个过程中，高校网络文化要发挥重要的正向引导作用。所以，新媒体背景下，充分体现高校网络文化正向引导的育人功能。

二、新媒体背景下高校网络文化育人功能的应对之策

（一）创新内容，构建积极向上的网络文化育人氛围

现在的大学生有思想，有主见，基于这样的受众群体，加上新媒体依托互联网的优势，高校网络文化育人内容更加丰富多彩，各式各样，要针对学生个性化的需求定制，吸引学生眼球，适应社会发展，与时俱进。高校也要充分利用新媒体的传播性等特点，重视关注当前阶段社会上的各种热点问题、突发事件等，并对其解构分析，启发学生思考和讨论。高校教育工作者要关注学生思想动态，掌握学生正确的舆论导向，及时纠正现阶段学生思想认知偏差，第一时间占据网络思政教育的制高点。总之，要不断丰富高校网络文化育人内容，借助新媒体优势，吸引学生注意力，正向引导学生，构建积极向上的高校网络文化育人氛围。

（二）创新工作方法，守好高校网络文化育人主阵地

高校教育者要适应新媒体的发展对高校网络文化育人所带来的变化。高校教育者要创新工作方法，让高校网络文化育人工作有进一步的发展。针对00后学生们，在前期利用大数据调研的基础上，在能够契合学生的兴趣爱好的前提下，选择他们容易接受的沟通方式、教育方式，这样的育人效果往往出人意料。高校教育者要充分利用好微信、微博、贴吧、公众号、抖音等各种新媒体软件，为学生搭建完善的网络交流互动平台，潜移默化地育人，让学生不经意间触动心灵，熏陶思想，充实

精神生活，进而升华自己的道德境界。高校也必须加强管理，建好官网（包括校内网页）、公众号等，为学生呈现生动的网络文化宣传教育。总之，高校要加强官网、公众号等平台建设，高校教育者要在新媒体的冲击下创新育人方法，共同守好网络文化育人主阵地。

（三）加强网络环境建设，提高高校教育者新媒体素养

硬件和软件设施建设是高校网络建设的两部分。高校要舍得在网络硬件上面投资，为高校网络文化育人的进一步发展提供基础保障，学校也要注意对网络资源进行安全建设，提升校园网络的安全系数，以防被不法分子钻空子，这样有利于高校网络文化育人健康发展。随着新媒体的快速进步，高校也应该与时俱进，办成现代化、科技化的学校。比如，可以建设现代化的电子图书馆、创办大学生科技中心等，这些都可以为高校的网络发展提供良好的环境。当然，在不断完善高校网络硬件设施的同时，也要增强教育者的新媒体意识，提升他们的新媒体素养，利用好社会化的软件和社交平台，掌握新媒体的应用方法和手段。总之，高校要加强网络环境建设，开发网络资源；高校教育者要积极利用新媒体开展高校文化育人工作，提升新媒体素养。

人人皆上网，人人会上网，处处可上网，时时关注网。因此，在新媒体背景下，高校要顺势而为，因时而进，利用新媒体的优势，重视校园网络文化的建设，从而利用这一文化，发挥好高校育人作用，开创出新的思想教育模式。

第四节　提升教师队伍整体素质

一、端正传统文化课程教师的教学态度

高校传统文化课程教师一定要端正教学态度，充分认识到在高校进行优秀传统文化教育的重要性，并把优秀传统文化教育渗透到日常教学和行为中去。高校教师一定要有文化自信，没有高度的文化自信，就没有文化的发展和强大，就没有中华民族的伟大复兴。回顾历史，中华民族的发展和强大，都是中华民族从充分的文化自信中产生巨大的力量。不忘过去才能开辟未来，善于继承才能更好创新，中华民族要继续前进，就必须根据时代条件，继承和弘扬我们的民族精神、我们民族的优秀文化，用优秀传统文化的思想滋养大学生的文化自信和民族气质，培育大学生不忘初心、牢记使命和自强不息的民族精神。

我们要用一分为二的观点和全面的观点认识和对待传统文化，分辨其中的精华和糟粕，还要辩证地认识它们在现实生活中的作用，既要看到传统文化的积极作用，也不能忽视其消极作用。对历史文化特别是先人传承下来的价值理念和道德规范，要坚持古为今用、推陈出新，有鉴别地加以对待，有扬弃地予以继承，应该具体问题具体分析，取其精华，去其糟粕，批判继承，古为今用。总之，在高校传统文化教育中，以科学的态度对待传统文化，就能更好地延续民族文化血脉，为实现中国梦提供最深厚的文化软实力。

二、丰富高校教师的优秀传统文化知识

"师者，所以传道授业解惑也"，内圣才能外王，教师要教好学生传统文化知识，首先自己对传统文化内容做到熟记于心、应用于身，把传统文化内容应用到自己的

生活中去，才能在传统文化教育中游刃有余。高校要加强面向全体教师的中华优秀传统文化教育的系统性和科学性培训，全面提升师资队伍水平，可以说，中华优秀传统文化能否贯穿国民教育始终，实现立德树人的根本任务，关键是看有没有一大批懂传统文化、懂传统文化教育的好老师。

在高校学习优秀传统文化课程，自觉学习传统文化，并把传统文化的思想运用到自己的生活和工作当中，绝不只是传统文化教师的任务，而是全体教师共同的任务。在基础课程和专业课程当中，教师也要适时地进行传统文化教育。

高校教师要系统学习优秀传统文化，首先要有一个正确的认知，然后对中华经典进行系统的研修，最后在日常生活和工作中进行反思与践行，把中华优秀传统文化的精髓融入自身生活之中。

在内容选择上，应该从传统文化原著入手，阅读原著、感悟原著，直接与古圣先贤对话，教师在学习中感悟经典中的道理和智慧，从经典中汲取生命的滋养。对于教师而言，传统文化素养的获得，最重要的途径就是发自内心对读书的渴望和行动，因此，每一位教师都应该有学习中华优秀传统文化的自觉，从不同的途径习得更多的知识，熟读甚至能背诵这些经典，在潜移默化中净化心灵、提升精神境界，让高校优秀传统文化教育丰富起来，让传统文化教育收到实效。

三、提高传统文化课程教师的教学能力

提高传统文化课程教师的教学能力是保障高校优秀传统文化教育效果的重要手段，传统文化课程教师的教学能力包括以下几个方面：

文化认识能力。在高校优秀传统文化教育中，不能以活动代替传统文化教育。现在国内出现了国学热，这是一个好现象，学国学的热潮能很好地促进大学生对传统文化的学习、理解和掌握，作为教育工作者，其文化认识能力，即用什么样的视角去看待以及引导学生看待传统文化、学习传统文化，不仅关系到对优秀传统文化的继承和发展，也关系到学生思想的进步和观念的创新。让学生学习优秀传统文化，必须注重自身对优秀传统文化思想的理解和领会。

理论学习能力。现在一些高校不组织教师进行传统文化理论的学习，不注重教师对传统文化思想和内容的理解和把握，以活动代替传统文化学习，搞搞活动就算是学习传统文化了，这是学习传统文化的一个误区。比如，有的高校让学生峨冠博带、汉服唐装集体诵读经典，或穿唐装、旗袍举行成人礼，甚至组织学生穿古装向师长行三叩九拜入学礼，用这些形式的内容代替传统文化内容的学习，其表象之下，隐藏的其实是对传统文化的误读和曲解。要加强教师对优秀传统文化的理论学习能力，帮助教师尽可能全面、系统地掌握优秀传统文化知识。

知识识别能力。在教学中，对于传统文化的内容，教师要做到准确理解和掌握古圣先贤的真实思想，不能凭某位大家的解读或是自己的理解而"戏说"。

教学设计能力。高校传统文化课程教师应具备良好的中华优秀传统文化教育教学设计能力，包括传统文化教学目标的设计能力、教学内容的设计能力和教学过程的设计能力。传统文化课程教师要依托中华优秀传统文化的具体教学设计过程，逐步解读培养目标、课程目标和教学目标，从其原有知识水平出发，合理安排教学内容、充分把握教学节奏，对教学过程进行统筹规划。

教学实施能力。课堂教学要紧紧围绕教学对象、教学内容以及课堂环境来开展，高校传统文化课程教师要充分调动学生学习优秀传统文化的积极性，能够采用灵活的课堂形式与多样的教学内容调动学生学习优秀传统文化的注意力；高校传统文化课程教师要充分利用灵活多变、适合学生特点、适合教学内容的教学方法，充分利用音频、视频、PPT、图片等多种多媒体内容，同时结合现代信息与通信技术，灵活多样地实施课堂教学；建立高效的课堂管理机制，协调传统文化教育课堂中出现的冲突与矛盾，充分调动学生学习的积极性和主动性，提升学生的课堂学习参与度，教学评价能力。高校传统文化课程教师在进行传统文化教学评价之前，应确立合理科学的评价机制，设立准确的评价目标，充分收集、整理不同种类的数据，找准传统文化教学中的评价依据；在传统文化课程教学中要及时审视自身的教学行为，反思在传统文化教学过程中的优势与不足，进而不断改进自身的教学。

第五节 构建"四要素"协同育人体系

一、提升教育者的价值引导力

(一)教育者的价值引导使命

第一,文化育人强调思想文化引领和教化。它着眼于大学生个体意义的生成,强调思想文化的引领和教化。所谓引领就是指引和导领,强调正面的要求和指导,强调主体对客体起主要的引导作用。

第二,教育者肩负价值引导的使命。作为引领和教化大学生成长的责任主体,教育者在文化育人过程中以立德树人、促进学生全面发展为己任,引导学生追求人生理想与价值、使其思想品德向社会要求的方向发展。他们在文化育人过程中占据着价值主导的地位,肩负着价值引导的使命。所谓价值引导者,就是通过设计、组织和实施文化育人活动,引导和帮助学生进行价值选择,实现生活意义。

第三,教育者的价值引导职能及其体现。教育活动是一种"以培养人为特征而构成的价值认识、价值选择、价值实现的特殊活动"。从这个意义上说,价值与主体的情感、意志、选择密切相关。引导人追求价值、创造价值是教育的主旋律。教育者的价值引导职能主要包括引导价值认知、价值选择和价值实现,激发人对价值追求的能动性,促进人的价值世界的丰富和发展。

高校文化育人的教育者主要包括通过教学、管理和服务等方式实施文化育人的各类专业课教师、辅导员、党政管理干部和共青团干部、后勤与图书馆等服务人员,他们都是文化育人的主体力量。教育者的价值引导职能主要体现在课堂教学之中和日常教育管理与服务之中,教师在课堂教学中可以通过各种渠道发挥对学生的价值引导作用。例如，通过精彩的教学设计，使教学饱含丰富的意义和价值，进而引导学生认识真理，明确自己的所需和做出自己的选择；通过自身的价值追求和人生智慧使学生从中受到影响和感召，并在不断的反思中构建自己的价值观；通过让课堂充满智慧挑战，唤醒学生求知的愿望，引导学生不断追求更高的生命境界。在日常的教育管理与服务过程中，学校机关、后勤、图书馆、各院（系部）等相关单位和部门的管理干部、辅导员及服务人员，作为第一课堂教学之外的文化育人者，也能立足本岗位，通过多种方式对学生发挥价值引导作用。例如，管理干部通过秉持现代化的管理理念、建立赏罚分明的管理规章、采取科学规范而又富有人性化的管理举措等正校风，树新风，培育优质的管理文化和制度文化，引导学生在公平公正的管理文化和制度文化环境中感知良好的校园文化氛围，并潜移默化地受到影响，形成正确的价值观；服务部门工作人员通过微笑式和亲情式服务展现人文关怀，通过丰富多彩的优质服务创建活动体现"以学生为本"的服务理念，用真情关爱学生，用温馨感染学生，使学生在接受体贴入微的服务中受到感召和教化。

第四，教育者进行价值引导的基本要求。教育者作为学生发展道路上的重要"他人"，其使命在于唤醒生命，激扬生命，引导学生不断迈向更高的生命层次。教育者的价值引导不仅影响学生在校期间的发展，也将对学生的整个人生产生深远的影响。可以说，教育者承载的是一种生命重托，使命神圣，责任重大。这要求教育者在价值引导过程中要达到一定的要求。其一，要有明确的价值认知。传道者自己首先要明道。教育者在文化育人过程中要对"培养什么样的人、怎么培养人、为谁培养人"等问题有一个清晰的认识，并围绕教育"立德树人"根本任务，深刻认知自身的角色担当、教育使命及对促进学生发展和社会进步的价值作用，深切体察学生的价值观发展情况及思想困惑，将自身存在与学生发展和社会进步紧密结合起来，主动追求自身存在的价值。其二，要有坚定的价值立场。传道者自己首先要信道。教育者要坚持马克思主义的价值立场，以理性的态度和方式观察、分析当前社会中存在的一些不良现象及学生中存在的一些思想认识问题，正视社会生活中以及学生所面临的价值冲突，在对多元文化价值观保持一定宽容和理解的基础上，积极引导学生树立社会主义核心价值观，追求高尚的人生境界。同时，保持自己独立的人格，不轻易为外界不良因素所左右，坚定自己的理想信念，执着地朝着自己认准的目标努力，最终以自己的深邃、理性、独立、执着影响、激励学生成长。其三，要树立自身良好的形象。传道者首先要行道，以身文教是最具影响力和感染力的。孔子说："其身正，不令而行；其身不正，虽令不从。"因此，教育者要培养学生成为什么样的人，自己首先要成为什么样的人。教育者品德高尚，行为端正，其本身就是一种宝贵的教育资源，对学生价值观的形成与发展具有潜移默化的影响作用。教育者具有的任何优秀品质都会通过自己的言行被学生所感知，并成为一种榜样力量，引导学生在价值追求和自我完善的道路上不断前行。

总之，良好的教育是引领学生自己"去观察""去感悟""去判别""去表达"。教育者不仅传承文化，更为丰富学生情感、磨砺学生意志、完善学生道德引路。他们凭借对学生的尊重与关爱感召学生的心灵，引领学生的成长。这对教育者自身的素质提出了内在的要求。

（二）教育者的价值引导力提升策略

教育者自身综合素质的高低决定其价值引导力的大小。教育者的综合素质越高，其价值引导力就越强。反之，教育者的综合素质越低，其价值引导力就越弱。要提升教育者的价值引导力，必须从提高教育者的综合素质抓起。教育者综合素质的提升，一方面来自学校多渠道的促进，一方面来自教育者自身的努力。

第一，在学校层面要多渠道促进教育者素质的提升。习近平在全国高校思想政治工作会议上提出，要从选拔、培训、实践、激励入手，整体推进高校思想政治工作队伍建设，保证这支队伍后继有人、源源不断。这是党对高校思想政治工作队伍建设的总体要求，也是党对提升高校教育工作者综合素质的基本策略。

第二，从教育者自身层面，要加强自我教育和自我完善。教育者要充分发挥自身的主体作用，通过各种方法不断提高自身的发展水平，提升价值引导力，其中最重要的是要抓好自身的理论学习和经常性的自我反思。

具体来说，教育者要经常反思如下几个方面的问题：一是要经常反思自己的职责及自身存在的价值是什么，自己的教育行为是否具有合法性与合理性；二是要经常反思开展某项教育活动的意义是什么，是否以促进学生发展为本；三是要经常反思自己的教育观念是否符合时代发展要求，是否有利于学生发展，尽量避免因思想观念带来的教育偏差；四是要经常反思自身的教育实践，反思自己在价值引导过程中引导是否到位、是否存在疏漏、效果如何、还有哪些需要调整和改进等。教育者只有经常进行自我反思，才能时刻对自身的教育职责与存在意义、对所开展教育活动的合理性、对自身的教育价值观念及教育实践成效有一个清晰的认识和把握，对存在的不足及时地进行调整、完善。这不仅能有效提升教育者的理性思考和价值判断能力，也是提升教育者价值引导力的必经路径。

二、促进大学生自主发展

大学生是文化育人的教育对象，即受教育者。文化育人活动的成效最终要在大学生的素质发展中得到体现。在文化育人活动中，大学生是能动的文化主体，其主体性强弱和文化自信水平高低，能够影响他对外在给予的文化价值引导、文化价值客体接受、吸收和转化的程度。大学生的文化主体性越强，文化自信水平越高，在文化育人活动中，对外在文化价值客体吸收转化得就越好。因此，要提高文化育人实效，必须促进大学生的自主发展，主要从大学生文化主体性和文化自信的培养入手。

（一）大学生文化主体性培养

人是文化的主体，具有文化主体性。文化主体性就是人作为文化主体的规定性，体现在文化主体与自然、社会及其自身发生的主客体关系之中。文化主体在与他人和社会关系中表现为自主性，在对象性文化活动中表现为能动性，在与自我关系中表现出超越性。大学生的文化主体性是文化育人的重要基础。文化内化与外化是文化育人过程中必不可少的实践环节。它作为大学生文化主体性的集中体现，主要表现为大学生在"文化价值客体主体化"过程中所表现出来的文化价值内化与行为外化的自主性、能动性和超越性。离开大学生的自主性、能动性和超越性,"文化价值客体主体化"就没有可实现的基础和动力。因此,大学生的文化主体性是决定文化育人能否取得实效的一个重要因素。

从这个意义上说,在大学生文化主体性教育中,无论是教育者还是受教育者,他们都是教育的主体,都需要得到充分的重视与尊重。无论是教育者的价值引领还是受教育者的自我构建,都要付诸实践,在实践中完成,因此,在文化育人中,实施主体性教育,加强大学生文化主体建设,要从确立主体地位、提升主体认知和增强自我教育能力三个方面入手。

第一,强化"以人为本",确立大学生的主体地位。

首先,要树立"以人为本"的教育理念。大学生的全面自由发展是教育的根本宗旨,也是大学生自身主体性(本质力量)的体现。离开大学生自身的主体性,其全面自由发展就失去了可实现的基础。从这个意义上说,以学生为本是大学生主体性发展对教育所提出的内在要求。要确立大学生的主体地位,首先要树立以学生发展为本的教育理念。学校的一切工作都要以培养人、发展人为根本出发点,一切工作都要着眼于满足学生的发展需求、维护学生的根本利益、促进学生的全面发展,一切工作都要坚持尊重学生、关心学生、理解学生、帮助学生,真正做到教育工作"一切为了学生,为了学生的一切"。教育者要充分认识到,大学生自身的主体性是其成长成才的内在因素,起决定性作用。教育者只是大学生成长成才的外部因素,起辅助性作用。以学生为本是保障大学生主体性地位、发挥大学生主体性作用、育人活动取得实效的重要基础。在教育教学活动中,要放下"师道尊严""填鸭式"的教育理念,倡导学生自主学习,自主教育,"充分调动学生的积极性,赋予学生永不停息探求知识的生命力,促进学生主体性的发展和完善"。

其次,要全面落实大学生的主体性地位。学校要抓好顶层设计,以促进学生的主体性发展为本,合理安排各项教育教学和管理服务工作。一是要优化课程设置,加强跨学科、跨专业教育,注意各种课程人文精神的融入,丰富大学生第二课堂素质教育活动。二是要通过教学质量监控评价等举措,引导教师建立师生相互尊重、平等交流、双向互动的新型师生关系,让教育成为师生思维碰撞、相互启发的过程,为学生主体精神的激发和主体作用的发挥创造有利条件。三是要优化教育培养方式，克服传统的教育者"一言堂""满堂灌"现象，鼓励教育者做导演，把学生推上"表演"的舞台，引导学生在自主参与中正确塑造自己。四是要引导学生参与学校管理。要鼓励学生多参与为学校发展建言献策、网上评教、后勤服务质量监督等活动，增强学生的主人翁责任感，发挥其主体性作用。要注意在各项工作中融入学校对大学生的人文关怀，增强大学生的主体性感知。五是要通过各种媒介手段，加强舆论宣传，大力弘扬"以人为本""以学生为中心"的教育理念，为学生充分发展自主性、能动性和创新性创造良好的校园文化氛围。

第二，强化"价值引导"，提升大学生的主体认知。文化教化是文化育人的基本途径。简言之，就是教育者通过各种文化手段向大学生输送社会主义先进文化价值观，并被大学生理解接受，内化为己有，乃至外化为行动的过程。这一过程，对教育者而言就是进行价值引导的过程。它是提升大学生主体认知的基本前提。价值引导应该"建立在对学生成长的潜能和对他们充满期待的内心世界的关注、激励与赏识上"。教育者通过外在价值与意义的输送，激发大学生的主体性认知需求，开启大学生对自己人生意义与成长追求的思考。在大学生文化主体性建设中，教育者要着重从以下几个方面进行价值引导：一是引导大学生对自己的人生理想和目标进行思考，在更高远的精神追求层面提升主体觉知，树立共产主义的崇高理想和全心全意为人民服务的价值追求，树立社会主义、集体主义和爱国主义相统一的人生价值观，树立明确而具体的职业发展目标，进而拓展大学生的主体性发展空间。二是引导大学生对大学生活意义和努力方向的思考，让他们认识到无论一名大学生有多么高远的理想和人生价值追求，大学都注定是为未来人生筑梦、为未来人生奠基的一个至关重要的阶段，认识到在大学中"内强素质，外塑形象"的重要性，认识到学会思考和进行价值选择和判断的重要性，认识到做好大学生活规划的重要性，进而激励大学生拼搏、进取，坚持正确的发展方向。三是引导大学生正确认识成长成才规律，让大学生认识到他们成长成才既有一般规律可循，也有个体的差异性和特殊性存在；认识到遵循学校培养计划和教育教学安排非常重要，而结合个人实际，个性化地发展自己也很重要。四是引导大学生正确认识实践对他们成长成才的重要性，让大学生懂得"实践出真知"的道理，认识到社会发展对他们创新精神和创造能力的迫切需要，进而树立求真务实的实践精神，并在扎根实践中成长成才。

第三，强化"自我构建"，增强大学生的自我教育能力。大学生"自我构建"是相对于教育者"价值引导"而言的，主要是指大学生通过自我教育的途径来提升自我、塑造新我的过程。自我教育也称为自我修养，是大学生主体能动性的集中体现。它主要包括自主学习、独立生活和自我构建三层内涵。其中，自我建构是大学生主体性发展的最高境界，促进大学生自主学习和独立生活，最终都是为了自我建构。

（二）大学生文化自信培养

文化自信是一个民族文化传承创新的精神基石，也是与他国文化碰撞交锋时的价值底气，是维护文化安全、彰显文化特性的一道重要思想屏障，习近平总书记高度重视文化自信。对当代大学生而言，坚定文化自信，就是要增强中华优秀传统文化认同，树立社会主义核心价值观。这也是全球化时代发展赋予高校文化育人的一项重要使命。对于高校而言，要增强大学生的优秀传统文化认同，树立社会主义核心价值观，必须着眼于中华优秀传统文化的创造性转化和创新性发展，充分挖掘其中的优秀因子，加速优秀传统文化的现代转型，焕发中华优秀传统文化的时代生机。

三、优化文化育人环境

环境作为文化育人的基本构成要素之一，在文化育人过程中对教育客体——大学生具有重要的影响。文化育人的环境是指大学生赖以学习、生活和成长的文化环境，主要包括校园文化环境和网络文化环境。其中，网络文化既是校园文化的一个重要组成部分，又与世界紧密相连，具有开放性、自由性、复杂性、多元性、多变性、隐蔽性等特点。在新媒体时代，网络文化环境对大学生的影响不容忽视。要充分发挥文化环境对大学生的积极影响作用，提高文化育人实效，一个重要举措就是优化育人的文化环境。而优化文化育人环境重在加强校园文化和网络文化建设，尤其要从建立健全文化建设机制入手。

第七章　高校多元文化教育实践：方法论和技术视野

第一节　跨文化的教育教学相互作用

当今世界，在地域和全球层次上文化的融合与不断靠拢随处可见。不久以前的人类历史还是各个独立的国家、民族、部落、地区等的历史，即分散的自主领域（科学、技术、文学、哲学领域）的历史。当今时代开始了创建统一历史的过程。当代文化失去了自己的特色和封闭性。

互相联系的多文化世界的形成与不同国家间不断增长的物质和精神文化的全球一体化，是相伴随而生的，这种一体化促进文化间交流范围的快速扩大，并深化它们之间的合作。萨福诺娃认为，这种一体化促进了"共同创造与共同发展"。世界各国大大加强了其生活和活动的各个方面的国际化，结果也就导致了21世纪初文化交流的作用大大增强。

文化间的交流——这是"人与人之间"的相互作用，而且也许是个性发展的重要工具。人发现自己"与世界有着千丝万缕的联系"，人观察世界、洞察世界和自身，并走进世界。

文化间的相互影响促进交往、对话，巴赫京对交往和对话所做的描述包含的信息量很大，他说："文化的统一是一个开放的统一。只有从别的文化视角里，异己的文化才是更充实、更深刻的。"但不能穷尽所有的一切，因为还会有其他的能看到更多并捕捉到更多东西的文化出现在多元文化的现实条件下，隶属于不同文化共同体的人们相互接触时，文化的互相影响和互相渗透导致社会共同体成员的文化适应，他们在意识中把与之有对话倾向的各种不同的文化结合起来。

社会的变化要求重新评估和改变社会生活的一些重要领域。民主化的进程伴随的不仅是进步的变化，而且也有消极的现象：民族间传统友谊的联系被破坏，开始根据民族领地特点划分种族，民族地区、共和国的社会经济联系中断，这些都已经体现在民族和个人物质的和精神的范围里。

在社会中文化和民主的传承不是由遗传而来，而是在教育和教养过程中形成的。在这样的情况下，民主国家就成为在学校和社会中保存文化多元性的保障。文化成为多元文化教育和跨文化教育教学影响的方法论基础。下面让我们关注文化的功能。在文献资料中以不同的观点确定文化的本质和功能。一些学者认为文化就是人的创造性活动，在这个过程中个性——生命活动的积极主体得到发展。比布列尔、兹洛宾等，他们认为文化是评判社会和个人人道化的标准。还有一些学者把文化理解为人类活动的特殊方式，其中个人的价值观的主观性起了重大作用。他们指出把文化作为复杂的矛盾现象，作为人们社会生活的包罗万象的特性予以研究的必要性。百科全书把文化定义为"在人与自然的关系系统中和人与自己以及人们之间的关系系统中，以物质和精神劳动成果的形式表现出的组织和发展人类生命活动的特殊方式"。这样，广义的文化之间的交往就是建立在民族和全人类价值、人际跨文化相互作用的方式和形式基础上的社会—伦理规范的总和。跨文化沟通，这是以世界现实图景中的社会的和历史—社会的要素为基础的文化交流行动。洛特曼把进行文化相互作用的跨文化对话描述为世界文化发展的一条规律。文化是文化间互相影响的基础，它具有人类创造力的（传递社会经验）功能，具有调节的、价值的和符号的功能。文化在多民族社会和各民族、种族和个体的发展中是一种综合的、进步的因素。世界的全人类的文化就是由所有民族文化的最优秀的成果构成的。

跨文化沟通作为不同民族代表的文化的一种特殊类型，其特点是在民族的自我意识中、在社会的民主化程度中、在个人的民族文化专长中、在宽容和机智的态度中以及在所有交往场合下文化之间和谐的追求中所表现出的文化的相互作用。

跨文化沟通的组成要素：民族自我意识、爱国主义、个体的民族文化专长、民族间的和睦、机智的表现、不同文化代表对交往语言的选择。

20世纪90年代初教育学对民族间交往文化的兴趣提高了，这与民族自我意识的提高有关。学者们的注意力集中在作为一般文化一部分的民族间交往文化的复杂和矛盾的结构上，这使得跨文化交往的文化能对社会中两种角色功能的相互作用予以综合，这两种角色功能就是既作为民族关系和谐的手段，又作为与世界文明联系的方式。

民族自我意识的形成与民族之间道德文化的全人类价值的最佳结合，是多元文化教育的最重要和最复杂的理论和实践问题之一。其困难在于：它属于人类关系中的一个微妙和复杂的范畴，并能体验到具体生活现象的洪流对自己的作用。

这种情况的出现首先是因为在俄罗斯以及全世界出现的民族关系危机。它与整个社会状况和其他原因直接相关。在俄罗斯联邦，下列矛盾的急剧激化构成这一危机的客观本质：

——各民族不断增长的追求民族内部团结与社会一体化进程之间的矛盾；

——联邦各共和国对主权化的追求与为了所有民族的利益而保持和巩固全俄国家性的客观要求之间的矛盾；

——在民主改革进程中显现出来的特殊的民族问题与为解决问题而探索彼此妥协的必要性之间的矛盾。

在社会经济发展不顺利或由于一个民族压制或忽视另一个民族的利益而使本民族利益优先权凸显的时候，多民族共同体中民族因素与宗教并列成为第一位的因素。民族主义和民族虚无主义的出现是屡见不鲜的。民族主义决定于一个民族优越于另一个民族的心理；民族虚无主义，表现为某些人藐视、忽视自己的民族文化，他们既缺乏民族自我意识，又为了满足一己私利而随波逐流。

关于民族、民族间关系的纲领性文件至今尚未完全编制完成，而更多的是一些宣言性的文件。因此，大事宣扬的所有种族与民族平等的思想，在本质上与随处可见的"少数"民族的文化教育以牺牲民族文化和母语为代价，转化为统一的、标准的刻板模式的情况是一致的。还应该考虑这样一个事实，即在人口较少的民族生活中出现的"民族虚无主义"现象，会导致少数民族乃至全社会精神和道德受损。

俄罗斯和独联体国家的民族政策的基础应该是用创新的态度去组织人们的文化间互相影响。这个问题的困难之处在于，长期以来民族问题与民族关系的主体脱离，这种民族关系是指具有自己独特的精神气质、日常生活、传统和文化的民族共同体；不研究本国各民族人民的民族心理特点，也就不能制定对这些特点在人们生活中的表现进行分析的方法论基础。在已经形成的社会文化条件下的文化间互相作用的方法论和技术基础，也就得不到研究。

显然，本民族文化特点或特色的意义能帮助学生更深刻地了解俄罗斯民族性格、道德—精神原则和理想，促进年青一代对人民充满尊敬，并形成民族自我意识。只有敬重和尊崇民族现实，才能培养对文化的国际传统的尊敬感。掌握民族文化历史的价值能促进人们认识到文化间互相影响是和谐一致的，即理解其他民族的文化成就，并形成掌握这些文化的经验。

在教育活动中，民族关系的特点首先体现在道德文化和交往文化中。

为把学生从教学、教育过程的客体变为积极的主体，就要使他形成内在的立场，这就要求教育者自身应掌握全人类的、民族的精神价值，加深多民族交往的文化知识，肯定民族生活各种现象中正面的情感和道德特征，对其他民族的人形成独立的价值判断、人道的方式。

多元文化教育面临的一个基本任务是培养个性，这样的人能够通过对话交往、交换思想去认知与创造文化，这就要求教育教学过程的所有参与者具有高水平的文化交流能力和交流潜力。

对学校现实中存在的问题所进行的分析表明，今天，文化间的交流不仅是客观现实，而且无论是在教师、学生的层次上还是在教育机构的层次上都是一种必然。同时，而今在对教育主体交流技巧发展水平所提出的要求与他们的实际能力之间存在着矛盾。因此，学习者在建立命题、调整对话结构、组织辩论时会感到困难。

对民族之间交往文化问题的研究受以下情况的制约：

——社会中社会政治结构的改变；

——民族间关系紧张和人口的迁移；

——经济向市场机制过渡，并相应地对教育结构提出的新的要求。

教育法和关于普通中等教育的理念中已经很清晰地体现出这些要求，在复兴学校的文化创造活动的事业中，在民族传统、民主化和人道化的基础上建设这样的学校事业中，这些法律和理念成为俄罗斯联邦制定国家民族政策的里程碑。这些文件是建立当代教育体制和制定在多元文化的社会共同体中进行民族间交往的新的文化策略的方向标。

民族间交往的文化具有个体的共同的道德文化组分，文化的结构要素包含在个体特有的道德思想、概念、形式和行为方式、特殊种类的活动系统中。个体固有道德思想和概念的系统，固有在行为中和把其他人看作别的民族共同体的代表的态度上所反映出的方式和形式的系统。母语、民族风俗和传统可以成为民族交往的道德文化教育的基础。多语言条件下的文化之间的交往是世界文明所特有的，这是一个最古老的、迄今尚未得到解决的问题。今天的现实是，各族人民在彼此交往时使用数量有限的几种主要语言，即所谓的世界交际语言。今天，世界上任何一个国家都不能处于语言隔离的状态，任何国家都必须使用外语。根据联合国教科文组织专家研究，在第三个千年每个人至少应掌握的语言无论如何不能少于三门。他们预测，全球最通用语言是英语，在欧洲最通用的是德语，而在欧亚地区是俄语。

对民族传统的本质和功能的研究与文化中的继承紧密相连。因此，为了在多元民族的学校集体中形成民族间和谐的道德关系，重要的是要确定利用民间—民族传统和习俗的程度。

个体掌握民族文化的要素（语言、音乐、舞蹈、作品、服装、厨艺等）能促进发展民族自我意识、掌握民族文化和在生活中已定型的民族行为。学校教育活动应该建立在民族文化的基础上，这就能为培养具有发达的民族自我意识和稳定的人道主义的全人类价值的个人创造良好的前提。

在民间教育学中积聚了巨大的促进民族和谐交往的力量。民间教育学用自己的内容和技术反映独特的传统、习俗、行为方式，即反映那些在各个民族发展的历史长河中逐渐形成的民族性的特点。

乌申斯基把教育过程的主要任务归结为教师与学生的交往："一个人对年轻的心灵施加影响所形成的那股教育力量，是任何课本、道德格言、系统的奖惩所不能取代的。"

20世纪二三十年代教师与学生的在教育教学方面的交往问题在教育科学理论中得到深入研究并贯彻到教学与教育的实践中。马卡连柯的著作最合情合理地阐述了这些问题。马卡连柯强调，坚定的道德目的性和教育上的乐观主义，应是教学、教育机构所固有的特点。人们之间关系的性质应该建立在对人的严格要求和高度尊重的人道主义原则上。

交往的跨文化组分是多方面的现象。它要求研究交往中的内部差异（多元文化国家内部不同民族群体代表之间的交往）和外部差异（不同国家代表之间的交往）。除此之外，交往的跨文化特性是由各民族间的、与性别有关的、社会的、人口的和语言方面的不同点构成。

恰当的做法是既要确定跨文化交往的积极方面，也要找出妨碍该问题解决的一系列矛盾：

一方面，客观上需要用新的观点去考察民族生活和建立在普遍的、全人类价值的全球主义原则上的民族之间的相互作用；另一方面，坚持维护一定的共同体、群体（阶级、民族、国家、职业联合体、创造联盟等）的利益的方向。

一方面，必须完善民族之间的关系；另一方面，对于民族之间交往领域内跨文化相互作用的理念、个体基础文化的观念，欠缺研究、贯彻不力。

一方面，文化之间交往的特点作为多元文化学校中教育教学过程的主体的品质表现了出来；另一方面，优先采用从以前普通教育学校的经验中借鉴来的内容、教育工作的传统形式和方法。

一方面，在学习者，这个民族之间交往的自觉主体身上存在着社会需要；另一方面，不同民族代表彼此间缺乏兴趣、宽容和关系方面的规范，表现冷淡、轻慢和侵略性，民族自闭和自私等。

一方面，在民族之间接触和与其他民族人们互相影响的过程中，个人必须进行自我确认和自我发展；另一方面，由于学生经常不是教学、教育过程的主体，而是教育教学作用的客体，缺乏相应的积极动机。

在交往中人们实现自己的人性、个性和不可重复性，也就是说，交往——这就是生活。列夫·托尔斯泰认为教育交往的本质是"学校的灵魂"。在百科全书中，"交往"一词详解为社会主体（如班级、小组、个人）互相联系、互相作用，在这个过程中进行着活动、信息、经验、能力、技能、技巧，甚至活动结果的交换。交往是社会与个体形成和发展的必备条件和普遍条件：著名心理学家别赫捷列夫认为交往是个体社会化的条件："在常与身边形形色色的人交往中成长起来的人，比远离社会生活的人获得更快的发展。"

交往心理学理论在列昂捷夫、多布罗维奇、伊利英等心理学家的著作中得到了新的发展。而交往的心理学、教育学原理反映在博达列夫、卢塔什金、拉赫马图林娜、库尔班诺娃、费尔德施泰因等人的成果里。

卡恩-卡利克认为教育教学交往是保证实现教育教学活动目的和任务、组织师生在社会—心理方面互相作用的方法和手段的体系。根据卡恩-卡利克的理论，交往的结构包括下列阶段：设计当前交往的模型；沟通行动；在教育教学相互作用的进程中控制交往；对交往进行分析；把交往设计成当前活动的模型。

从这些观念出发，很明显，在一定的积极前提下，多元文化教育空间里涌现出自我发展的巨大潜能。

教育教学互相影响的内容主要是交流信息、人与人之间的沟通、借助于各种交流手段组织和调节相互间的关系以实现教育的互相影响，以及教师完整地、符合教育学要求地展现自己的个性；在这样的情况下，教师是这个过程的促进者、组织者和管理者。文化之间的交往促进学生形成进行文化间的沟通和交际，进而发展对其他国家和民族的宽容等方面的社会定位和价值观。在相当大的程度上，可以用对本民族和其他民族交往的辩证研究的主、客观关系的观点，通过他们民族自我意识的形成，阐明对年轻人进行跨文化沟通教育的特点。

文化之间的交往的功能可以分解出以下一些：

——信息沟通功能，即在人们活动过程中实现不同文化间的信息交换；

——调节—沟通功能，即遵守行为宽容规则，这种规则促进掌握有社会意义的价值，促进对行为、活动的评价，即促进个体的跨文化的社会化。

——有效沟通功能，即对文化之间交往的情感指向性的水平进行调节，形成人与人之间人道的相互作用的背景。

交往体系可以分成下列种类：社会取向类（讲座、报告、电视演讲）和个性取向类（交谈、建议、推荐、请求）。

文化之间的交往促进学生掌握新的文化价值，这种价值不仅存在于学校计划中，而且远超过这个范围。长期以来，文化常被限定在艺术精品范围内，教师们努力向孩子们讲解、描绘这些艺术杰作。今天，对教师而言，掌握文化过程的最重要目的是在孩子与他们周围的事物之间建立真实的内部联系。教师的任务是帮助学生寻找自然、产品和人之间的互相联系，要求教师大力发展个体的创造力，开发其社会与文化发展的前景，使儿童在多元文化环境中有效地进行社会化过程，用文化的手段使儿童和谐地融入人类的共同体和世界。

交往——教师职业活动的基础。许多研究者，如博达列夫、库兹明娜、卡恩 - 卡利克、列昂季耶夫、穆德里克等，十分强调那些能够把说服和暗示用作进行跨文化相互作用和交往的手段的教师的价值。

教师把文化传递给学生有多种方法：通过认知活动，让学生掌握知识体系（精神气质的认知组分）、文化符号（深层组分）；通过与教师进行情感的接触（情感组分）；通过与教师进行个人的接触（习性反应组分）。在交往双方积极的相互作用的条件下实现这种文化的传递，这时师生之间会出现一系列事件。

教师交往能力的组分主要有交际能力、与学生有社会性的亲近关系、性格和行为有利他主义倾向、交流的情绪。

教师的交往风格反映教师的交往能力组分的形成情况，在教育科学文献中把交往风格表述为对话性的、信任的、反射性的、保守对话秘密的、利他主义的、可操纵的、伪对话性的、独白性的。总而言之，可以分为独裁型、民主型和自由型几类。在不同的文化中，上述教育教学交往的风格实际上都得到了展现，但也存在着一些固定的偏好，因为每种文化的交往特色取决于历史、种族、社会、人口和心理特点。

交往的形式可以是交谈、讨论、学术辩论、个人榜样、讲座等。交往形式包括人际相互影响的方式——命令、指示、指令、训斥；请求、建议、支持、信息、帮助；

混乱、纵容、嬉戏、不作为。孩子们文化之间的交往可以在课堂、俱乐部、非正式团体、剧院、电影院、迪斯科舞厅、家庭等地方进行。

交往的形式借助于作为"社会延续"方式的文化传统代代相传。因此，共同文化中诸如掌握民族之间交往的语言这样的因素，在多民族学校中具有特殊意义，因为语言不仅是人们之间交往的工具，而且是不同文化的表现形式。因为文化与文化之间的差异是很大的，所以，当出现语言歧视情况和在语言之间出现距离时，也就会在说不同语言的群体之间出现文化距离。同时，文化间的互相影响应该考虑到世界的整个状况，应该努力与每个受教育者（他们都是唯一的个体）建立特殊的人道主义关系。因此，应该用与文化相适应的、个性取向的、教育教学相互作用的现代技术来充实多文化教育的教育教学计划。

训练作为文化认同的非传统形式，其使命是要保证在教育教学过程中为个体与其他群体成员的直接的相互作用而采取的措施是切实可行的。训练包括现实的文化间接触、小组辩论、为讨论不同民族代表的个人接触中出现的情况而举行的讲习班和实习，实施这样的训练有助于学生更全面地理解其他文化代表的行为，促进他们掌握要与之相互作用的人们的传统习俗。

在训练过程中，孩子们从独立的民族群体观点出发学习掌握具体情况，同时，他们开始了解多彩的世界。除此之外，适当地运用计划内的和非计划的教学方式、积极的形式和方法：讨论、辩论、竞赛、事务性游戏、体育比赛、研讨会、旅游，等等。这里引进"文化同化"可能是很有益的。"文化同化"是一种课程计划，它在短时间内向学生提供关于两种文化差异的尽可能多的信息。文化之间的交往在很大程度上取决于共同的文化，跨文化沟通方面的困难，或者是由于整个个性形成中的某些方面的简单化、教条化，或者是由于多元文化教育的缺失，尤其是跨文化教育的缺失。

当今世界，人应该在与别人的接触和交往中，在"团结的共同体"中找到自己，这样，在"团结的共同体"中他才可能成为真正的个体。人们的共同生活要求形成一些被所有人接受的最低限度的规则和目标。这样的规则可以有以下几点。

交往规则：

——把人作为独立的亚文化的体现者予以接受；

——设法使您被交谈者所理解；

——尽可能肯定地表达自己的意见和观点；

——观察您的言谈对交谈者产生了什么样的印象；

——勿被旁人的谈话分散注意力，直视对话者的眼睛；

——不要表现出自己的怒气，交往时要控制自己的情绪；

——要表现出有耐心和自制力；

——肯定跨文化交往中的公正原则和对话原则；

——平等地，而不是居高临下地进行交往；

——牢记座右铭，"眼前的人是世上最重要的人"；

——交往过程中要努力站在"我们"的立场上。

与他人互相影响的同时，个体要意识到自己的个别性、差别、特定的种族归属。文化间互相影响是一个复杂的组织过程，服从于发展的自然规律，同时受到互相影响的各个方面的行为范式的制约，这些范式是在人适应周围环境的过程中形成的，表现在传统和习俗的形式中，表现在行为规范、生活方式和交往方式中，等等。因此，文化间互相影响促使把"旁人的"文化转变成"自己的"文化范式，使其变得更亲近，更能理解，从而促进不同民族、种族、宗教、文化甚至人民之间紧张关系的解除。

文化间的、教育的互相影响的重要任务是培养民族自我意识。民族（种族）是一种具体的历史现象，服从自然和社会发展规律。它们是一个完整的共同体，独特的民族文化元素把这个共同体的结构组分结合起来，其独特性既是由对其民族景观条件的长年累月的适应过程决定的，也是由民族系统内部矛盾的进化过程决定的。

在特定条件下，民族文化可以成为团结的因素，也可以成为分离的因素，文化间的关系成为多层次的、受不同文化相互作用制约的历史过程，每种文化都有自己的与众不同的特点。

在人道主义、自由、承担道德责任的原则下，把学生置于积极的民族交往、民族关系领域中，能促进形成行为中的社会—民族准则，促进在民族之间和个体之间互相作用领域形成民族之间关系的文化，促进学生扩大校内和校外民族交往的领域。

对民族之间交往而言，处于接触中的民族共同体掌握各自民族语言的程度，他们了解自己的和其他民族的习俗、礼节、传统的程度，掌握相互交流物质和精神价值方式的程度，从这个意义上来说是相当重要的。

因此，学生之间的交往与各族人民的交往一样，是吸收全人类价值的一个基础。根据谢罗娃的定义，民族之间交往的文化是实施某种特殊类型活动的特征体系，这些类型的活动是为了实现不同民族人民的文化的互相作用，是为了这些文化的深化、相互理解和相互影响。民族之间交往的高端文化就在于在宽容、相互理解、合作和友谊原则的基础上，和谐地发展不同民族共同体之间的关系。决定多元文化教育空间中民族之间交往文化的内容和标准的出发点，是个体对社会—伦理文化、民族文化和全人类文化的掌握。

学生最易接受的民族文化传统形式是那些活泼的民族游戏、笑话、谜语、舞蹈、民族服装、典礼活动、民歌民谣等。童年是人生最复杂的发展时期，这一时期开启了对成人生活的感知，是个体道德发展最有力的时期。在形成民族自我意识、爱国主义的过程中，教育工作最有效的形式是节日、典礼、成年仪式、熟悉民族的各种劳动形式、在各类小组中参与民族运动（包括舞蹈、歌咏和自然中的典礼活动等高年级阶段），学生除了采用上述活动类型和活动形式吸收民族传统和习俗，还可以实践一些适合年轻人趣味的典礼仪式：进入成年仪式（年轻人的成年节）、了解国民经济种类和劳动习俗、节日，参加与自然、烹调或缝制民族服装等相关的民族活动。

民族传统文化只有在多民族学校举办与家庭相关的活动中才能复兴，而且要建立在下列优先性的方向上：

——年轻人获得并掌握民族共同体的价值体系中的知识，这一价值体系包括通过传承母语和文化，把它们作为形成民族自我意识的基础；

——尊敬共同生活的人和相邻民族的人民以及他们的语言、习俗、信仰等，培养民族之间交往的素养；

——养成一种新的经济思维的职业文化，这种文化与多元文化和全球化的市场关系的性质相一致；

——成长中的个体有能力通过民族文化与世界文化相融合，有能力适应工业社会和后工业社会的生活条件，有能力适应世界文明的要求。

在进行与家庭相关的工作时可以运用多种诊断方式、方法，其目的是在多元文化的环境中促进学生的发展。以下我们作为例子举出可向家长调查的一些问题：

- 您的孩子对自己的民族归属感兴趣吗？
- 在家里，你们用什么语言交流？
- 您和您的家庭还坚持自己民族的传统、习俗和典礼吗？
- 您还是以本民族方式进餐吗？
- 您的家庭成员还穿着民族服装或穿着部分民族服装吗？
- 在您的家庭中讨论其他民族人民的文化特点吗？

诊断的结果可以发现并调整家庭教育的潜力，其效率、巨大的范围、影响方法的唯一性，都使家庭成为对学生个性予以社会支持和保护的最有力的手段之一，成为培养学生个性中全人类的、同时有极其个性化特点的最有力的手段之一。

在多民族学校里，针对一些多民族家庭的孩子而言，实现这项任务的条件是要求每个学生不只属于某一个民族，他们应该有自己的个性特点，能够尊重自己和更多民族的优点。民族共同体和民族之间的互相影响与团结合作，要求建立民族间互相影响的道德文化，这种文化首先在学校的教学和交往过程中形成。

民族之间交往的文化反映出文化之间的沟通，这表示多民族社会中的文化达到一个新水平。显然，教育机构在完成自身工作的同时能够更积极地运用主观因素（个性表现的个别性和多样性），并把社会、政治现实的影响纳入视野（政治制度的特点、民族国家的建设、发展公民民主社会的取向）。当今世界，探索把世界文化范例与本民族文化成就独特地结合起来的途径，参与世界文化的发展并与之对话，这些是多元民族社会中跨文化沟通的最重要的任务和多元文化教育的根本思想，这种教育促进个体形成与全人类价值紧密相连的民族自觉意识。

在如今条件下，建立在民族的和全人类价值基础上的民族间沟通的问题，在多民族成员的学校里有特殊的现实意义。发展人道主义的民族关系，增强信任与友谊等，对社会生活的各个方面（经济、政治、精神文化、人际关系、日常生活等）都有良好的影响。所有这些都要求加强文化之间交往的民族教育组分，文化之间的交往是人际关系中的最高精神财富,是文化之间教育教学相互作用的特殊形式。

显然,多元文化教育的新方向和价值,导致人们把教育理解成一种建立在自我发展和教育教学支持基础上的活动。因此,最优先的任务就是:深化对每个个性的个别性的理解;从心理学方面论证教育教学支持的特点;创造创新的教育技术去保护成长中的人。

新的信息技术是文化间沟通的十分重要的手段。除大众传媒外,对教育和教学互相作用体系有重大影响的手段还有卫星电视,这为远程教育打开了一个无边无际的空间,另外,多媒体技术也是一个途径。

因此,文化之间可以表现出多种关系:

一种文化把另一种文化视为某种客体,即功利主义的关系;

一种文化仇视另一种文化;

互相影响、互相补充、互相充实,即文化彼此之间是平等的主体间的关系。

在文化间互相作用时,互相理解就反映了感觉和相互关系的体系,在坚持得体、信任和提供机会实现观点、信仰和每个人的价值方向的时候,这些感觉和关系就能达到交往的目的。在文化之间交往过程中的互相理解可以导致相互调整、产生同感。多文化社会中的各种关系承认已形成的关于交际双方权利和义务的观念。由此,在交流过程中个体之间关系的不可重复的风格得以建立。

在教育教学的相互作用中,心理学家分解出功能—角色的、情感—评估的和个性—意义的关系。功能—角色关系由孩子的生命活动的(劳动的、学习的)特点决定。情感—评估关系与情感倾向性、好感、反感、友谊的眷恋之类的情感的出现紧密相连。个性—意义关系揭示取决于孩子的活动动机、兴趣和价值的与周围环境相互关系的性质。

为把类似的关系引入多元文化教育和教学的公共体系中,必须论证下列问题:

• 把教育教学活动的理念和任务具体化,在多元文化教育和教学的目标与任务之间建立更紧密的联系;

• 深入理解多元文化教育和教学的内容,形成宽容的个性品质的方法;

●学生作为文化间互相影响的主体参与到社会—政治、经济、生态及其他类型的活动中；

●研究多元文化教育的纵向联系，这种联系在"文明—公民—文化—精神"体系中反映个体的文化形成过程。

因此，当代学者们在邦达列夫斯卡娅的研究室研究多元文化类型的个性取向教育理念就显得十分迫切了。该理念保证学生"个性—意义"的发展，依据个人拥有自我变化和文化自我发展的能力，支持每个儿童个性的个别性、唯一性和独特性。

个性取向教育和教学促进把其他文化的元素与母体文化知识相比较，创造机会以证明文化多样性的思想，解释以经济、政治和社会发展的特征为条件的文化显现的特点，接受这些作为客观存在的特点，在与其他文化的承载者的相互关系中考虑到这些特点。由此，重要的是教育学生尊敬其他民族的文化成就、分担存在的问题和困难、努力与外国进行文化合作。

卡拉科夫斯基认为，个性取向教育范式的优先方向是关系的教育学。与孩子建立平等的伙伴式的相互关系是人道主义的个性取向教育学的基本要素，这个观点佐证了卡拉科夫斯基的主张。这时，文化之间关系的主要调节器是自由的、道德的选择。通过运用规则系统——伦理学的、社会—心理学的和教育学的规则系统，就能调整平等伙伴式的、对话式的文化之间的交往。

在跨文化的教育教学的互相影响的体系中，价值原理由下列关系组分决定：

——在教育教学的互相影响中把孩子视为最高价值和生活的主体；

——把教育者视为能带领孩子进入文化世界并给予其帮助和支持的中间人；

——把教育内容视为文化过程；

——把学校视为完整的多元文化教育空间。

多元文化的学校应该保存和发扬民族传统，开启文化领域的未来，验证新文化的多样性和开放性；让孩子们既了解传统文化范例和规范的多样性，又了解当代文化的发展趋势；培养孩子们接受全球化的多文化世界中的不同文化的能力。

全球化的一种说法是肯定信息技术促成了这种变化。正在形成的虚拟共同体中人们的同一性的根源，可以从历史课和地理课、宗教和民族基础上找寻，并且还提出了一种假设，即可能会出现形成意识并使意识变得残缺不全的新途径。所以，在以广泛流行的组合解构、制度的非法化、取缔大规模的社会运动、文化现象转瞬即逝为特征的历史阶段，同一性成为主要的，有时甚至是唯一的思想源泉。此时，人们常常不是围绕他们自己所做的事去组织自己的思维，而把自己的思维建立在他们自己是谁的基础上，或者建立在关于自己在与谁相互作用的认识的基础上。

同时，尽管社会上推崇意见的多元化，实际上学习者还不会进行问题性的沟通，一般不重视生动的交往。

借助下列手段可对在多元文化教育空间中跨文化教育的相互作用实施教育教学保障：

- 把文化融入多元文化教育空间体系，教育学习者养成交流沟通的个性特点；
- 使孩子形成积极的"自我"的概念、社会积极性、对自己力量的信心，培养自我表现、自我实现、自我推销的能力；
- 在寻求真理过程中，培养与人对话、倾听、表达、争论的技能，而不是争吵；
- 培养孩子宽容、敏感、开朗、善良和忍耐的心理品质；
- 使学生能分析自己的内心世界，养成自我分析、自我矫正和个人在多元文化环境的认同技能；
- 引导孩子知道自我认同的重要性，知道"生活在世界上真好"；
- 培养学生多元地解决争论和冲突的能力；
- 培养孩子对自己和他人的好感。

在跨文化教育互相影响过程中，重要的是要培养个体具有共享的品质，为之提供理解他人精神气质特点的条件，形成接受不同思想的能力。所有这些都要求在不同文化群体之间建立和谐的关系。

在建立文化间教育互相影响的过程中，教师机智的行为起到十分重要的作用。"机智"是教师的职业品质，也是其技能的一部分，是教师对学生施加适宜影响的一种方法，是教师与学生互相影响的有效的风格。教育机智表现为行为的完美和信任，要求行为有灵活性—即有策略，这是教师精神成熟的结果，也是教师为掌握专业知识和养成与孩子交往的能力而进行大量自我修炼工作的成果。教师可以通过培养职业的自我意识和自我教育来掌握教育机智的艺术。最好采用下列方法去诊断教师的职业自我意识：请您评价自己与孩子交往的经验，请指出您特有的交往困难、情感体验、已形成的交流方式、您个性中的沟通指向性的特点。

在学校中，一切活动都从教师开始，从教师组织与学生在教育学上适宜的关系的能力开始，这种关系是文化之间交往的基础。在此，多元文化定向、跨文化素养和教师的机智是最基本的，因为这些因素能证明表现在教师与自己、与学生的个性和周围现实的和谐相处中的职业的和生活的自决。

在跨文化的教育相互作用进程中，教师揭示不同文化的特点和成就，它们体现在独一无二的艺术作品、科学知识中。此后，学生养成认识其他个体的能力，形成把人作为最高价值的态度；发展在多元文化的人类共同体中创造性地进行交往的能力。交往的文化和教师的机智、准确性、前瞻性和预防性能缓和文化间对话的压力，也是文化内行的有意义的指标。

跨文化素养还包括：对文化差异的敏感性，对每个民族人民的文化的尊重；对非正常行为的忍耐；积极对待一切意外的愿望；应变的准备；接受可选择方案的灵活性；与其他民族的人交往时不提过高要求，等等。对专业的文化交往而言，语言文化的素养和语言学知识就很重要了。跨文化互相作用中的外语学习，被看作认识多元文化世界价值道路上的教育文化路线。

教师帮助少年度过社会成长期、适应期和职业选择期，保护孩子在社会中的权利。因此，教师不委托、不领导、不命令、不吩咐、不禁止，他所有的精力都用于鼓励与激励孩子、少年去从事吸引他们的、感兴趣的活动和从事创造。

教育者最主要的箴言——让孩子们乐于跟他人交流，乐于一起求知、一起劳动、游戏和休息。在与孩子交往时应学会控制自己的行为，培养理解学生心理状态的能力，与孩子进行言语的和非言语的接触。应该懂得，在与孩子们的相互关系中，宽容和妥协倾向是教师必备的职业品质。给孩子们讲真理是永远必需的，即使有时这对成年人不是有益的；不靠力量而靠善良取得成功；应该善良；勿以先与学生打招呼为耻；应该宽容慷慨——善于原谅。必须及时表扬学生，只评价学生的行为，而不是他自身，寻找开启每个学生心灵的钥匙。

只有先与孩子接近，然后才能影响其精神世界的成长；孩子不应该像被打败者那样远离教师，应该承认孩子有犯错误的权利。要知道，只要孩子的心中相信善，相信人，相信理想，就会有教育。

唤醒年轻人对其他民族、其他文化的兴趣，与更深刻地理解其他民族生活环境、心理特点等紧密相关。培养学生感知教育的影响要通过唤醒其对相邻民族文化与历史的兴趣、重视每一个个体的个人渴求、需要和能力而实现。为了达到这些目标，作为教育者的教师要像生动的讲故事人那样进行问题性谈话，这样的谈话能随机应变地向学生通报民族冲突地区的"热点"事件，等等。

第二节 高校文化多元性背景下教育教学支持的方法和技术

教育教学支持属于这样一种教学和教育文化，这种文化建立在教师与学生相互关系的内在自由、创造性和人道主义的基础上。因此，很明显的是，每个教育者，不管其专业，都应该掌握在学生个人和个性发展中对他进行教育教学支持的技术。对学生进行教育教学支持的各种技术，在邦达列夫斯卡娅、加兹岐、科洛科洛娃、库利涅维奇、克雷洛娃、罗杰斯等人的著作中得到深入的研究。

在当前的研究中，对学生的教育教学支持可以理解为教育教学行动的一定体系，这种行动以教师的个性特点为中介，旨在创建教育机构的多元文化空间，把这一空间作为能保证在文化对话的基础上进行教育的环境，这种教育环境还能考虑学生的个别特点并能激活自决、自组织和自我发展机制。

当代教育内容的改革倾向于教育陪护、个体支持，因为这一改革建立在道德价值论的、阿克梅学的、与文化相适应的和活动的个性化观点的基础上，它要求：

- 所学课程与地域的文化、地理、历史特点之间建立联系；
- 根据孩子的认知风格、精神气质和民族属性修改教学计划；
- 在学校计划和课本中反映民族多元化；

• 保证学生个性的多元文化认同。

教育过程中的个体—个性支持技术主要有：

——诊断学生的个体发展、问题与困难；

——知晓并理解每个孩子的文化特点：语言、家庭教育、传统、文化；

——学习世界上各个民族文化（发展全球世界观）的个体任务；

——结合母语的特点和家庭中的交往特点纠正错误（这可以帮助学生分析自身存在的缺点，了解其原因，创造条件以弄清个人不理解之处并克服对错误的恐惧）；

——利用个性和谐形成的全球化和一体化过程，进行跨文化的教育教学相互作用；

——考虑智力、天赋和兴趣独立地学习课文，完成作业；操作计算机。

在当代文明发展过程中起决定作用的是技术和工艺的进步，这种进步体现在科学与文化的互相作用上。从词源学角度"工艺学"这个概念的起源与技术进步相关，可以详解为"艺术""手工艺""科学""概念""学说"。这个概念除了用于产业界之外，还用于客观地反映社会需求的教育关系领域。教育教学过程中对主体—主体关系的技术主义观点，要求改建个性的个别结构，对之进行改造，使之变得更进步、更完善。作为过程的工艺性的目标并非要使教学过程失去个性，而是要在培养"文化人"的道路上，在完成多元文化教育任务的事业中，完善教师的技艺和他的职业专长。因此，在当代多元文化学校中对教育教学过程的技术问题就具有现实意义。

对教育技术中的一系列研究进行分析可见，教育技术的标准是指体系性、概念性、及时性、科学性、准确性、统一性、整合性（整体性）、完整性、开支最优化性、可控性、诊断性的目标定向和计划设计、教学过程和结果的可再现性、教学结果的质量和数量评估、可预计的效率。

正如对当今学校教育过程跟踪调查所显示的，下列因素干扰了先进教育技术的运用：

——影响教育集体的整体工作水平的社会—经济因素的不稳定性；

——缺乏有关高效的教育工艺学的信息，教育机构的教学—物质基础薄弱；

——教育工作者对自我组织、自我实现、专业创造性的自我发展等方法掌握不够；

——技能不够发达，缺少基于文化对话的文化交流。

应该强调在教育文化学、个性定向和多元文化范畴内发展新型学校的重要性。该类学校的建立将促进教师个人行为的创新，促进新型教育途径（学校教育活动的科学—方法和技术保障）的形成和验证，促进集体创造性工作的组织，促进举办科学—实践的研究会、讨论会，等等。

由此，在学校实践中运用新的教育工艺学主要有下列原则：信任教师专业主义、在学生工作中遵守生理—卫生条例、教育教学过程的有保障的效果、教育教学技术的针对性和有效性。

在现在的学校中，下列教育技术常得到运用：

——帕索夫的外语文化的交流式教学技术；

——阿莫那什维利的人道主义个性取向技术；

——邦达列夫斯卡娅的与文化相适应的个性取向教育技术；

——谢列夫科的自我发展式的学习；

——沙塔洛夫的基于教学材料纲要信号模型的强化教学技术；

——贾雄的学生教育的阿克梅学技术；

——扎卡托夫的根据孩子的兴趣区别教学的文化教育技术；

——丹尼柳克的集成化教学技术；

——埃德尼耶夫的合并教学单元的技术；

——赞科夫的发展性教学技术。

在教育机构的多元文化教育空间中，对学生进行教育教学支持的技术必须从两个方面进行考察：一是在教学过程中，二是在教育过程中。由此，在揭示多元文化教育空间中教育工作的特点时重要的是要从以下原理出发：

——必须肯定全人类的道德、公正、仁慈、同情、宽容、宗教自由、全人类普遍价值的原则；

——保证代代相传的精神共性，教育学生尊敬父母、年长一代和本民族的历史与文化；

——鼓励自我发展和教育教学支持；

——培养公民觉悟、人的尊严。

教育过程的教育支持的技术有对学生个性的教育支持、对学生家庭的教育支持。

第一组必须优先采用的形式，提供机会发展孩子的创造能力；能根据他们的兴趣让他们吸收本地区民族的文化；创造信任的、心理舒适的氛围。具体的形式，如民间游戏、民族节日、戏剧表演、木偶戏、文学晚会、民歌竞赛、改编歌曲、配乐抒情朗诵、"世界贸易"游戏、兴趣俱乐部、文化研究小组，等等。

在多元文化教育空间中实施教育教学支持的必备条件，是要把与文化相适应的观点以及民族教育学的原理引进到多元文化教育的系统和内容中。与文化相适应的观点——这是以人为本的教育方法论基础，是文化背景中的教育，通过"文化"棱镜透视教育，把教育理解为在与文化相适应的教育环境中实施的文化过程，这个环境中的所有组分都充满着人的意义并为人服务，这样的人能自由地显示自己的个别性，并能在文化价值世界中实现文化的自我发展和自决。鉴于此，我们在运用多元文化教育手段的学生支持系统中把这一观点分解为几个基本原理。它们分别是：

——推行跨学科的综合；

——在学习的全过程中把民族成分加进所教课程的内容中；

——在学生课外活动中创造民族多元化的氛围，并使这种多元化表现在学校计划和教育过程中；在校园和班级的室内装饰上体现相应的思路；

——根据孩子的亚文化和认知的风格、精神气质和民族属性改变教学计划；

——保证学生的文化自我认同（文化只能通过人来保存，别无他法）；

——运用创新的技术以促进以下品质的形成：宽容、宗教自由、理解并接纳其他文化、民族和公民意识、好感、对世界的跨文化认识和跨文化世界观。

因此，可以得出下列结论：通过关注民族教育学的基础，关注用民族宝库的、"旨在唤醒人类所固有的仁爱感受的"素材充实教育内容，这样就能够在多元文化教育中实现对学生个性的教育教学支持。

在多元文化教育空间实现教育教学支持的一个条件，就是在整个教育教学过程中组织个性取向的相互作用的关系。

个性取向教育的观念性思想是我们研究的方法论基础，这个思想是在阿列克谢耶夫、邦达列夫斯卡娅、加兹曼、科托娃、库利涅维奇、希亚诺夫、B.谢里科夫、亚季曼斯卡娅等人的著作中提出来的。学者们都强调在多元文化教育空间中对学生个性给以教育教学支持的重要性。

第三节 控制高校多元文化教育空间中教育冲突的技术

后现代主义、全球化和一体化进程的加速发展催生了新的问题，对于这些问题的解决，世界共同体和每个人并没有做好准备。

走出困境的途径也许是在地区和世界层面上建立和确认多元文化教育体系，这种体系的内容建立在民族组成、文化对话、双语制、个体和社会的现代价值观基础上，它们允许所有地区的种族、宗教和亚文化的代表在当前条件下发展自己的文化。如此构建的教育过程扩大了生活在本地区和城市的原住民族的人民复兴语言和文化的可能性。

社会里的优先权体系要求重新审视教学和教育的范式。因此，很有必要构建新的个性模型、新的公民模型，新型的公民能够自由地自决、自我表现，富有选择性、信心和责任心。对于这样的人而言，关注人道主义价值观和世界观——公正、正派、高尚、理智、善良——是很自然的。

母语——这是民族精神气质的精神内核，是孩子的民族自我认知、情感领域和道德意识的基础，是能够创造精神—文化价值的创造性个体形成的基础。当代社会要求复兴民族语言，大大地扩大其使用范围，实施双语制，发展有独特命运和精神气质的各民族文化的各个侧面。由此通过本民族文化让个体系统地掌握民族传统、母语，应该成为多元文化教育空间中学校和家庭教育活动的主导方向。继承传统和习俗则要求母语广泛地进入相邻的民族共同体的文化环境中，学习多种语言，在教育中实施双语制，以期在多元文化世界中实现无冲突的互相影响。

冲突在历史上永远存在，诸如人类在20世纪制造的前所未有的自我毁灭的力量等新的因素加剧了危机。多元文化教育的使命就是要加强对冲突的控制，努力通过和平途径寻找解决冲突的方式，增进对其他民族及其文化和精神世界的理解。

现代冲突心理学——这是科学知识的独立领域，其研究的对象是冲突的社会本质、冲突出现和加速发展的原因、路径，预防和解决的途径、方法和手段。

人所体验到的矛盾的性质和内容、成为个性发展根源的危机状态的性质和内容，是在多元文化教育空间体系中发展冲突心理学的基础。

多元文化教育空间的特殊利益呼唤文化间的冲突和解决之道。属于不同文化的个人、群体在一起工作时经常彼此紧密地相互作用，其文化差异能产生交流障碍和偏见。

个体的自我认同与群体的特点紧密相连，通过这些特点他们对自身进行鉴别——哪些特点能够帮助确定社会的同一性。群体成员共同具有的希望、信仰、语言、习惯、准则和价值，决定着他们共同的文化。文化差异出现得较早，而相应的偏爱在童年时期就被掌握了。因此，文化差异上的种族中心主义倾向通常表现在强烈的情感反应上。

虽然"种族中心主义"这个术语通常被用在种族和民族关系上，也应该承认，类似的过程也可能出现在不同社会范畴的关系中，如基于遗传、年龄、种族、宗教、阶级、职业特点，生理缺陷或性取向特色的社会范畴。每个社会范畴都有自己的亚文化，亚文化之间的差异（表现为期望、习俗、语言、规划和价值等）可能导致相互不理解、陈词滥调和偏见，这些又影响出身于不同社会范畴的人们成功解决彼此之间冲突的能力。

民族中心主义促使冲突的形成，但不能促进冲突的建设性的解决。在这样的背景中，邦达列夫斯卡娅关于培育"文化人"、培养具有创造个性的理论就具有特殊的意义。具有创造性的人，能够在多民族环境中进行积极的、有效的生命活动，能高度地理解并尊重其他文化，能够与不同民族、种族和信仰的人们和平地、和谐地共同生活。

只有当学校的教育内容具有了文化的和实践的指向性，并能促进民族自我意识的恢复和发展，能促进代际的、历史的、精神的和实践活动的继承时，培养"文化人"的目标才能实现。因此，当代教育发展的优先方向是运用人道主义原则，否则，就不能把成长中的一代引进全人类的一体化进程。由此，在解决民族教育问题时，使其包含的民族成分达到理性程度就显得更有意义了。试图排挤其他文化，使青年人只满足于实现个人的文化需求及主要只掌握民间口头创作和民族作家的作品，这样只能导致民族复兴的人道主义和进步的主张受到损害。

教育应该帮助人学会控制自己在人类共同体中的行为，控制自己的自我发展、生活和活动。在个体形成价值和理想、确认世界观及对世界的感知的基础时期，教育具有特殊意义。和谐的个性要在完整的教育空间的所有结内组分的影响之下形成。当代教育系统的特点是文化多元。因此，对于包含了许多子系统的多元文化教育空间而言，其特征是出现了许多种类的矛盾。要为问题的控制制定和执行统一的策略和技术，在跨文化的沟通、文化对话、和谐、一体化和人类团结的基础上，这些矛盾就有可能获得建设性的解决。在此方向上，研究控制多元文化教育空间中的冲突技术是非常重要的。这种研究反映有效管理教育互相作用的策略和战术。

解决多元文化教育空间中的冲突的策略，决定着在相互作用的不同层次上（学生、课程、教师、班级、个性）的共同的思想。

在我们的研究领域内，无冲突相互影响的策略要求把多元文化教育空间看成控制教育过程中互相影响的主体活动的动态系统。

研究控制多元教育空间中的教育冲突的策略，有助于预警并积极地解决正在出现的矛盾，能够在积极性的对话、宽容和合作基础上考虑矛盾各方面的立场、见解、观点。

在我们看来，无冲突的相互作用就是要在多元文化教育空间中建立建设性的对话，这种对话要在教育过程主体之间的坦率和相互尊重的关系的基础上进行，而且要考虑已建立的道德规范、伦理和已形成的传统，还要考虑宗教差异、文化差异、性别年龄差异、社会差异和其他差异。个体如果不接受人际关系和生产关系系统中的上述特征的某个方面，就会引起冲突。学校中冲突的特点是它们可能出现在多元文化教育空间的各个子系统"之间"或者在它的子系统"内部"。

实施无冲突相互作用的策略，要求制定符合学校教育过程总体目标和任务的战术。在科学中已经描述了组织管理方面的一些战术性方式的特点：制定实现策略的目标；根据中等环节水平制定的规则；在规定的时间段有目标的行为。

以控制多元文化教育空间中冲突技术的形式提出策略，这种做法是适宜的。

控制多元文化教育空间中的教育冲突的工艺学的特点是其开放性，根据冲突的程度及教育互相作用参与者的亚文化，伴随教育环境发展条件的变化，工艺学也在不断完善和改变自身。因此，列维捷斯认为，工艺学的本质在于使教学过程可以控制。我们的目标是研究能控制多元文化教育空间中的冲突的工艺学。

我们理解教育工艺学是一种行动、程序、方法和方式的有序系统，其目标是使教育教学过程的主体在多元文化教育空间的冲突情境中获得行为经验。

别斯帕利科把教育工艺学划分出以下组分：

——概念基础（科学—理论观点）；

——内容设计（教学的目标和内容）；

——程序组分（内容、方法和形式的整合）。

借助于已被揭示出的组分，我们在概念、内容和程序的水平上研究大学多元文化教育空间控制冲突的工艺学。

大学教育过程主体的教育教学相互作用，在内容方面是相互联系的、难度逐步加大的沟通和教学方面的任务体系，这些任务有助于个人在教学过程中的适应，有助于在完整的教育空间中的课内和课外活动中实施对话式的相互作用。

对控制大学多元文化教育空间的教育冲突的技术给予的程序—目标保证，以已经编写好的课程《教育行为导论》的形式出现，该课程符合国家教育标准的要求，课程中所包含的一些主题指向对世界的文化多元性的认识、自我认识、行为文化和交往文化的形成。该课程的目的—促使年轻人适应新的社会文化现实，适应高校中向未来的专家提出的要求，熟悉当代教育和整个教育科学的发展趋势。

第四节 基于高校文化多元性的教育创新发展

创造和发展多元文化教育空间的理性方式，应该促进道德高尚、精神丰富的个人的形成，这样的人拥有文化领域的渊博知识，了解公民义务，善于自我组织和创造。

重要的是，要使学校的社会文化教育空间能够促进学生个性的精神—道德的形成。因此，必须按文化多元性、文化适应性、个性趋向性原则组织教育教学过程和人类共同体，必须使学校、家庭和人类共同体的力量形成合力，促进学生的和谐发展。应把学校工作定位于培养自由的、精神成熟的个人，这样的人具有积极的"自我"观念、高尚的道德根基、全球化的世界观和全球意识。应借助于多元文化教育空间的手段在学生身上形成责任感、组织性和自我实现的感觉。

新型的家庭和人类共同体能够在成年人和孩子之间创造真正人道的、能创造财富和文化的关系，它们应该成为多元文化教育空间中孩子和成年人文化间交往的自然形式。

如果不坚持下列条件以建立相互作用的体系，学校中的多元文化教育是不可想象的：

——尊重学生的个性，关注其个别特点和文化特点、权利、需求、志趣、愿望；

——以发展认知能力、对个人有意义的品质和跨文化的专长为目标；

——创造性，自我实现，前景性，文化间对话和乐观主义。

邦达列夫斯卡娅强调，以教师和学生的个性特点为中介的、旨在创建与文化相适应的教学环境的教育教学行为体系，能保证学生在交流意义、个人特点、学习和个体自我发展的方式的基础上掌握教学内容。

在多元文化教育条件下，学生个性的社会化取决于周围环境的状况，取决于教师、社会舆论和个体本身的态度。

创新学校发展的理论—方法论基础可能是：

多元文化教育不仅保证认知世界的多文化，还保证个人发展其个别性、唯一性和独特性。

在创新教育的背景下，优先的方向正是个性的发展，若要形成真正起作用的个性，首先是发展相适应的、灵活的、健康的"自我"概念。

在创新的学校中，教育的意义、价值，学生在教育教学过程中的作用和地位都发生了根本的变化。由此，对作为专业人员和作为个体的教师提出了特殊要求。在课堂上他应该创造条件，通过独立选择处理大纲规定教材的方式，选择表现自己成果的方式，最大限度地展现学生的个性。因此，教师变成学生和社会未来的诊断师和预测师。作为一个专业人员，教师承担建立个人发展向量的责任。而根据标准确定学校的创新的教育活动的目标，其目的是培养公民和文化人。

在教育过程的基本内容提高到新的水平的条件下，在多元文化教育中必须特别注意对可变部分的组织，这就要求确定必修部分教材的分量、确定基础课程中内容加深部分（专门课程和选修课程）的分量，确定探索对教育内容予以地域化、综合化和技术化的途径的可能性。

蒂拉斯波尔市的人文—数学集美纳佳学校运动，在教育内容的创造性更新、教育内容的人道化、基础扎实化、地域化、组织灵活化的道路上，决定了转向适合这些方向的现代教学技术。除了大量的教学之外，还必须注意要求把教学过程建立在以下技术基础上的技术：对话性技术、非传统技术、交互技术、现实化技术、超前技术、模块技术、个性—意义技术。就其教学论本质而言，它们属于发展中的技术，其中的某些技术已被该学校采用。要着重强调的是，该学校的创新发展观，不仅要求运用上述的"手工"技术，还要运用计算机技术。毫无疑问，教育创造要求创造自己的教学技术，这样的技术是鲜明地反映创新活动的指标。探索诉诸人的非理性范畴的技术（暗示、沉浸、意义冲突），是教师活动的广阔天地，证明该学校正沿着创新发展的道路前进。

社会中优先方向的变化，将导致对教育和教学范式的重新审视。人道主义的教育体系逐渐取代了盲从的教育体系，前者的基本标准是对价值意义的理解——对全人类的和民族的价值意义的理解。正是这种氛围经受住了时间的检验，且不随社会意识形态和政治的变化而变化。教育科学在对多元文化教育理论原理和技术原理进行深入研究后，就能够提前对教育价值和目标的变化做出反应。

在国内教育中存在的文化多元性和精神气质多元性问题，要求以多元文化教育的模式在地区和各所学校的层面上建构多元文化教育的模型，这个模型要接纳由多民族组成的学生，这些学生说不同语言，有不同的文化，信仰不同的宗教。建立新型教育体系的出发点就是要探索内在体系发展的真正原因——矛盾。

创新发展的大纲阐明人文主义的学校的理论——教学法原理的根据。

总之，多元文化学校工作的重点：在加强现代教育整合的基础上，重新解释教育内容中联邦组分和民族—地域组分的地位和作用，必须从现代社会和文化方针的角度制定教育标准。通过完善教师在教育学方面的修养和教育教学的技巧，通过加强家长委员会并促进家长与学校积极地合作与相互作用、参与共同的教育工作，通过提高家长的教育知识和能力水平，通过对多元文化学校、家庭和人类共同体在学生个性的精神—道德形成中的相互作用提供一体化的矫正服务，就能保证多元文化学校、家庭和农村人类共同体的活动的整合和继承性。

在多民族学校的条件下，在多元文化地域的条件下，学校的任务主要是目标明确地形成反映生活在某个地区的各族人民生活的社会—历史经验特点的交往规范和标准，促进多种文化的密切接触与对话。必须教年轻人学会正确建立与同龄人、所有周围人的关系，培养他们跨文化交往的能力，形成克服小吵小闹和冲突的技巧。发展认识并理解周围人们（他们作为某种文化的代表）的能力与技巧具有重大意义。重要的是要把这种认识发展成为好感、共同感受、团结的情感，促进目标、理想、感情的一致。

创新的、与文化相适应的学校体系的任务，是要预测、评价和分析文化和教育空间发展的趋势，建立补充教育的基础结构，提高教师的教育文化水平及其跨文化专长。

现代社会文化现实有利于全球多元文化价值的出现，它的出现使人能深刻理解不同文化、民族群体和种族的代表作为遗产留给现代人的财富，从而与许多强国因民族和种族冲突而造成的日益严重的分裂相抗衡。正确评价全球范围内发生的事件以及接触多元文化价值和问题，是新的世界体系面临的现实问题。

教育科学中正在发生对价值的重新评价，多文化的相互作用的整合和分化正在加强，这就决定着对新的教育范式—多元文化教育的肯定。

对教育学、哲学、文化学中的人道主义潮流的现象学分析证实，多元文化教育问题具有包罗万象的性质。国际上的一些文件、会议、宣言、号召、呼吁以及学者们的科学研究都谈到了这一点，揭示在后现代主义的现代趋势的背景下世界教育发展的特点。

后现代主义，是在20世纪下半叶蓬勃发展的一种哲学和艺术流派，最近十年来这一流派引起了一些杰出教育家的关注，他们在其中发现了可用来完成现代教育任务的建设性的和务实的思想的源泉。后现代主义承认在认识文化和整个世界方面的任何观点的平等。

多元文化教育的特点：它的本质特征建立在民族的价值与全人类的价值相结合的范畴的基础上；内容决定着个人的世界观和基础文化的形成，在多文化社会和多元文化教育空间的框架内运作，技术中起主导作用的是文化多元性、个性取向观、全球主义和地域化、文化对话的原则。多元文化教育证实整合人学知识的意义，整合的目的：全面推广多元文化教育思想；制作多元文化教育的模块、模型和综合大纲，使学生对世界形成完整的、客观的认识，掌握积极地进行跨文化相互作用的方式。多元文化教育要求采用多种多样的技术去形成文化价值并应用民族传统和民间教育学的原理，为个人的文化认同及对它的支持和保护创造条件，为人的和谐发展而肯定人道的多元文化的环境，形成全球主义和全球世界观，掌握全人类的价值、民族的和种族的文化。

多元文化教育空间就是教育制度和其他社会系统和现象——人、机构、实物世界、社会过程、大众传媒、主导思想、价值观，所有这一切决定着多文化社会中的深刻变化。被选来作为设计个性形成环境的多元文化教育空间的观念有文化适应性、文化对话和个性化观点。

多元文化教育空间是与促进社会化、文化认同、真正的人的本质在多文化世界中的实现相联系的综合系统。

在研究的进程中揭示了多元文化教育空间的原则、功能、组分、方法和形式，它们决定着多元文化教育空间的以下特性：跨文化沟通，双语学校，教育的、整合的、民族语言和民族文化的、社会教育服务的完整系统，个人的文化融合，个人的自我认同，在保持与本民族语言、文化的联系条件下的自我实现的可能性，等等。

在本书中，多元文化教育空间的预测模型有两个层次。一个层次是揭示社会对处于交叉文化的人类共同体中的多元文化教育的创新技术的客观需求的系统，这个系统反映其本质的、内容的和方法论的特性；另一个层次是突出地域的多元文化环境，在这个环境中，不同的民族共同体和个人对教育、适应、保护和支持的需求，在对话、文化的相互丰富和相互作用的基础上得到满足。适应的多元文化教育空间的预测模型的建立，要考虑到人道主义的教育思想体系和反映文化多元性思想的教育的主导类型。就其本质而言，这种模型体现出多元文化教育系统的完整性，反映其从全球化的角度对和谐、有成效的整合、探索个人的文化认同的方式和手段、探索对个人的精神道德形成和自我实现的支持的追求。

在多元文化教育背景下的教育教学支持，表现为教师和心理学工作者、社会工作者和其他专业人员的活动，活动的目的是要诊断和发现孩子们的问题，确定他们的兴趣、目标，找到排除对他们在多元文化教育空间中的社会化和适应造成障碍的途径和可能性。

在本书中，教育教学支持观念是作为一种多组分的系统，它包括在现代多元文化的共同体、世界和地域的社会文化状况的背景下对教育的研究，包括揭示、分析和考虑决定着对个人的支持和保护的各种因素，包括对作为学生的社会适应、教育和形成的环境的多元文化教育空间的本质、特征和功能的揭示，包括对作为多元文化教育的最重要的方针的学生的社会和教育教学支持和保护的特点、方式和条件的研究。

保证更有效地完成对学生的教育教学支持和保护任务的条件：进行教育教学诊断和跟踪调查，以揭示儿童在多元文化教育空间中发展的特点；强化人道主义的、文化学的和个性取向的观点，以保证多元文化教育的内容和技术；遵循国际上和国家关于儿童的法规；采用教育适应、社会适应和文化适应的技术；提高教师在职业和个性发展方面的水平，提高教师的教育学和方法论修养。

完成多元文化教育空间中的教育教学支持任务所必需的方法系统也已确定。这样的方法有跟踪调查和诊断，教育模型设计，激发兴趣和参加活动，促进和创造。在多元文化教育空间中实现文化多元性的形式有新闻中心、对话会晤、辩论晚会、爱国主义者俱乐部、慈善活动、跨文化训练、强制文化同化，等等。

使教师做好在多元文化教育空间中活动的准备，是一个多组分的系统，它包括以下内容：重组师范教育，在反映多元文化教育范式的文化学原则的基础上更新它的概念基础，在文化适应性和文化多元性原则的基础上设置综合课程和编写跨学科大纲并把它们引入教师培养过程中，引进多层次的、细分的、为学生民族成分多样的非传统类型的学校培养教师的师范教育系统，引进创新的、互动的技术，增加大学生在自学和自我教育方面的独立工作的比重，在多样化的课外活动中形成大学生的文化同一性。在实践活动方面核准了以下方向的多元文化教育思想：片段引进，探索—实践应用，多元文化教育原理的深入研究和实施。评价教师对从事多元文化教育空间中的活动的准备程度的标准有认知方面的、情绪和个性方面的、活动方面的标准。

本书论证了教育主体在多元文化教育空间中发展的特点，在此基础上制作了教师的跨文化专长指标的模型以及多元文化学校毕业生的个性品质模型。

多元文化观今天已成为建立新型的、全人类的、民族教育学的和民族语言教学论范式的唯一可能的基础。本专著中反映了为多元文化教育创造了良好前提条件的、历史形成的民族和种族文化多样性的思想。这肯定了学校在文化多元性的基础上的创新发展。现代的教育系统追求规范化，它应该贯彻"从接受本民族人民的文化发展到接受共同生活的各族人民的文化"的原则，然后走向对世界文化的理解，也就是说，多元文化教育思想应为建设俄罗斯联邦的新的教育体系发挥决定性的作用。

对多元文化教育的概念性原理和实践的揭示，完整的多元文化教育空间的形成和建成，其使命是要促进对人的社会化的最优方式的研究，为作为某种文化的承载者的每个学生的自我认同创造条件，揭示为在多文化世界中平等对话而实施跨文化的相互作用的可能性和途径。

显然，现代世界是一个为对话、为文化的相互渗透而开放的世界。但重要的是不要把自己封闭在自己的文化共同体中，而是要寻找与其他教育模型的接触点。人的真正的文化、他的自我意识水平，正是表现在个人对全球的、多元文化范围内的事件的参与之中。为了形成全球世界观和与世界的新的关系，必须使世界各国和各族人民的力量、各种文化和宗教代表的力量和社会运动的力量形成合力。只有我们所有的人在一起，才有能力去保持教育和文化的稳定的、动态的发展，才有能力去培养世界公民。学者和艺术的代表人物、哲学家和实践家达成共识，这就是要努力同舟共济地、齐心合力地去评价人类所走过的道路并探视未来。我们所有的人都负有使命去减少文明发展的不确定性程度，运用科学、文化、教育的预测功能，保证对世界的物质理解和精神理解的和谐。在这一方面教师起着特殊的作用。

教育科学和其他关于人的科学面临的任务是要检索历史，重视先辈的经验，研究俄罗斯文化各个时期和各族人民在发展多元文化教育范式和形成俄罗斯完整的多元文化教育空间方面的伟大著作并使之具有现实意义。

参考文献

[1] 竺亚珍.关于新时代高校红色文化教育的思考与践行——以浙江传媒学院为例[J].科教文汇,2022(18):44-48.

[2] 董世斌,耿书新.新时代下地方高校中华优秀传统文化教育与人才培养的融合路径探究[J].传播与版权,2023(7):103-106.

[3] 张明平,许欣婕.文化自信视域下的高校中华优秀传统文化教育[J].中国高等教育,2022(12):3.

[4] 罗肖华.基于乡村振兴的高校文化教育研究[J].现代农业研究,2021,27(5):2.

[5] 王欣熊俊.高校文化建设中的传统文化教育微探[J].女人坊(新时代教育),2021,000(022):P.1-2.

[6] 杨晶晶.中国传统生态文化融入高校思想政治教育的路径研究[D].武汉工程大学.2023.

[7] 张红霞.文化多元化背景下高校思想政治教育实效性研究[D].陕西师范大学,2009.

[8] 高彩霞.高校校园文化建设研究[D].中北大学.2023.

[9] 谢梅.文化素质教育与高校创新型工程技术人才的培养[M].西南师范大学出版社,2015.

[10] 冯秀军.多元文化背景下的高校思想政治教育创新[M].中央民族大学出版社,2008.

[11] 韩延伦.高校文化素质教育课程设计研究(第2版)[M].中国海洋大学出版社,2007.

[12] 余东升.高等学校文化素质教育研究[M].高等教育出版社,2009.

[13] 韩延伦.高校文化素质教育课程设计研究[M].中国海洋大学出版社,2005.

[14] 王毅，赵晋凯. 基于文化自信的高校文化遗产教学探索[J]. 科学大众·科学教育研究, 2022（009）: 000.

[15] 晏燕. 基于民族地区高校文化自信教育的思考[J]. 产业与科技论坛, 2022, 21（4）: 168-169.

[16] 陶廷昌. 革命文化教育融入高校思政课教学的现实梗阻与破解之道[J]. 教育评论, 2022（8）: 70-76.

[17] 徐时. 红色文化传承与高校教育的创新融合研究——评《高校红色文化教育传承研究》[J]. 中国油脂, 2022, 47（6）: 157-157.

[18] 王芳，李创伟. 高校革命文化教育的现实困境与对策探究[J]. 浙江交通职业技术学院学报, 2022, 23（4）: 52-56.

[19] 崔维娜. 红色旅游资源与高校文化教育结合研究[J]. 漫旅, 2022（19）: 4-6.

[20] 吴亭. 乡村振兴战略下红色旅游资源与高校文化教育的结合研究[J]. 湖北农业科学, 2022, 61（2）: 4.

[21] 贡全. 新时代高校开展中华优秀传统文化教育模式研究[J]. 东方娱乐周刊, 2023（2）: 0104-0106.